"十四五"职业教育国家规划教材

"十三五"职业教育国家规划教材

汽车发动机电控系统检修

主　编　王维先
副主编　周　璎
参　编　王　磊　毕言兴　李　刚
　　　　苏　明　闫　娜
主　审　邰敬明

机械工业出版社
CHINA MACHINE PRESS

本书是"十四五"职业教育国家规划教材。

本书准确体现职业教育的特点，以工作岗位所需的知识和技能为出发点，理论内容"够用、实用"，实训内容贴合工作一线实际，易懂易学。其主要内容包括汽车发动机电控系统概述、车载诊断系统认知、汽油机电控系统主要传感器的检修、汽油机燃料供给控制系统的检修、汽油机点火控制系统的检修、汽油机辅助控制系统的检修以及柴油机电控系统的检修。

本书可作为职业教育汽车类专业的教材，也可作为汽车维修企业技术人员的参考用书。

为方便教学，凡选用本书作为授课教材的教师均可登录www.cmpedu.com 以教师身份注册、免费下载电子课件，或来电咨询：010-88379201。

图书在版编目（CIP）数据

汽车发动机电控系统检修/王维先主编. —北京：机械工业出版社，2016.12（2026.1重印）

职业教育汽车类专业一体化系列教材

ISBN 978-7-111-55093-8

Ⅰ.①汽… Ⅱ.①王… Ⅲ.①汽车—发动机—电子系统—控制系统—检修—职业教育—教材 Ⅳ.①U472.43

中国版本图书馆 CIP 数据核字（2016）第 244940 号

机械工业出版社（北京市百万庄大街22号　邮政编码100037）
策划编辑：师　哲　责任编辑：师　哲　张丹丹　责任校对：佟瑞鑫
责任印制：郜　敏
河北虎彩印刷有限公司印刷
2026年1月第1版第16次印刷
184mm×260mm・13.75印张・332千字
标准书号：ISBN 978-7-111-55093-8
定价：44.80元

电话服务　　　　　　　　　网络服务
客服电话：010-88361066　　机 工 官 网：www.cmpbook.com
　　　　　010-88379833　　机 工 官 博：weibo.com/cmp1952
　　　　　010-68326294　　金　书　网：www.golden-book.com
封底无防伪标均为盗版　　机工教育服务网：www.cmpedu.com

关于"十四五"职业教育
国家规划教材的出版说明

为贯彻落实《中共中央关于认真学习宣传贯彻党的二十大精神的决定》《习近平新时代中国特色社会主义思想进课程教材指南》《职业院校教材管理办法》等文件精神，机械工业出版社与教材编写团队一道，认真执行思政内容进教材、进课堂、进头脑要求，尊重教育规律，遵循学科特点，对教材内容进行了更新，着力落实以下要求：

1. 提升教材铸魂育人功能，培育、践行社会主义核心价值观，教育引导学生树立共产主义远大理想和中国特色社会主义共同理想，坚定"四个自信"，厚植爱国主义情怀，把爱国情、强国志、报国行自觉融入建设社会主义现代化强国、实现中华民族伟大复兴的奋斗之中。同时，弘扬中华优秀传统文化，深入开展宪法法治教育。

2. 注重科学思维方法训练和科学伦理教育，培养学生探索未知、追求真理、勇攀科学高峰的责任感和使命感；强化学生工程伦理教育，培养学生精益求精的大国工匠精神，激发学生科技报国的家国情怀和使命担当。加快构建中国特色哲学社会科学学科体系、学术体系、话语体系。帮助学生了解相关专业和行业领域的国家战略、法律法规和相关政策，引导学生深入社会实践、关注现实问题，培育学生经世济民、诚信服务、德法兼修的职业素养。

3. 教育引导学生深刻理解并自觉实践各行业的职业精神、职业规范，增强职业责任感，培养遵纪守法、爱岗敬业、无私奉献、诚实守信、公道办事、开拓创新的职业品格和行为习惯。

在此基础上，及时更新教材知识内容，体现产业发展的新技术、新工艺、新规范、新标准。加强教材数字化建设，丰富配套资源，形成可听、可视、可练、可互动的融媒体教材。

教材建设需要各方的共同努力，也欢迎相关教材使用院校的师生及时反馈意见和建议，我们将认真组织力量进行研究，在后续重印及再版时吸纳改进，不断推动高质量教材出版。

机械工业出版社

前 言

在新一轮科技革命和产业变革的影响下，产业升级和经济结构调整不断加快，"互联网+汽车"、新能源汽车、智能网联汽车等新业态的出现加速了汽车后市场的变革，面对新业态、新生态，与之相适应的汽车后市场人才极其匮乏，因此新时代汽车专业高素质技术技能人才的培养任重道远。

为了更好地满足社会对汽车专业人才的需求，本书开发设计了理实一体化的课程教学项目，引领学习者在完成任务的同时，领悟汽车发动机电控系统的工作原理，为诊断、排除故障奠定基础，以促进学生综合职业能力的形成。

本书在编写过程中贯彻教学改革的有关精神，严格落实教学标准的要求，力求体现以下特色：

1. 落实立德树人根本任务

坚持以习近平新时代中国特色社会主义思想引领职业教育汽车类专业教材建设，提升教材的思想性、科学性、时代性。融入职业素养，发挥教材培根铸魂的作用。

2. 以学生为中心，注重适用性，突出职教特色

1）项目引领，任务展开。本书通过项目引领，任务展开，激发学生的学习兴趣；以任务目标、任务描述、知识储备、任务实施、检测评价和课后测评为步骤，符合学生的认知规律；图文并茂、形象直观，内容呈现环环相扣，使学生愿意学习、乐于学习。

2）为专业课学习奠定基础。本书在充分调研的基础上，选取典型的学习任务，对相应项目进行知识、技能的整合，提炼出满足实际需要的知识点和技能点，突出以技能为目标，以实践为载体，以学习能力的培养为核心，同时根据职业院校学生的培养目标及认知特点，打破了传统的理论—实践—再理论的认知规律，代之以实践—理论—再实践的新认知规律，突出"岗课赛证"综合育人和"教学做训育"一体的理念。项目中相关的任务对应了汽车运用与维修职业技能等级证书考核的汽车动力与驱动系统综合分析技术模块的初、中级。

3）取材合理，难易适中。本书内容紧密联系实际，将技能点、知识点有效融合，以专业教学标准为依据，注重对学生操作规范化、职业化的素质培养；满足应知应会的知识技能要求，符合专业培养目标和职业能力的基本要求，取材合理，难易程度恰当，适合职业院校学生的学习需求。

3. 立体化资源配套，丰富教学手段

本书双色印刷、图片清晰、内容新颖、知识面广、通俗易懂、易学好教，为方便教学，

本书开发了汽车故障诊断仪的使用、空气流量传感器的检修、曲轴位置传感器的检修、凸轮轴位置传感器的检修、燃油系统压力的检测5个实操视频，并配套了大量的相关教学视频，方便开展"混合式"教学，同时还配有电子课件等资源。

本书建议学时为72学时，具体学时分配建议见下表。

序 号	内 容	建议学时
1	绪 论 汽车发动机电控系统概述	2
2	项目一 车载诊断系统认知	4
3	项目二 汽油机电控系统主要传感器的检修	20
4	项目三 汽油机燃料供给控制系统的检修	16
5	项目四 汽油机点火控制系统的检修	8
6	项目五 汽油机辅助控制系统的检修	14
7	项目六 柴油机电控系统的检修	8
	总 计	72

本书由沈阳市汽车工程学校王维先担任主编，沈阳市汽车工程学校周缨担任副主编，沈阳市汽车工程学校王磊、李刚、毕言兴、苏明，沈阳格泰克机械设备有限公司闫娜参与了本书的编写。具体分工如下：王维先编写了绪论、项目二、项目五和项目六，周缨编写了项目三，李刚、毕言兴、苏明编写了项目一，王磊、闫娜编写了项目四。全书由王维先统稿，由邵敬明负责主审。

在编写本书的过程中，得到了北京广达汽车维修设备有限公司邵明田工程师、上海景格科技股份有限公司负责人的大力支持，在此一并表示衷心的感谢。另外，编写过程中参考了大量的文献资料，在此向文献资料的作者致以诚挚的谢意。

由于编者水平有限，书中难免有错误和不妥之处，恳请广大读者批评指正。

编 者

目 录

前言
绪论　汽车发动机电控系统概述 ··· 1
　　任务　汽油机电控系统总体认知 ··· 1
项目一　车载诊断系统认知 ·· 10
　　任务　诊断仪的使用 ··· 10
项目二　汽油机电控系统主要传感器的检修 ·· 19
　　任务一　空气流量传感器的检测及更换 ··· 19
　　任务二　进气歧管绝对压力传感器的检测及更换 ····································· 26
　　任务三　节气门位置传感器的检测及更换 ·· 31
　　任务四　曲轴位置传感器/凸轮轴位置传感器的检测 ································ 35
　　任务五　温度传感器的检测及更换 ··· 43
　　任务六　爆燃传感器的检测及更换 ··· 50
　　任务七　氧传感器的检测及更换 ·· 55
项目三　汽油机燃料供给控制系统的检修 ·· 66
　　任务一　空气供给系统的检测及故障排除 ·· 66
　　任务二　燃油压力调节器的检测及故障排除 ··· 80
　　任务三　电动燃油泵及其控制电路的检测及故障排除 ······························ 89
　　任务四　喷油器及其控制电路的检测及故障排除 ···································· 101
项目四　汽油机点火控制系统的检修 ·· 120
　　任务一　点火控制器及点火线圈的检测及更换 ······································· 120
　　任务二　火花塞的检测及更换 ··· 133
项目五　汽油机辅助控制系统的检修 ·· 144
　　任务一　怠速控制系统的检测及部件更换 ··· 144
　　任务二　进气控制系统的认知 ··· 153
　　任务三　排气控制系统的认知 ··· 159
　　任务四　巡航控制系统的认知 ··· 175
项目六　柴油机电控系统的检修 ·· 188
　　任务一　柴油机电控燃油喷射系统的认知 ··· 188
　　任务二　共轨式电控燃油喷射系统的检修 ··· 197
参考文献 ·· 213

绪论

汽车发动机电控系统概述

项　目　描　述

  随着科技的发展，电子控制技术在汽车发动机上得到广泛的应用。发动机电控系统在提高发动机的动力性、经济性、降低汽车的排放污染物方面发挥了重要作用。本项目旨在让学生认识发动机电控系统的整体结构，为后续课程做好铺垫。

建议学时

2学时。

任务　汽油机电控系统总体认知

任务目标

知识目标	1）了解发动机电控系统的发展简史 2）掌握发动机电控系统的功能和组成
技能目标	1）熟悉主要传感器、执行器和电子控制单元（ECU）的功能 2）掌握主要功能元件的位置查找方法

任务描述

  一辆采用 AEP 发动机的帕萨特 B4 轿车，热起困难，起动不久就开始发抖，直至熄火。经接车检查，需要用仪器对传感器进行检查。

知识储备

一、发动机电控技术的发展过程

发动机电控技术的发展应用始于 20 世纪 60 年代，分为以下三个阶段：

第一阶段，从 20 世纪 60 年代中期到 70 年代中期，主要是为了改善部分性能而对汽车产品进行的技术改造，如在车上安装晶体管收音机。

第二阶段，从 20 世纪 70 年代末期到 90 年代中期，为解决安全、污染和节能三大问题，研制出了电控汽油喷射系统、电子控制防滑制动装置和电控点火系统。

第三阶段，从 20 世纪 90 年代中期以后，电子技术广泛地应用在底盘、车身和车用柴油发动机多个领域。

二、电控技术对发动机性能的影响

电控技术在发动机上的应用，提高了发动机的动力性和燃油经济性，降低了排放污染，改善了发动机的加速、减速和起动性能。

三、应用在发动机上的电控系统

（1）电控燃油喷射系统（EFI） 电控燃油喷射系统主要根据进气量来确定基本喷油量，再根据其他传感器（如冷却液温度传感器、节气门位置传感器等）信号对喷油量进行修正，使发动机在各种运行工况下均能获得最佳浓度的混合气，从而提高发动机的动力性、经济性和排放性。

（2）电控点火系统（ESA） 电控点火系统实际就是点火提前角控制。ECU 根据各相关传感器信号，判断发动机的运行工况和运行条件，选择最理想的点火提前角点燃混合气，从而改善发动机的燃烧过程，以达到提高发动机动力性、经济性和降低排放污染的目的。

（3）怠速控制系统（ISC） 在发动机怠速工况下，ECU 根据发动机冷却液温度、空调压缩机是否工作、变速器是否挂入档位等，通过怠速控制阀对发动机的进气量进行控制，使发动机随时以最佳怠速转速运转。

（4）排放控制系统 排放控制系统主要是对发动机排放控制装置的工作实行电子控制。排放控制的项目主要包括废气再循环（EGR）控制、活性炭罐电磁阀控制、氧传感器和空燃比闭环控制和二次空气喷射控制。

（5）进气控制系统 进气控制系统主要是 ECU 根据发动机转速和负荷的变化，对发动机的进气进行控制，以提高发动机的充气效率，从而改善发动机的动力性。

（6）增压控制系统 增压控制系统是对发动机进气增压装置的工作进行控制。在装有废气涡轮增压装置的汽车上，ECU 根据检测到的进气管压力，对增压装置进行控制，从而控制对进气增压的强度。

（7）巡航控制系统 当设定巡航控制模式后，ECU 根据汽车运行工况和运行环境信息，自动控制发动机工作，使汽车自动维持一定车速行驶。

（8）自诊断与报警系统 自诊断与报警系统用来提示驾驶人发动机有故障；同时，系统将故障信息以设定的数码（故障码）形式存储在存储器中，以便帮助维修人员确定故障类型和范围。

（9）警告系统　由 ECU 控制各种指示和报警装置，一旦控制系统出现故障，该系统能及时发出信号以警告提示。

（10）失效保护系统　当传感器或传感器线路发生故障时，控制系统自动按 ECU 中预先设定的参考信号值工作，以便发动机能继续运转。

（11）应急备用系统　当控制系统 ECU 发生故障时，自动启用备用系统（备用集成电路），按设定的信号控制发动机转入强制运转状态，以防车辆停驶在路途中。

四、发动机电控系统的基本组成与类型

1. 电控系统的基本组成

任何一种电控系统，其主要组成都可分为信号输入装置、ECU 和执行元件三部分，如图 0-1 所示。

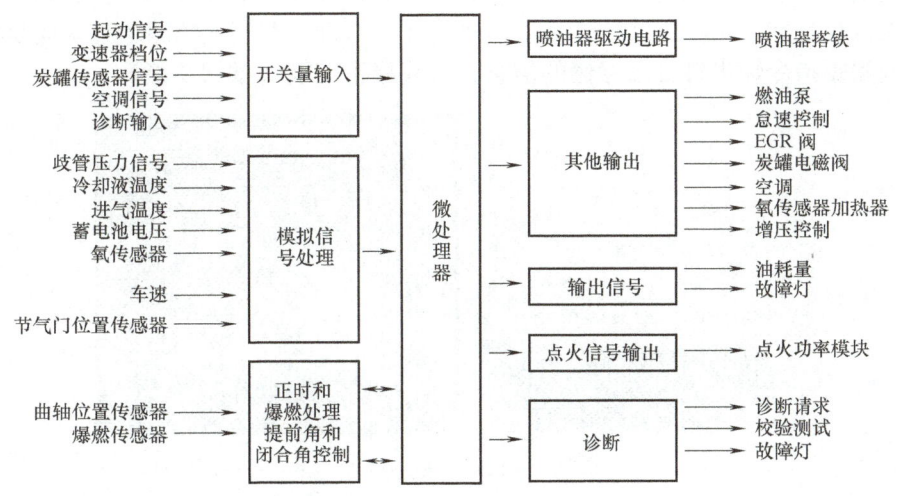

图 0-1　电控系统的基本组成

（1）信号输入装置　信号输入装置主要是各种传感器和控制开关，用来采集控制系统的信号，并转换成电信号输送给 ECU。

1）空气流量传感器。空气流量传感器用来测量发动机的进气量，将信号输入 ECU。

2）进气绝对压力传感器。进气绝对压力传感器用来测量进气管内气体的绝对压力，将信号输入 ECU。

3）节气门位置传感器。节气门位置传感器将节气门的开度及开度变化信号转换成电信号输入 ECU。

4）凸轮轴位置传感器。凸轮轴位置传感器提供曲轴转角基准位置信号。

5）曲轴位置传感器。曲轴位置传感器检测曲轴转角位移，给 ECU 提供发动机转速信号和曲轴转角信号。

6）进气温度传感器。进气温度传感器检测进气温度信号。

7）冷却液温度传感器。冷却液温度传感器给 ECU 提供冷却液温度信号。

8）车速传感器。车速传感器检测汽车的行驶速度，给 ECU 提供车速信号（SPD 信号）。

9）氧传感器。氧传感器检测排气中的氧含量。

10）爆燃传感器。爆燃传感器检测汽油机是否爆燃及爆燃强度。

11）空调开关。当空调开关打开，空调压缩机工作，发动机负荷加大时，由空调开关向 ECU 输入信号。

12）档位开关。自动变速器由空档挂入其他档时，向 ECU 输入信号。

13）起动开关。当发动机起动时，给 ECU 提供一个起动信号。

14）制动灯开关。制动时，向 ECU 提供制动信号。

15）动力转向开关。当转向盘由中间位置向左右转动时，由于动力转向油泵工作而使发动机负荷加大，此时向 ECU 输入信号。

16）巡航控制开关。当进入巡航控制状态时，向 ECU 输入巡航控制状态信号。

（2）ECU　如图 0-2 所示，ECU 主要给各传感器提供 2V、5V、9V 或 12V 参考电压、接收传感器和其他装置的输入信号，并转换成数字信号；存储该车型的特征参数和运算所需的有关数据信号；确定计算输出指令所需的程序，并根据输入信号和相关程序计算输出指令数值；将输入信号和输出指令信号与标准值进行比较，确定并存储故障信息。向执行元件输出指令，或根据指令输出自身已存储的信息；自我修正功能（学习功能）。

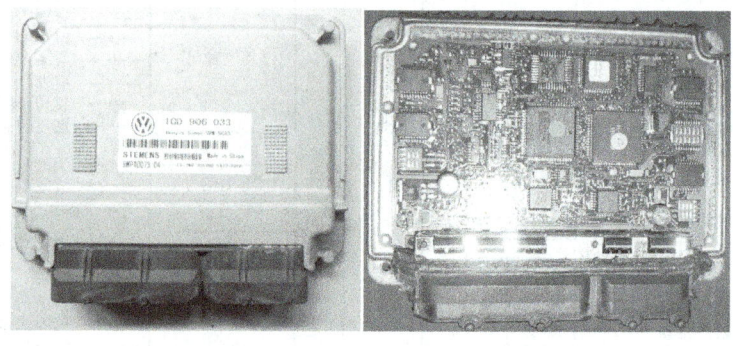

图 0-2　ECU

（3）执行元件　由 ECU 控制，执行某项控制功能的装置。

执行元件常见的有喷油器、点火器、怠速控制阀、巡航控制电磁阀、节气门控制电动机、EGR 阀、进气控制阀、二次空气喷射阀、活性炭罐排泄电磁阀、油泵继电器、风扇继电器、空调压缩继电器、自诊断显示与报警装置和仪表显示器等。

2. 类型

（1）开环控制　ECU 根据传感器的信号对执行器进行控制，但不检测控制结果。开环控制系统的控制方式比较简单，ECU 只根据传感器信号对执行元件进行控制，而控制的结果是否达到预期目标对其控制过程没有影响。

（2）闭环控制　闭环控制也称为反馈控制，是在开环控制的基础上，对控制结果进行检测，并反馈给 ECU。

任务实施

一、实训准备（设备、教具、工量具、耗材）

举升机、威驰 GL 型轿车、工具车和零件车、常用拆装维修工具和量具、润滑脂、棉纱等常用耗材、汽油。

二、实施步骤

汽油机电控系统总体认知见表0-1。

表0-1 汽油机电控系统总体认知

步 骤	图 示
1）将车辆停放在举升机工位 ①技术要求。车辆应位于举升机正常举升位置，不许偏向任何一侧或一端 ②安全警告。在移动车辆时，要注意检查车辆周围是否有障碍物 ③目视车身外观 ④检查车身漆面是否有划痕	
2）安放车轮挡块 ①技术要求。车轮挡块可放置在任意车轮的前后，与轮胎外边沿平齐，安装的时候要有一定的力度，以防松动 ②安全警告。在放置车轮挡块时，车轮挡块不能撞击轮胎或轮毂，以免对车轮造成损伤	
3）安装尾排管 ①技术要求。用双手将尾排管插入到车辆的排气管中 ②安全警告。尾排管的头部有夹箍，拿时要小心，以防止手划伤	
4）用遥控钥匙打开车门，正确开启车门 ①目视检查四个车门外观 ②开关车门检查有无异响 ③认识车门基本结构	

(续)

步　骤	图　示
5）安装车内四件套 ①正确安装车内四件套：座椅套、转向盘套、变速杆套、地板垫 ②了解仪表板的组成、各个开关的作用	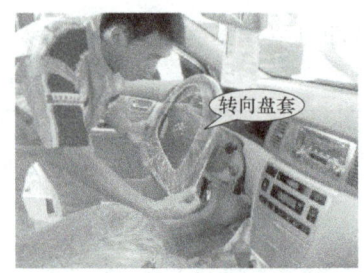
6）拉起发动机舱盖释放杆，打开发动机舱盖 提示： ①当拉发动机舱盖释放杆时，只要听到"嗒"的一声就可以，此时舱盖已开 ②此时发动机舱盖处于打开位置，一般操作人员手指能伸到里面，进行操作。如果没有弹开，一是检查是否真正拉开，另一个是从灯罩侧进行伸入打开 ③伸到发动机舱盖下方拉起锁片，各种车辆的发动机舱盖拉锁基本上都在其中间位置 注意： ①在发动机舱盖顶起的时候要注意安全，双手不能离开发动机舱盖 ②当抬起发动机舱盖后，右手撑住发动机舱盖，左手拿发动机舱盖支撑杆，把支撑杆插入到发动机舱盖定位孔，确保发动机舱盖支撑牢固	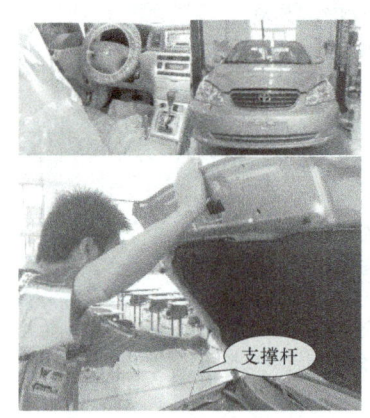
7）铺好翼子板及前格栅布 提示： ①这里要注意不要将磁铁放在灯罩之类的非磁性物体上面，以防止掉落 ②走动过程中注意人的身体与车身的距离不要太近	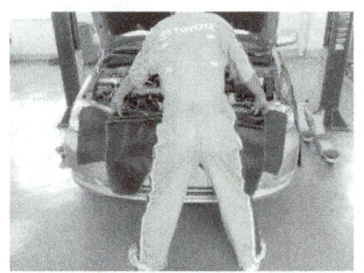
8）认识发动机舱中电控系统、信号输入装置、ECU、执行元件各个元件的名称、安装位置和具体的功能	

(续)

步骤	图示
9）整理清洁 收好翼子板护垫及前格栅布、车内四件套,关好前后舱盖、油箱盖,锁好车门,清洁地面 提示： ①注意拉起来的时候,另一端用手按住,不然会有掉落的危险 ②车在行走的过程中,要注意人不要与车身太近,以防与车身接触 ③前格栅布不要与车身太近,以防止前格栅布划伤车身 ④在放的时候一定要放平整理,以方便接下去的拿放 ⑤在拔发动机舱盖支撑杆的时候,如果比较紧,则可以轻轻上下摇动机舱盖,再将支撑杆拔出 ⑥如果从高处双手离开,向下关闭发动机舱盖时,会产生很大的声音,同时有可能会损坏发动机舱盖 ⑦注意压发动机舱盖时,不要用大力,以防其变形	  

检测评价

汽车发动机电控系统认识检测评价见表0-2。

表0-2 汽车发动机电控系统认识检测评价

序号	实操活动	步骤	评分细则	分值	得分
1	准备工作	准备车轮挡块、翼子板护垫、车内四件套。全面检查车体、轮胎、玻璃有无损伤,做好检查记录	动作不规范,操作失误一次扣1分	4	
		放车轮挡块,安装尾排管		2	
		打开左前车门,安装好车内四件套		2	
		打开发动机舱盖安装翼子板护垫		2	
2	发动机电控系统认知	电子燃油喷射系统认识	各系统组成元件名称、位置每认错一处扣1分,工作页填写不规范或者有漏项扣3分	10	
		电控点火系统认识		10	
		怠速控制系统认识		10	
		排放控制系统认识		10	
		进气控制系统认识		10	

(续)

序号	实操活动	步骤	评分细则	分值	得分
2	发动机电控系统认知	信号输入装置认识	各系统组成元件名称、位置每认错一处扣1分，工作页填写不规范或者有漏项扣3分	10	
		ECU认识		5	
		执行元件认识		5	
3	安全文明生产	收好翼子板护垫、车内四件套、车轮挡块、尾排管	清洁不及时不得分 操作中设备损伤每次扣2分；操作中受伤每次扣1分；工具、零件落地每次扣1分	3	
		关好发动机舱盖、车门		2	
		清洁工具、量具		2	
		清洁场地		1	
		操作过程中注意安全		2	
4	操作时间	时间	操作时间为30min，每超过1min扣1分	10	
		合　计		100	

说明：每项分值扣完为止

教师评价

指导教师＿＿＿＿＿＿＿＿

＿＿＿年＿＿＿月＿＿日

课后测评

一、填空题

1. 应用在发动机上的电控系统有＿＿＿＿＿＿＿、＿＿＿＿＿＿＿、＿＿＿＿＿＿＿、＿＿＿＿＿＿＿、＿＿＿＿＿＿＿、＿＿＿＿＿＿＿增压控制系统、自诊断与报警系统、警告系统、失效保护系统和应急备用系统。

2. 任何一种电控系统，其主要组成都可分为＿＿＿＿＿＿、＿＿＿＿＿＿和＿＿＿＿＿＿三部分。

3. 电控系统的类型有＿＿＿＿＿＿＿＿和＿＿＿＿＿＿＿。

二、选择题

1. 用来测量发动机的进气量，将信号输入ECU的传感器是（　　）。

   A. 曲轴位置传感器　　　　　　B. 爆燃传感器

   C. 节气门位置传感器　　　　　D. 空气流量传感器

2. 检测曲轴转角位移，给ECU提供发动机转速信号和曲轴转角信号的传感器是（　　）。

   A. 曲轴位置传感器　　　　　　B. 爆燃传感器

   C. 节气门位置传感器　　　　　D. 空气流量传感器

3. 检测汽油机是否爆燃及爆燃强度的传感器是（　　）。

   A. 曲轴位置传感器　　　　　　B. 爆燃传感器

   C. 节气门位置传感器　　　　　D. 空气流量传感器

三、判断题

1. 电子控制单元又称为 ECU，主要给各传感器只提供 5V 参考电压。　　　　（　　）

2. 当传感器或传感器线路发生故障时，控制系统自动按 ECU 中预先设定的参考信号值工作，以便发动机能继续运转。　　　　（　　）

3. 排放控制系统主要是对发动机排放控制装置的工作实行电子控制。　　　　（　　）

项目一

车载诊断系统认知

项目描述

　　现代电控汽车的故障诊断与排除，必须利用各种仪器和专用设备，检测和读取有关资料和数据，进行分析比较，最后确定故障的原因，加以排除，有时还必须通过专用仪器，模拟有关传感器控制元件的信号，采用置换对比的方法去判断是传感器本身的故障还是线路或 ECU 本身的故障，所以现代电控汽车的检测诊断中，掌握仪器设备的正确使用，进行数据分析是十分重要的。

建议学时

4 学时。

任务　　诊断仪的使用

任务目标

知识目标	1）了解故障诊断仪的类型和功能 2）掌握故障码的读取和清除方法
技能目标	1）熟悉诊断仪与诊断接口的连接程序 2）掌握故障诊断仪的使用方法

任务描述

　　一辆丰田卡罗拉轿车，行驶中突然熄火，再起动，起动不着。经接车检查，该车已行驶

40000km，开始以为是积炭严重导致发动机突然熄火，用强行起动方式起动发动机，毫无效果；拔下一缸分缸线试火，发现根本不跳火，检查继电器、熔丝及线路，均完好无损，需要用故障诊断仪对发动机的电控系统进行检查和维修。

知识储备

一、汽车故障诊断仪的功用

汽车故障诊断仪又称汽车解码器，是车辆故障自检终端，是唯一能与汽车 ECU 直接传递信息的故障诊断仪器。故障诊断仪通过汽车 ECU 的自诊断座在一定协议支持下与汽车 ECU 进行互相通信以交流各种信息，从而获取 ECU 工作的重要参数。用户利用它能够迅速地读取汽车电控系统中的故障，并通过液晶显示屏显示故障信息，迅速查明发生故障的部位及原因。

汽车故障诊断仪是汽车维修中非常重要的工具，它的功能包括基本检测功能和特殊测试功能两部分。基本检测功能包括读取故障码和清除故障码，特殊测试功能包括动态数据流测试、执行元件测试、功能设置、快速学习（自适应）数据记录和动态波形显示等。

1. 读取故障码

当电控系统中的某一电路出现超出规定的信号时，该电路及相关的传感器反映的故障信息以故障码的形式存储到 ECU 内部的存储器中，维修人员可利用故障诊断仪来读取故障码，使其显示出来，如图 1-1 所示。

2. 清除故障码

利用故障诊断仪，通过简单的操作即可清除存储在车用 ECU 上的故障码。

3. 动态数据流测试

利用故障诊断仪可对传感器和执行器的动态参数进行实时监测，如图 1-2 所示，例如发动机转速、节气门开度、喷油脉冲宽度、点火提前角、车速以及怠速开关、空调开关、继电器和变速器档位状态等。

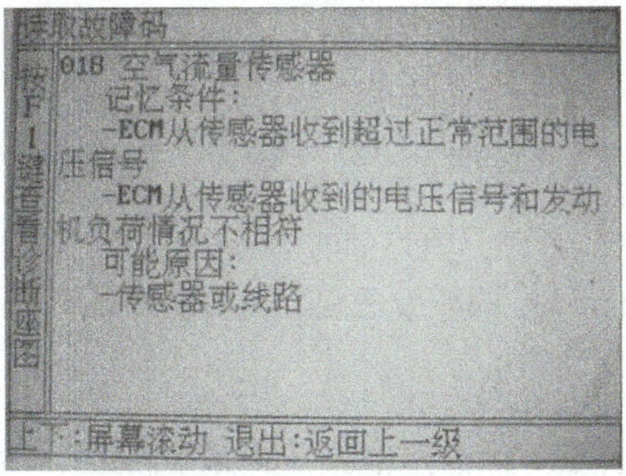

图 1-1 读取故障码 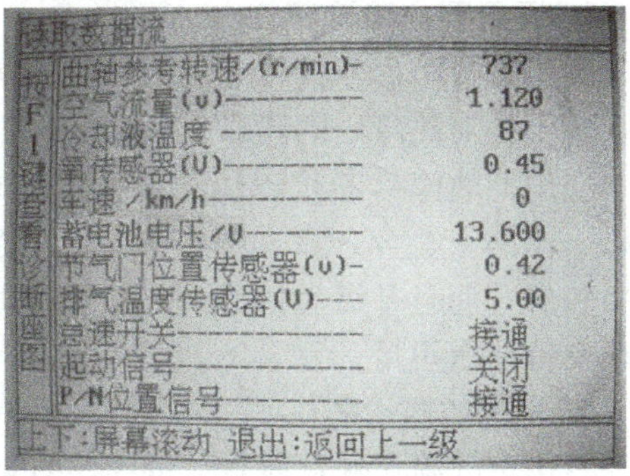   图 1-2 数据流测试

4. 执行元件动作测试

利用故障诊断仪可通过车用 ECU 向执行元件发出指令，并执行相应动作，例如喷油器喷油、节气门打开、散热器风扇运转等。

5. 功能设置

利用故障诊断仪可对汽车电控系统进行基本调整和设置，例如发动机的怠速设定、节气门开度的初始化和匹配钥匙等。

6. 其他功能

故障诊断仪具有万用表、示波器、汽车维修资料库、打印输出和网络升级等功能，也能对执行元件的动态波形进行检测分析。

故障诊断仪的功能随测试软件的版本而异，也随被测车系和年款不同而不同。有的能检测几个系统，有的只能检测一个系统。

汽车故障诊断仪是汽车维修厂家的必备设备，是汽车维修师傅的好帮手。现代汽车技术发展很快，光凭经验已经没有办法解决修车过程中遇到的所有问题。

汽车故障诊断仪通过和汽车 ECU 连接，可以准确了解汽车静态和动态的所有情况，以及故障码、数据流、各个元件的工作状态。

二、汽车故障诊断仪的特点

1. 优点

汽车故障诊断仪使用方便，数据可靠准确，可以直接与汽车 ECU 互相交流信息；利用故障诊断仪可以得到一些强大的诊断功能，如行车数据记录、配钥匙和基本设定等。

2. 缺点

汽车故障诊断仪需要定期升级，维护费用高；在检查机械部分故障时，故障诊断仪就很难发挥作用；故障诊断仪的数据信息并不总是很可靠；利用故障诊断仪进行检查时，很容易出现对 DTC（故障码）的不理解或误解；在检查非 PCM（发动机电子控制系统）控制部分的故障时，故障诊断仪并不是很有用；当汽车无法提供数据或数据无法取出时，故障诊断仪就无法发挥作用。

三、汽车故障诊断仪的类型

汽车故障诊断仪按照检测诊断的项目数量不同分为通用型和专用型两种类型。

1. 通用型故障诊断仪

通用型故障诊断仪具有通用性，能对不同车型进行诊断与检测，价格相对低，功能简单，主要是对故障码的读取和数据流的分析。

通用型故障诊断仪以国产为主，比较知名的有元征 X431（图 1-3）、金德 KT600（图 1-4）、车博士、金奔腾（图 1-5）等，提供的功能大同小异，国外的有 BOSCH 和 SPX，但价格较贵，而且升级需付费，对一般修理厂来说，选择国产的较为适宜，因为国外品牌对国产车支持严重不足。

2. 专用故障诊断仪

专用型故障诊断仪就是一般 4S 店内使用的，针对某一特定厂家开发的故障诊断仪，如通用的 TECH-2，福特的 WDS，都是美国 SPX 公司开发的，大众使用的是西门子的 5051/5052（图 1-6）。

四、使用注意事项

使用故障诊断仪前，要仔细阅读使用说明书。

项目一　车载诊断系统认知

图 1-3　元征 X431 故障诊断仪

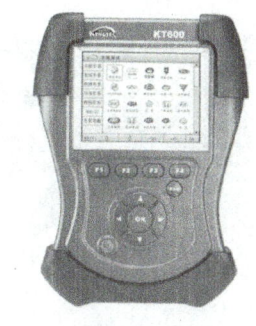

图 1-4　金德 KT600 故障诊断仪

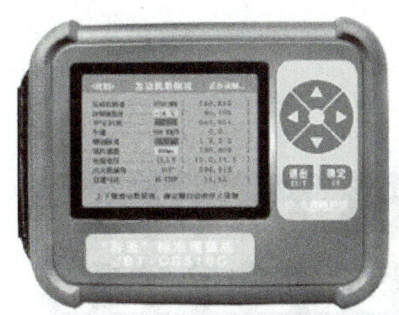

图 1-5　金奔腾故障诊断仪

图 1-6　大众 VAS 5052 A 故障诊断仪

1）应在良好的通风条件下进行检测。
2）严禁在检测过程中抽烟、有明火。
3）操作中应避免蓄电池电解液与皮肤直接接触，特别注意不能溅入眼睛。
4）当发动机运转时温度较高，应避免接触散热器和排气管等高温部件。
5）起动发动机前，将变速杆置于 P 位（手动变速器在空档），且拉起驻车制动。
6）若以蓄电池作为电源，需用红色鳄鱼夹接蓄电池正极，黑色鳄鱼夹接蓄电池负极。
7）当在发动机舱内使用故障诊断仪时，所有电源线缆、表笔和工具应远离传动带和其他运动部件。
8）不要戴手表、戒指，也不要穿宽大的衣服。

五、汽车诊断座

电控汽车上装有用来诊断故障的接口，即自诊断座，自诊断座的端子可直接与汽车 ECU 相连。故障诊断仪利用诊断接口与汽车自诊断座匹配相连，进行数据交流。

轿车均采用 OBD-Ⅱ 随车 ECU 诊断座，一般位于驾驶室仪表板下方（图 1-7），转向盘转向柱的左侧，如通用 GL8、现代索纳塔；一些车辆的诊断座位于变速杆防尘罩下（图 1-8），如大众桑塔纳 2000 轿车；一些车辆的诊断座位于中控台音响下方，如大众宝来轿车；还有一些车辆的诊断座位于发动机舱内（图 1-9），如富康轿车。

1. 汽车诊断座各针脚的含义

轿车所广泛应用的 OBD-Ⅱ 随车 ECU 诊断座 DLC（汽车诊断通信链路插接器）为 16 针

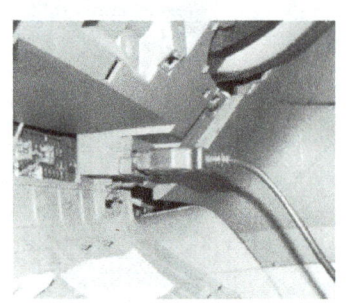

图1-7 驾驶室仪表板下诊断座

图1-8 变速杆防尘罩下诊断座

（图1-10），各针脚含义见表1-1。

图1-9 发动机舱内诊断座

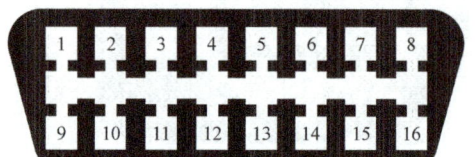

图1-10 OBD-Ⅱ随车ECU诊断座DLC为16针

表1-1 OBD-Ⅱ随车ECU诊断座针脚含义

针脚	含 义	针脚	含 义
1	提供给制造厂应用	9	提供给制造厂应用
2	SAE-J1850 资料传输	10	SAE-J1850 资料传输
3	提供给制造厂应用	11	提供给制造厂应用
4	车身搭铁	12	提供给制造厂应用
5	信号回路搭铁	13	提供给制造厂应用
6	提供给制造厂应用	14	提供给制造厂应用
7	ISO-9141 资料传输	15	ISO-9141 资料传输
8	提供给制造厂应用	16	接蓄电池正极

2. 自诊断故障信息显示

1）故障指示灯报警。仪表盘上的检查发动机（CHECK ENGINE）指示灯、ABS（防抱死制动系统）灯、安全气囊灯可以在本系统发生故障时亮起。故障指示灯在点火开关接通后，一般都会亮起，这是指示灯的自检程序，并不代表发生了故障。当发动机起动后，故障指示灯应熄灭，如果仍亮或闪烁，表示该系统有故障。

2）故障指示灯闪烁故障码。通过一定的读码程序，可以从故障指示灯（仪表盘的指示灯或ECU上的LED灯）（图1-11）读出灯光闪烁所代表的故障码。

3）在某些高级轿车中，仪表盘的显示屏可直接显示故障信息。

4）使用专用仪器，通过诊断插头输出故障码和故障信息。

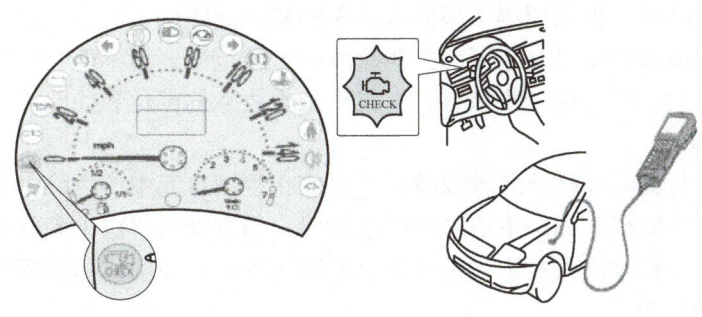

图1-11　发动机故障警告灯

六、故障码及其读取清除

1. 故障码编排

DLC具有数值分析和资料传输功能，资料传输有ISO和SAE两个标准。SAE规定OBD-Ⅱ故障码由5位组成，如P1253，见表1-2。

表1-2　故障码编排

第一位	第二位	第三位	第四位	第五位
P:发动机变速器 B:车身电气 C:底盘 U:未定义	制造厂代码 0:SAE定义的故障码 1、2、3:汽车制造厂代码	SAE定义的故障码	制造厂故障码	

2. SAE定义的故障范围代码（见表1-3）

表1-3　SAE定义的故障范围代码

代码	SAE定义的故障范围	代码	SAE定义的故障范围
1、2	燃油和空气测定系统故障	5	汽车或急速控制系统故障
3	点火系统故障或发动机间歇熄火	6	ECU或执行元件系统故障
4	废气控制辅助装置故障	7、8	变速器控制系统故障

3. 故障码的读取

汽车在运行时，电控系统输入、输出信号的电压值都有一定的变化范围，当某一信号的电压值超出了这一范围，并且这一现象在一定时间内不会消失，ECU便判断为这一部分出现故障。ECU把这一故障以代码的形式存入内部存储器中，这样检修人员在检修发动机时，可以"读出"，使检修人员知道故障的范围，以便进一步地检查和修理。

当读取故障码时，首先应使自诊断系统进入自诊断测试状态，自诊断测试状态是利用自诊断系统对电控系统的故障进行诊断。进入自诊断测试状态后方可读取故障码，再由故障码表查出该代码所代表的故障。

随车ECU诊断系统OBD-Ⅱ在读取故障码时，可以使用诊断仪器直接从OBD-Ⅱ16针诊断座读取。

具体操作为首先关闭点火开关，连接故障诊断仪与汽车诊断座，打开点火开关，起动发动机，起动故障诊断仪，根据所测车型读取该车的相关故障码。

故障码只表明故障的结果，它可以指明故障的大致范围，但不能直接确定故障的确切部位。在获取故障码后，还需进一步检查，以找出发生故障的部位和线路。

4. 故障码的清除

在对发动机进行维修和排除各种故障后，存储在控制单元中的故障码必须加以清除，以便记录和存储新的故障码。如果不清除旧的故障码，当发动机再次出现故障后，微机把新旧故障码一并输出，使得维修人员不知道哪些是发动机真正存在的故障，哪些是以前已经排除的故障，给检修带来困难。

故障码清除的方法随车型而异，有的车型故障码可以一次清除，有的则只能一个一个清除。故障码清除可以手工进行，也可用仪器进行。

关掉点火开关，从熔断器盒中拆下 EFI 熔断器（20A）10s 或更长一些时间。

拆下蓄电池负极线也可以清除故障码，但这种方法将使时钟和音响等装置中存储的信息被清除。如确需拆下蓄电池导线，则首先必须检查并弄清故障码是否已被记录下来。

当故障码清除后，对汽车进行道路试验检查，"CHECK ENGINE"灯应显示正常代码，否则，表示故障尚未彻底修好。

任务实施

一、实训准备（设备、教具、工量具、耗材）

举升机、诊断仪、威驰 GL 型轿车、工具车和零件车、常用拆装维修工具和量具、润滑脂、棉纱等常用耗材、汽油等。

二、实施步骤

参照绪论做好车辆停放，安放车轮挡块、车外翼子板护垫、车内四件套等防护准备。车载诊断系统认知见表 1-4。

表 1-4　车载诊断系统认知

步　骤	图　示
1）连接汽车故障诊断仪。提示：坐在驾驶座，关好车门，连接好 16 针诊断插头	

(续)

步 骤	图 示
2)<u>选择相关车辆信息,读取故障码</u>。提示:起动发动机,然后熄火,读取故障码	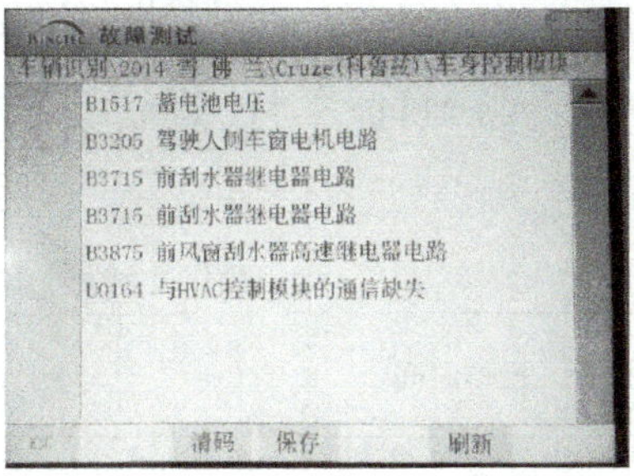
3)<u>按照故障码提示的范围,排除故障,清除故障码,试车</u>	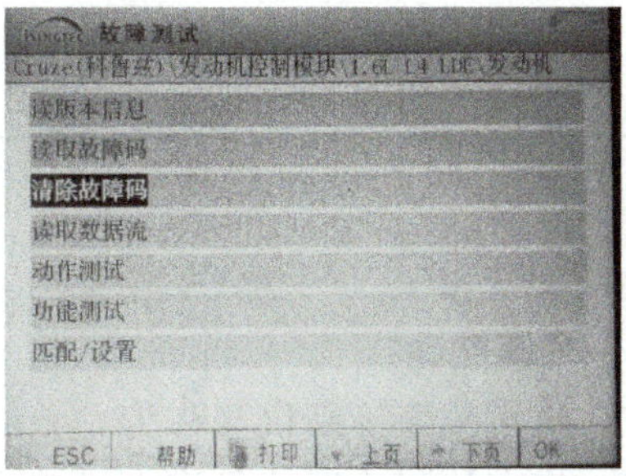
4)整理清洁参见表0-1。	

检测评价

车载诊断系统认知任务评价见表1-5。

表1-5 车载诊断系统认知任务评价

序号	实操活动	步 骤	评分细则	分值	得分
1	准备工作	准备车轮挡块、翼子板护垫、车内四件套。全面检查车体、轮胎、玻璃有无损伤,做好检查记录	动作不规范,操作失误一次扣1分	4	
		放车轮挡块,安装尾排管		2	
		打开左前车门,安装好车内四件套		2	
		打开发动机舱盖,安装翼子板护垫		2	
2	车载诊断系统认知	连接汽车故障诊断仪	连接错误扣2分,不能正确读取故障码扣2分 未清码扣2分,未正确操作扣2分	10	
		选择相关车辆信息,读取故障码		15	
		按照故障码提示的范围,排除故障		15	
		清除故障码,试车		15	
		断开诊断仪,收拾好仪器		15	

(续)

序号	实操活动	步骤	评分细则	分值	得分
3	安全文明生产	收好翼子板护垫、车内四件套、车轮挡块、尾排管	清洁不及时不得分 操作中设备损伤每次扣2分;操作中受伤每次扣1分;工具、零件落地每次扣1分	3	
		关好发动机舱盖、车门		2	
		清洁工具、量具		2	
		清洁场地		1	
		操作过程中注意安全		2	
4	操作时间	时间	操作时间为30min,每超过1min扣1分	10	
		合　计		100	

说明:每项分值扣完为止

教师评价

指导教师_____
____年___月__日

课后测评

一、填空题

1. 汽车故障诊断仪又称为_____,是车辆故障自检终端。
2. 汽车故障诊断仪是汽车维修中非常重要的工具,它的功能包括_____功能和_____功能两部分。
3. 汽车故障诊断仪按照检测诊断的项目数量不同分为_____和_____两种类型。

二、选择题

1. 故障码的读取可以使用诊断仪器直接从OBD-Ⅱ(　　)针诊断座读取。
   A. 12　　　　B. 14　　　　C. 16　　　　D. 20
2. 汽车故障诊断16针接口第16号针脚接(　　)。
   A. 蓄电池正极　B. 蓄电池负极　C. 发电机正极　D. 正、负极都可以
3. OBD-Ⅱ随车ECU诊断座一般位于(　　)。
   A. 行李箱　　　B. 后排座下面　C. 驾驶室　　　D. 副驾驶杂物箱上面

三、判断题

1. SAE规定OBD-Ⅱ故障码由6位组成。(　　)
2. 利用故障诊断仪,通过简单的操作即可清除存储在车用ECU中的故障码。(　　)
3. 当读取故障码时,首先应使自诊断系统进入自诊断测试状态,自诊断测试状态是利用自诊断系统对电控系统的故障进行诊断。(　　)

项目二

汽油机电控系统主要传感器的检修

项目描述

汽车发动机电控系统中的传感器时刻检测发动机在运行过程中的各种参数,传感器工作的好坏直接影响 ECU 的控制效果,所以对传感器进行检测和诊断是维修人员必须掌握的基本技能。本项目通过对空气流量传感器的检测及更换、进气歧管绝对压力传感器的检测及更换、节气门位置传感器的检测及更换、曲轴位置传感器/凸轮轴位置传感器的检测、温度传感器的检测及更换、爆燃传感器的检测及更换、氧传感器的检测及更换七个任务的实施,培养学生的操作技能。

建议学时

20 学时。

任务一　空气流量传感器的检测及更换

任务目标

知识目标	1)了解空气流量传感器的知识,掌握空气流量传感器的组成、作用及检修方法 2)学会查阅维修手册及相关资料、分析电路及检修电路的思路
技能目标	1)正确使用检测仪器 2)能够熟练正确地对空气流量传感器进行检修,养成记录工单的习惯,并进一步培养环保意识、安全意识

任务描述

一台丰田卡罗拉轿车，起动后发动机剧烈振动，在行驶中急加速时，发动机舱内会有"咚咚"的异响。试车确认故障现象，起动发动机，发动机故障警告灯未报警。在发动机运转过程中，急速非常不稳定，当踏下加速踏板时，发动机可以持续运转；当松开踏板时立即熄火。

知识储备

空气流量传感器是电喷发动机的重要传感器之一，它将吸入的空气流量转换成电信号送至ECU，以此作为决定喷油的基本信号之一。空气流量传感器是测定吸入发动机的空气流量的传感器，其安装位置如图2-1所示。

电控汽油喷射发动机为了在各种运转工况下都能获得最佳浓度的混合气，必须正确地测定每一瞬间吸入发动机的空气量，以此作为ECU计算（控制）喷油量的主要依据。如果空气流量传感器或线路出现故障，ECU得不到正确的进气量信号，就不能正常地进行喷油量的控制，将造成混合气过浓或过稀，使发动机运转不正常。电控汽油喷射系统的空气流量传感器有多种形式，常见的空气流量传感器按其结构形式可分为叶片（翼板）式、热线式、热膜式和卡门旋涡式等，如图2-2所示。

空气流量计

图2-1 空气流量传感器的安装位置

a)   b)   c)   d)

图2-2 空气流量传感器

a) 叶片（翼板）式 b) 热膜式 c) 热线式 d) 卡门旋涡式

最初的电子燃油喷射控制系统采用的不是微机，而是模拟电路，那时采用的是叶片式的空气流量传感器。

一、叶片式空气流量传感器

1. 叶片式空气流量传感器的结构

叶片式空气流量传感器应用于汽油发动机上，安装于空气滤清器与节气门之间，该传感器是由空气流量传感器与电位计两部分组成的，其结构如图2-3所示。

项目二　汽油机电控系统主要传感器的检修

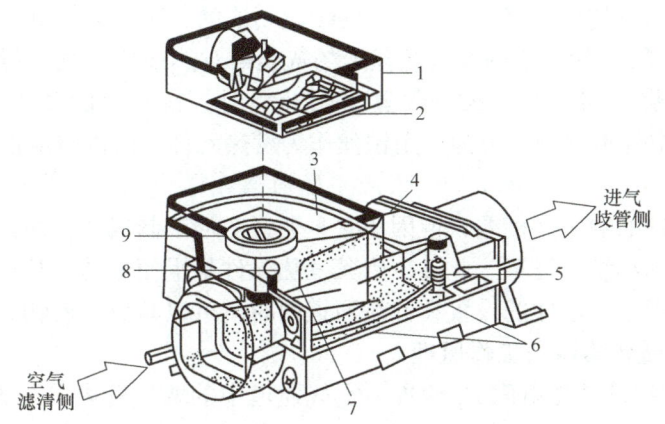

图2-3　叶片式空气流量传感器的结构

1—电位计　2—接线插头　3—缓冲室　4—缓冲叶片　5—CO调整螺钉　6—旁通道
7—测量叶片　8—进气温度传感器　9—复位弹簧

2. 叶片式空气流量传感器的工作原理

由空气滤清器吸入的空气冲向叶片，叶片转到进气量与复位弹簧平衡的位置处停止，也就是说，叶片的开度与进气量成正比。在叶片的转动轴还装有电位计，电位计的滑动臂与活门同步转动，叶片偏转角度增大，输出电阻减小，电压降低；若进气量小，则相反。叶片式空气流量传感器的工作原理如图2-4所示。

随着微机用于控制燃油喷射，出现了其他几种空气流量传感器。

二、热式空气流量传感器

1. 热式空气流量传感器的结构

热式空气流量传感器的主要元件是热线电阻，可分为热线式和热膜式两种类型，其结构和工作原理基本相同，热线式空气流量传感器的结构如图2-5所示。

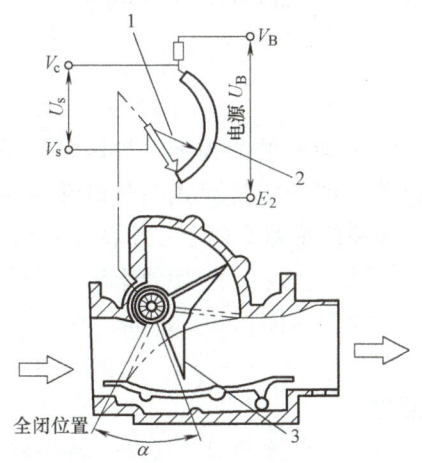

图2-4　叶片式空气流量传感器的工作原理

1—电位计滑动臂　2—电位计镀膜电阻
3—测量叶片

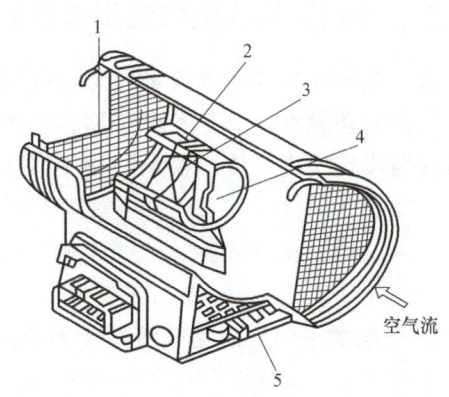

图2-5　热线式空气流量传感器的结构

1—防护网　2—取样管　3—铂丝线
4—温度补偿电阻　5—控制线路板

热线式发热体的热丝是用直径为 70μm 的铂丝制成的，张紧装于管道内部，设计时就使其比进气温度高 120℃。为防止附着在热丝上的灰尘等对热线式空气流量传感器的性能造成影响，设有灰尘燃烧电路，在点火开关置于断开档时，在一定的条件下，将热丝加热到 1000℃/s，烧掉灰尘等附着物。因为是用铂丝作为发热元件，所以响应性好。

热膜式空气流量传感器（图 2-6）采用平面形薄膜电阻器作为发热元件。与热线式相比，热膜式发热元件的响应性稍差，但因为它是通过图形法制成的，所以电阻值较高，消耗的电流小，可以做到小型、轻巧。此外，因其发热元件是平面形的，从上游观察时，可设法使其投影面积做得很小，这样的设置在计量通道内时就可以减少附着物，即提高抗污性。

2. 热式空气流量传感器的工作原理

热线电阻 R_H 和温度补偿电阻 R_K 均置于空气通道中的取气管内，与 R_A、R_B 共同构成桥式电路，如图 2-7 所示。R_H、R_K 阻值均随温度变化。当空气流经 R_H 时，使热线温度发生变化，电阻减小或增大，使电桥失去平衡，若要保持电桥平衡，就必须使流经热线电阻的电流改变，以恢复其温度与阻值，精密电阻 R_A 两端的电压也相应变化，并且该电压信号作为热式空气流量传感器输出的电压信号送往 ECU。

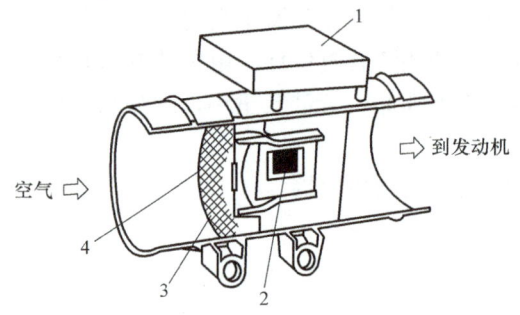

图 2-6　热膜式空气流量传感器的结构

1—控制电路　2—热膜　3—温度传感器　4—防护网

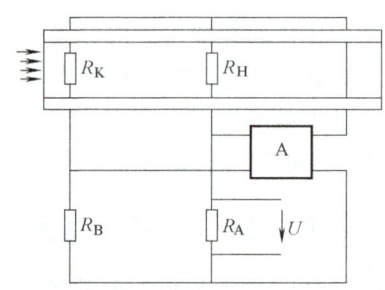

图 2-7　热式空气流量传感器的工作原理

A—集成电路　R_H—热线电阻　R_K—温度补偿电阻

R_A—精密电阻　R_B—电桥电阻

三、卡门旋涡式空气流量传感器

为了克服叶片式空气流量传感器的缺点，即在保证测量精度的前提下，扩展测量范围，并且取消滑动触点，又开发出小型轻巧的空气流量传感器，即卡门旋涡式空气流量传感器。卡门旋涡式空气流量传感器是适用于微机处理的信号。这种传感器有以下三个优点：测试精度高，可以输出线形信号，信号处理简单；长期使用，性能不会发生变化；因为是检测体积流量，所以不需要对温度及大气压力进行修正。根据旋涡频率的检测方式不同，传感器又分为光电式和超声波式两种。

1. 光电式卡门旋涡空气流量传感器的结构及工作原理

光电式卡门旋涡空气流量传感器主要由设置在空气通道中央的卡门旋涡发生器和相应的旋涡检测等装置组成，其具体结构如图 2-8 所示。当空气流过旋涡发生器时，在其后部将不断产生卡门旋涡，在单位时间内产生的旋涡个数（即发生频率）与气流的速度有关，所以只要测出卡门旋涡的发生频率，即可知道空气流量的大小。

光电式卡门旋涡空气流量传感器的工作原理如图2-9所示,旋涡发生器两侧的压力变化通过导压孔引向薄金属制成的反光镜表面,使反光镜发生振动。当反光镜振动时,将发光二极管投射的光反射给光敏晶体管,光敏晶体管通过对反光信号的检测,即可求得旋涡频率。

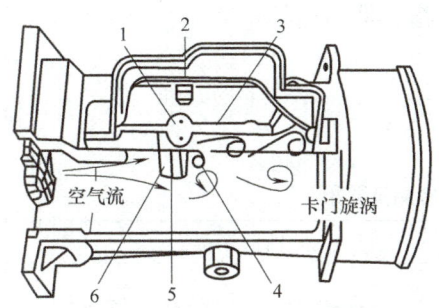

图2-8 光电式卡门旋涡空气流量传感器的结构
1—反光镜 2—发光二极管 3—金属箔板弹簧
4—光敏晶体管 5—导压孔 6—旋涡发生器

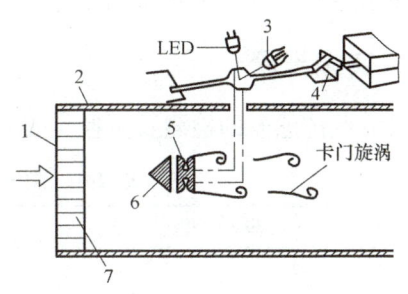

图2-9 光电式卡门旋涡空气流量传感器的工作原理
1—进气道 2—管路 3—光敏晶体管 4—金属箔板弹簧
5—导压孔 6—旋涡发生器 7—整流栅

2. 超声波式卡门旋涡空气流量传感器的结构及工作原理

超声波式卡门旋涡空气流量传感器的结构及工作原理如图2-10、图2-11所示,在空气流动的垂直方向安装超声波发生器,在其对面安装超声波接收器。由超声波发生器发出的超声波因受到卡门旋涡的影响,达到超声波接收器的时候发生了相位上的变化,放大电路将该相位变化转化为方波信号,其频率即为卡门旋涡产生的频率。

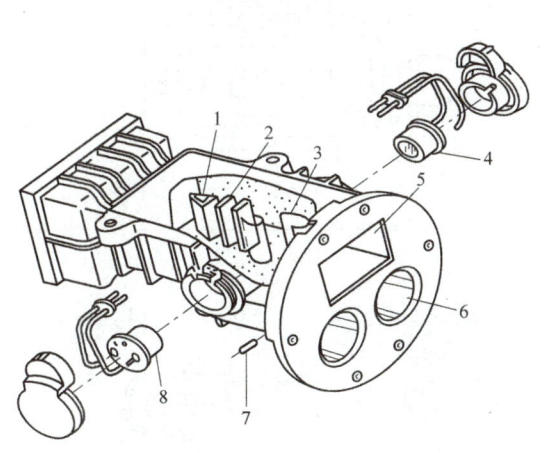

图2-10 超声波式卡门旋涡空气流量传感器的结构
1—超声波信号发生器 2—超声波发头头 3—旋涡稳定板
4—超声波接收器 5—主通道 6—旁通道
7—进气温度传感器 8—超声波发生器

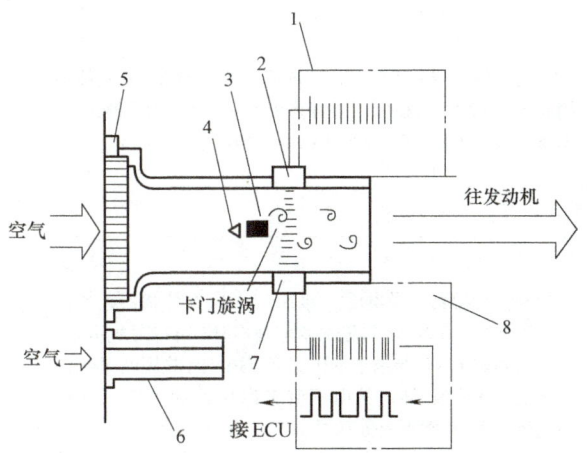

图2-11 超声波式卡门旋涡空气流量传感器的工作原理
1、4—旋涡发生器 2—旋涡稳定板 3—卡门旋涡
5—整流栅 6—旁通气道 7—超声波接收器
8—转换电路

两种卡门旋涡空气流量传感器输出的均为方波频率信号(脉冲信号),频率的大小代表了空气流量的大小。

任务实施

一、实训准备（设备、教具、工量具、耗材）

丰田卡罗拉轿车、工具车和零件车、常用拆装维修工具和量具。

二、实施步骤

空气流量传感器的检测及更换见表2-1。

表2-1 空气流量传感器的检测及更换

步 骤	图 示
1）拆卸空气流量传感器 ①断开空气流量传感器插接器 ②拆下两个螺钉和空气流量传感器	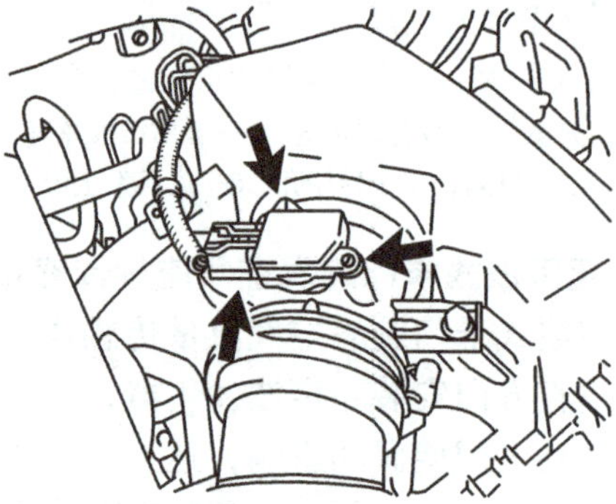
2）检查传感器的供电电压。断开传感器插接器，其线束侧插接器 B2 如右图所示，接通点火开关，用万用表测 B2-3-车身搭铁之间的电压，应为 9~14V，否则进入步骤 5）	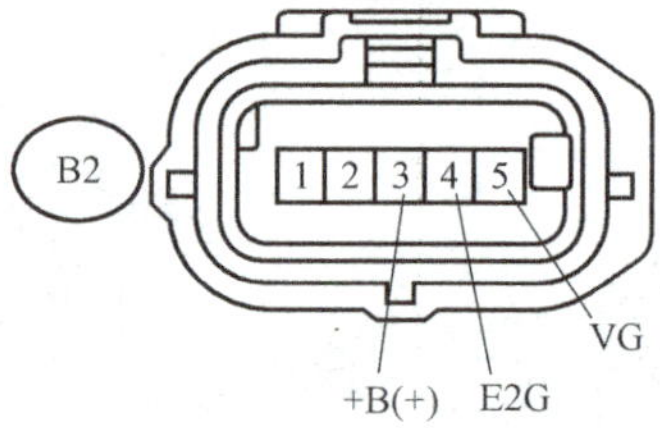
3）检查传感器信号电压。拆下传感器，在传感器连接端子 +B 与端子 E2G 之间施加蓄电池电压，如右图所示，用万用表测端子 VG 与端子 E2G 之间的电压，并用吹风机向传感器热线吹风，测出的电压值应为 0.2~4.9V，风速越高电压越大，否则更换传感器	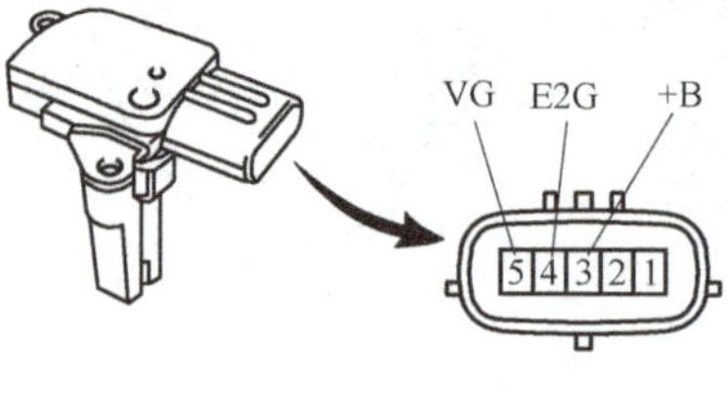
4）检查传感器与ECU之间的线路。断开ECU插接器，ECU线束插接器如右图所示，用万用表测 B2-5（VG）-B31-118 之间、B2-4（E2G）-B31-116 之间的电阻，应小于 1Ω；测 B2-5（VG）或 B31-118-车身搭铁之间、B2-4（E2G）或 B31-116-车身搭铁之间的电阻，应大于 10kΩ。如果不符合要求，则维修或更换线束或插接器	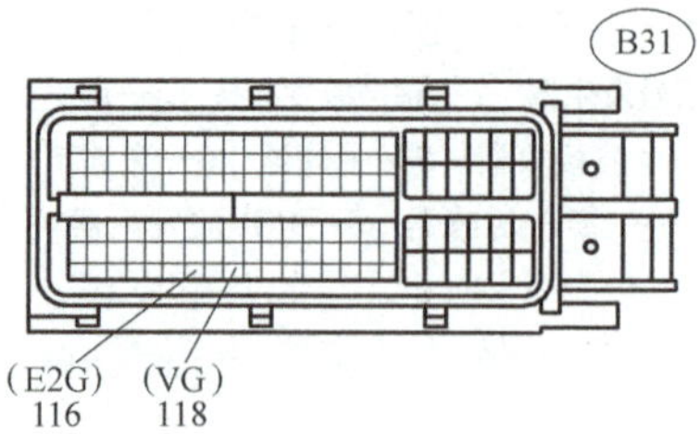

（续）

步骤	图示
5）检查熔丝 EFI No.1。从发动机舱继电器盒上拆下熔丝 EFI No.1，用万用表测熔丝电阻值，应小于1Ω，否则更换熔丝	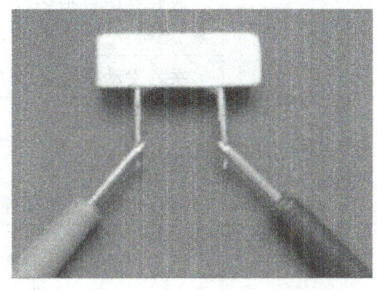
6）检查传感器搭铁情况（空气流量传感器信号过大时进行此步骤）。用万用表测传感器线束侧插接器 B2-4（E2G）-车身搭铁之间的电阻，应小于1Ω，否则，检查 B2-4（E2G）与ECU线束侧插接器 B31-116 之间的导通情况，正常则更换 ECU	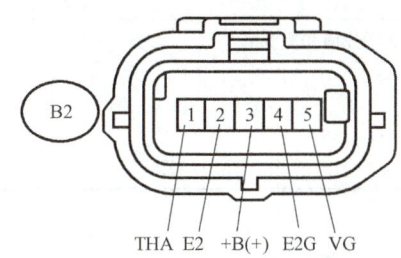

检测评价

空气流量传感器的检测及更换评价见表2-2。

表2-2 空气流量传感器的检测及更换评价

序号	实操活动	步骤	评分细则	分值	得分
1	准备工作	准备车轮挡块、翼子板护垫、车内四件套。全面检查车体、轮胎、玻璃有无损伤，做好检查记录	动作不规范，操作失误一次扣1分	4	
		放车轮挡块，安装尾排管		2	
		打开左前车门，安装好车内四件套		2	
		打开发动机舱盖安装翼子板护垫		2	
2	空气流量传感器的检测及更换	连接汽车故障诊断仪	连接错误扣2分，不能正确读取故障码扣2分 未清码扣2分，万用表使用不当扣2分，未正确操作扣2分	5	
		选择相关车辆信息，读取故障码		10	
		按照故障码提示的范围，排除故障		10	
		拆卸空气流量传感器，检查连接线有无破裂、老化等现象，拔下空气流量传感器插接器，拧下螺钉		15	
		检测空气流量传感器		10	
		安装空气流量传感器		10	
		清除故障码，试车		5	
		断开诊断仪，收拾好仪器		5	

（续）

序号	实操活动	步骤	评分细则	分值	得分
3	安全文明生产	收好翼子板护垫、车内四件套、车轮挡块、尾排管	清洁不及时不得分 操作中设备损伤每次扣2分；操作中受伤每次扣1分；工具、零件落地每次扣1分	3	
		关好发动机舱盖、车门		2	
		清洁工具、量具		2	
		清洁场地		1	
		操作过程中注意安全		2	
4	操作时间	时间	操作时间为30min，每超过1min扣1分	10	
		合　　计		100	

说明：每项分值扣完为止

教师评价

指导教师_____
____年____月____日

任务二　进气歧管绝对压力传感器的检测及更换

任务目标

知识目标	1）了解进气歧管绝对压力传感器的知识，掌握进气歧管绝对压力传感器的组成、作用及检修方法 2）学会查阅维修手册及相关资料、分析电路及检修电路的思路
技能目标	1）正确使用检测仪器 2）能够熟练正确地对进气歧管绝对压力传感器进行检修，养成记录工单的习惯，并进一步培养环保意识、安全意识

任务描述

一辆2009年的切诺基越野吉普车，行驶里程为1.4万km。据用户反映，该车起动正常，行驶中偶尔熄火，低速加速迟缓，当车速达到50km/h以上时行驶和加速都正常，发动机故障灯没有点亮。

知识储备

进气歧管绝对压力传感器（简称MAP），把进气歧管内节气门后方的压力变化转化为电信号，间接反映发动机进气量，和发动机转速信号一起送入ECU，ECU据此确定基本喷油量，常用于D型燃油喷射系统。

进气歧管绝对压力传感器位于发动机舱节气门后方的进气管内，用真空管与进气总管相连，如图2-12所示。

进气歧管绝对压力传感器检测进气量不是像空气流量传感器那样直接检测，而是采用间接检测，由于其具有工作可靠、体积小、精度高、响应性好、成本低等优点，在许多汽车上得到

项目二　汽油机电控系统主要传感器的检修

广泛应用，丰田、通用、克莱斯勒公司生产的很多款汽车均采用进气歧管绝对压力传感器检测进气量。

进气歧管绝对压力传感器按其输出信号产生的原理可分为电压型和频率型。

电压型又可分为半导体压敏电阻式（压阻式）、膜盒传动可变电感式（现已淘汰）。压阻式传感器采用硅膜片与压敏电阻一体化的扩散型，这种传感器易于批量生产，能够方便地实现微型化、集成化和智能化，应用广泛。

频率型主要为电容式（应用广泛）和表面弹性波式（现已淘汰）。

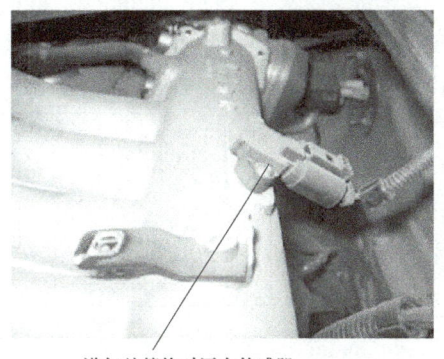

图 2-12　进气歧管绝对压力传感器在车上的安装位置

一、压阻式进气歧管绝对压力传感器的结构

进气歧管绝对压力传感器由压力转换元件和 IC 集成电路组成。压力转换元件主要包括真空室、硅膜片、绝对真空室，主要是将进气管内的进气压力转换为电压信号；IC 集成电路主要将转换元件输出的电压信号进行放大处理，输入到 ECU。

真空室提供绝对压力基准，压力转换元件是硅膜片，硅膜片的一面是真空室，另一面作用的是进气管的压力，如图 2-13 所示。

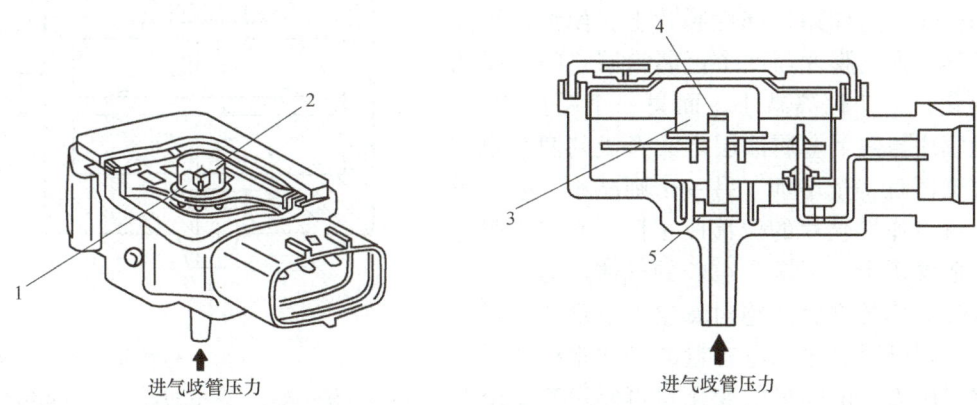

图 2-13　压阻式进气歧管绝对压力传感器的结构
1、3—真空室　2、4—硅膜片　5—滤网

二、压阻式进气歧管绝对压力传感器的工作原理

封装在真空室内的硅膜片，由于一侧受进气压力的作用，另一侧是真空，所以在进气歧管压力发生变化时，硅膜片产生变形，使扩散在硅膜片上的电阻的阻值改变，利用惠斯顿电桥将硅膜片的变形变成电信号，导致输出电压发生变化。如图 2-14 所示，集成电路将这一电压放大处理，作为进气歧管压力信号送给 ECU。

随着进气歧管压力的上升，传感器的输出电压也越来越高。基本上是呈线性增长的关系。在通常情况下，传感器信号电压范围应该从怠速运转时的大约 1.25V，平稳上升到节气门全开时的大约 5V，如图 2-15 所示。

27

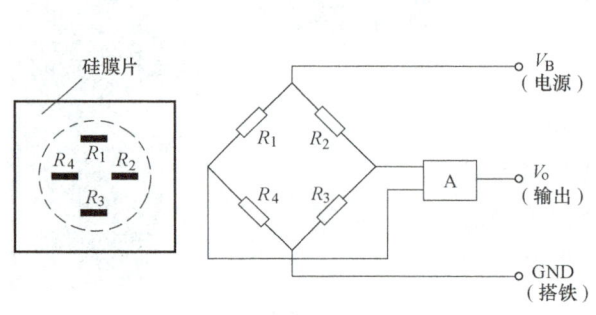

图 2-14　压阻式进气歧管绝对压力
传感器的工作原理

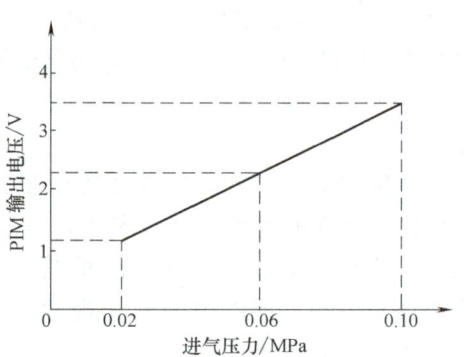

图 2-15　压阻式进气歧管绝对压力
传感器的特性

三、电容式进气歧管绝对压力传感器

电容式进气歧管绝对压力传感器的结构如图 2-16 所示，位于传感器壳体内腔的弹性膜片用金属制成，弹性膜片上、下两个凹玻璃的表面也均有金属涂层，这样在弹性膜片与两个金属涂层之间形成两个串联的电容。

电容式进气歧管绝对压力传感器利用电容效应检测进气管绝对压力。当发动机工作时，进气管内的空气压力作用于弹性膜片上，使弹性膜片产生位移，弹性膜片与两个金属涂层之间的距离发生变化，一个距离减小，而另一个距离增大，在弹性膜片与两个金属涂层之间形成的两个电容的电容量也就一个增加，另一个则减小。电容量的变化量与弹性膜片的位移成正比，而弹性膜片的位移取决于上、下两个空腔的气体压力，只要弹性膜片上部的空腔为绝对真空，下部空腔通进气歧管，则可通过检测电容量的变化来检测进气管的绝对压力。电容量的变化量再经过测量电路转换成电压信号输送给 ECU，测量电路可以是电容电桥电路或谐振电路等。

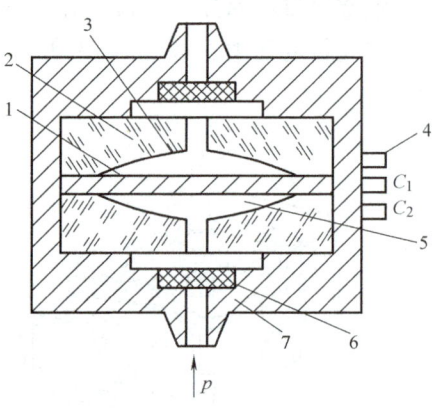

图 2-16　电容式进气歧管绝对压力传感器
1—弹性膜片　2—凹玻璃　3—金属涂层
4—输出端子　5—空腔　6—滤网　7—壳体

在使用中，将点火开关转至 ON 位置，检查传感器电源电压应约为 5V，否则应检查 ECU 或其他连接线路是否有故障；拆开传感器与进气管连接的软管，用手动真空泵给传感器施加真空度，测量传感器输出的信号电压，输出信号电压应随真空度增加而下降，否则应更换传感器。

任务实施

一、实训准备（设备、教具、工量具、耗材）

举升机、威驰 GL 型轿车、工具车和零件车、常用拆装维修工具和量具、带台虎钳的工作台、润滑脂、棉纱等常用耗材、汽油。

二、实施步骤

进气歧管绝对压力传感器的检测及更换见表 2-3。

表 2-3 进气歧管绝对压力传感器的检测及更换

步骤	图示
1)检查真空管连接情况。检查进气歧管绝对压力传感器的真空管与节气门体的连接情况。如果有不良或漏气，则维修或更换真空软管	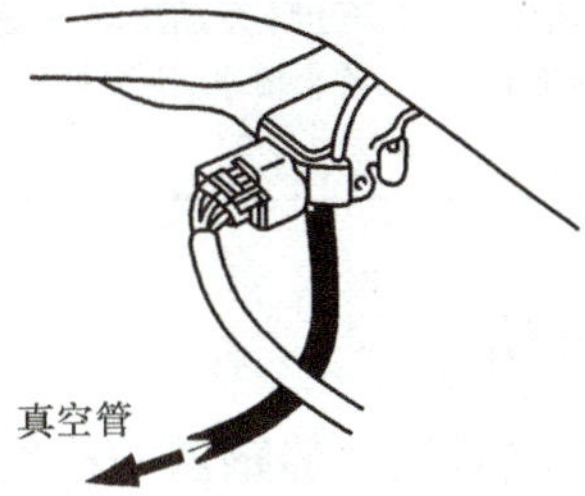 真空管
2)拆下进气歧管绝对压力传感器 ①断开进气歧管绝对压力传感器插接器 ②拆下两个螺钉和进气歧管绝对压力传感器	
3)测传感器供电电压。断开传感器插接器，接通点火开关，用万用表测传感器线束插接器端子 C-车身搭铁之间的电压，应为 4.5~5.5V，否则检查端子 C 与 ECU 插接器端子 6 之间的导通情况，如正常，则更换 ECU	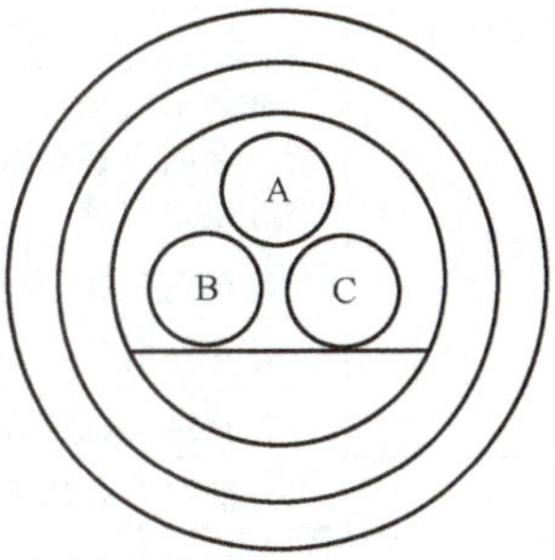 A B C
4)测传感器信号参考电压。用万用表测传感器线束插接器端子 B-车身搭铁之间的电压，应为 4.5~5.5V，否则检查端子 B 与 ECU 插接器端子 1 之间的导通情况，如正常，则更换 ECU	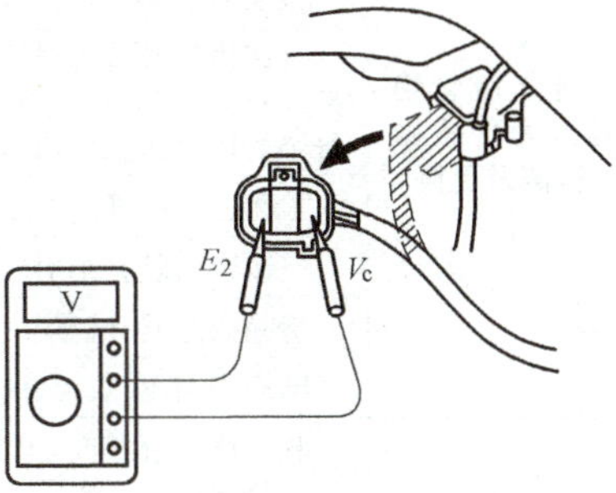 E_2 V_c
5)测传感器搭铁情况。用万用表测传感器线束端子 A-车身搭铁之间的电阻，应当小于 1Ω。否则检查端子 A 与 ECU 插接器端子 4 之间的导通情况，如正常，则更换 ECU	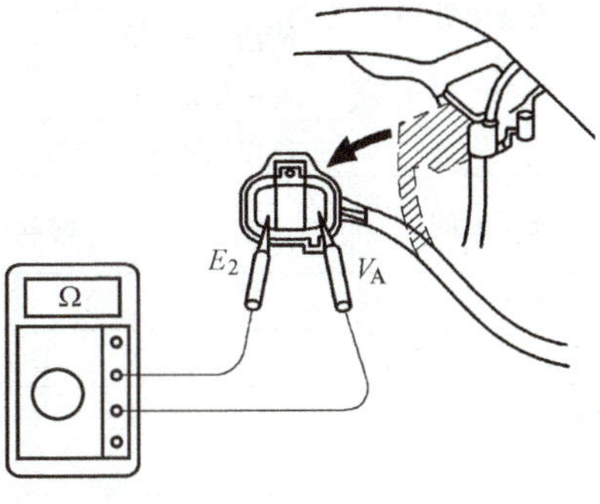 E_2 V_A

(续)

步骤	图示
6)测传感器信号电压(可用大头针等引出信号)。连接传感器插接器,接通点火开关,用万用表测端子 B-车身搭铁之间的电压(信号电压),应为 4.0~5.0V 起动发动机并怠速运转,信号电压下降到 1.5~2.1V;拔下真空管,信号电压立即上升到 4.0~5.0V 连接真空管,增大节气门开度(发动机转速随之上升)。信号电压应逐渐上升,如不符合要求,则更换传感器	

检测评价

进气歧管绝对压力传感器的检测及更换任务评价见表2-4。

表 2-4 进气歧管绝对压力传感器的检测及更换任务评价

序号	实操活动	步骤	评分细则	分值	得分
1	准备工作	准备车轮挡块、翼子板护垫、车内四件套。全面检查车体、轮胎、玻璃有无损伤,做好检查记录	动作不规范,操作失误一次扣1分	4	
		放车轮挡块,安装尾排管		2	
		打开左前车门,安装好车内四件套		2	
		打开发动机舱盖安装翼子板护垫		2	
2	进气歧管绝对压力传感器的检测及更换	连接汽车故障诊断仪	连接错误扣2分,不能正确读取故障码扣2分,未清码扣2分,万用表使用不当扣2分,未正确操作扣2分	5	
		选择相关车辆信息,读取故障码		10	
		按照故障码提示的范围,排除故障		10	
		拆卸进气歧管绝对压力传感器,检查连接线有无破裂、老化等现象,拔下进气歧管绝对压力传感器插接器,拧下螺钉		15	
		检测进气歧管绝对压力传感器		10	
		安装进气歧管绝对压力传感器		10	
		清除故障码,试车		5	
		断开诊断仪,收拾好仪器		5	
3	安全文明生产	收好翼子板护垫、车内四件套、车轮挡块、尾排管	清洁不及时不得分 操作中设备损伤每次扣2分;操作中受伤每次扣1分;工具、零件落地每次扣1分	3	
		关好发动机舱盖、车门		2	
		清洁工具、量具		2	
		清洁场地		1	
		操作过程中注意安全		2	
4	操作时间	时间	操作时间为30min,每超过1min扣1分	10	
		合　　计		100	

说明:每项分值扣完为止

教师评价

指导教师＿＿＿＿＿＿
＿＿＿年＿＿月＿＿日

任务三　节气门位置传感器的检测及更换

任务目标

知识目标	1）了解节气门位置传感器的作用、要求及常见种类 2）掌握节气门位置传感器的结构及工作过程
技能目标	1）熟悉节气门位置传感器在车上的位置 2）掌握威驰车节气门位置传感器拆装 3）掌握节气门位置传感器的检修方法

任务描述

一辆2004年出厂的丰田卡罗拉1.6L轿车，配备手动变速器，行驶里程为21万km。据客户反映，该车怠速时"游车"，加速时"坐车"，只要踩下加速踏板，发动机转速就会自动由1500r/min提升至3000r/min左右不定，同时空调不制冷。

知识储备

一、节气门位置传感器的作用

节气门位置传感器安装在节气门轴的一端，如图2-17所示。节气门位置传感器主要感应发动机在各种工况下的节气门开度位置，把节气门位置信号传输给发动机控制单元。发动机控制单元根据节气门位置信号，对喷油量、点火正时、怠速等进行修正控制，以实现某些特定的控制功能。如加速及大负荷时对混合气进行适度加浓、怠速时维持转速稳定、强制怠速（挂档下坡、急减速等）时进行断油控制等。当节气门位置传感器发生故障时，可能会带来发动机加速不良、最大功率不足、怠速不稳等方面的问题。

二、节气门位置传感器的类型

节气门位置传感器按结构大致可分为触点开关式、滑线电阻式和霍尔效应式三种，其中触点开关式输出的是简单的开关信号，可以用于判断发动机的怠速、大负荷等几个简单的工况点；滑线电阻式输出的是连续的电压信号，可以用于判断发动机负荷的连续变化情况。

图2-17　节气门位置传感器

1. 触点开关式节气门位置传感器

触点开关式节气门位置传感器主要由节气门轴、一个活动触点和两个固定触点（功率触点和怠速触点）、导向凸轮、控制杆、联动装置、导向凸轮槽等组成，其结构如图2-18所示。

将点火开关置于ON位置，ECU可通过活动触点向传感器提供一参考电压，当节气门全关时，活动触点与怠速触点接触，由怠速端子向ECU反馈一电压信号，从而ECU可以检测到节气门的全闭状态,如图2-19所示。当节气门开度达50°以上(全负荷)时,活动触点与功率触点接触,由全负荷端子向ECU反馈一电压信号,从而ECU可以检测到节气门的全开状态。中间状态无检测信号。触点开关式节气门位置传感器具有结构简单、价格低廉的优点,但其节气门开度的检测性能较差。

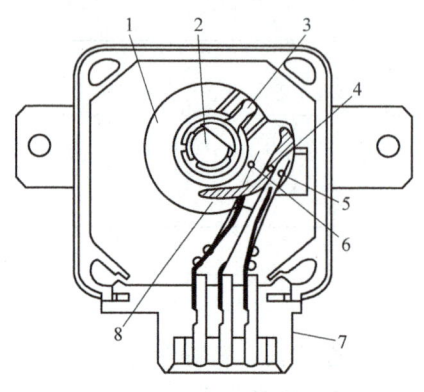 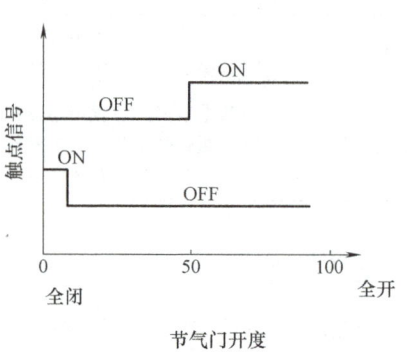

图2-18 触点开关式节气门 位置传感器的结构

图2-19 触点开关式节气门位置 传感器的输出特性

1—导向凸轮 2—节气门轴 3—控制杆 4—活动触点
5—急速触点 6—功率触点 7—联动装置 8—导向凸轮槽

2. 滑线电阻式节气门位置传感器

滑线电阻式节气门位置传感器包括滑线电阻式传感器和急速触点两个部分,主要由滑线电阻、滑动触点、节气门轴、急速触点及传感器壳体等组成,如图2-20所示。滑线电阻的材料是陶瓷薄膜电阻,滑动触点与节气门轴联动,当节气门轴转动时,触点在滑道上会有不同的电阻。滑线电阻制作在传感器底板上,一端由ECU提供5V工作电源(VC脚),另一端通过ECU搭铁;滑线电阻的滑臂与信号输出端子VTA相连,并随节气门轴一同转动;急速触点的一端由ECU提供5V(或12V)的信号参考电压(IDL端子),另一端也通过ECU搭铁。

当节气门开度变化时,滑臂上的触点在滑线电阻上滑动,从而从滑线电阻上获得分压电压,并作为节气门开度信号输送给ECU,如图2-21所示。传感器中的急速触点专门用于判断发动机的急速状态,部分汽车则取消了急速触点,通过滑线电阻式传感器信号的阈值来判断急速状态,从而简化了节气门位置传感器的结构。

3. 霍尔效应式节气门位置传感器

霍尔效应式节气门位置传感器由霍尔元件和磁铁组成,其中磁铁安装在节气门轴上,并可以绕霍尔元件转动,如图2-22所示。

当节气门开度变化时,磁铁随之转动,从而改变了与霍尔元件之间的相对位置,因霍尔元件中的磁通量发生变化,所产生的霍尔电压也随之变化,IC电路将霍尔电压放大后即可作为节气门开度信号传输给ECU,如图2-23所示。

霍尔效应式节气门位置传感器不仅能精确地检测节气门开度,还采用了无接触方式,并简化了结构,所以不易发生故障。为了确保其工作的可靠性,一般会输出VTA1和VTA2两

项目二 汽油机电控系统主要传感器的检修

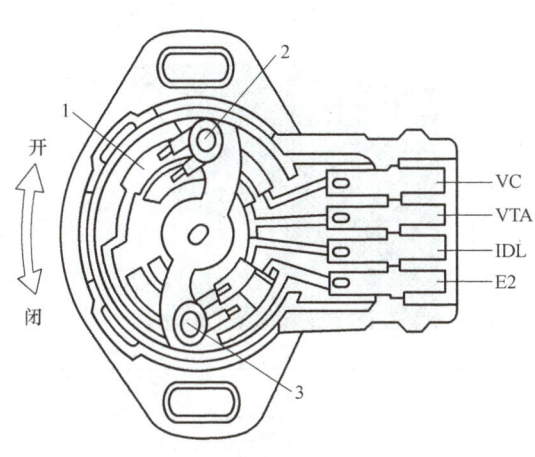

图 2-20 滑线电阻式节气门
位置传感器的组成

1—电位计 2—滑动器（VTA 信号触点）
3—滑动器（IDL 信号触点）

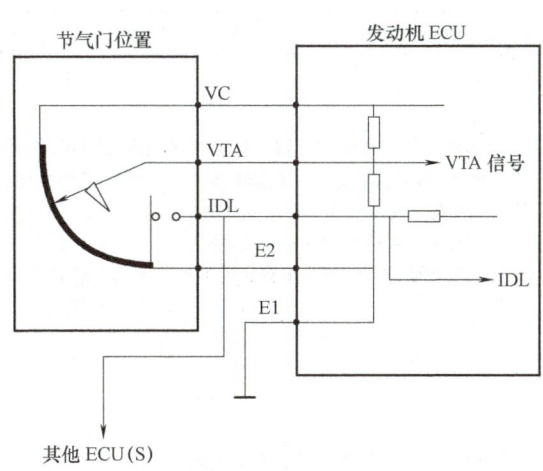

图 2-21 滑线电阻式节气门
位置传感器的电路

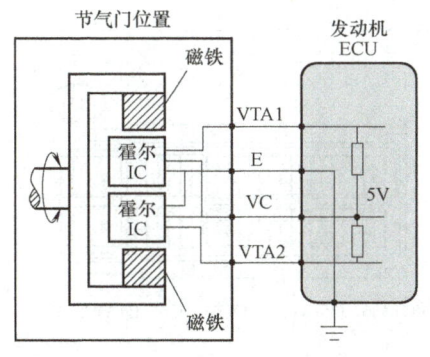

图 2-22 霍尔效应式节气门位置传感器

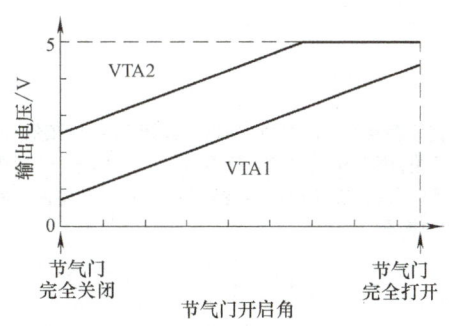

图 2-23 霍尔效应式节气门位置传感器的输出特性

套信号，其中 VTA1 用于检测节气门开度，VTA2 用于检测 VTA1 的故障。

任务实施

一、实训准备（设备、教具、工量具、耗材）

举升机、砂轮机、威驰 GL 型轿车、工具车和零件车、常用拆装维修工具和量具、润滑脂、棉纱等常用耗材、汽油。

二、实施步骤

节气门位置传感器的检测与更换见表 2-5。

表 2-5　节气门位置传感器的检测与更换

步　骤	图　示
1）读取节气门位置传感器数据。连接故障诊断仪,接通点火开关,踩动加速踏板,并读取节气门位置传感器数据,VTA1 读数应该在 0.5~4.9V 范围内连续变化;VTA2 读数应该在 2.1~5.0V 范围内连续变化 　如果符合要求,则进入步骤 4);不符合要求,则进行下一步	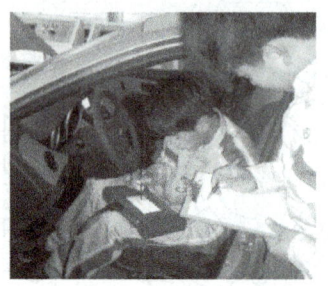
2）检查节气门位置传感器的供电电压。拆下传感器插接器及 ECU 插接器,用万用表测 B25-5-B31-67、B25-6-B31-115、B25-4-B31-114、B25-3-B31-91 之间的电阻应小于 1Ω 　检测 B25-5 或 B31-67-车身搭铁、B25-6 或 B31-115-车身搭铁、B25-4 或 B31-114-车身搭铁、B25-3 或 B31-91-车身搭铁之间的电阻,应大于 10kΩ。如果不符合要求,则维修或更换线束或插接器	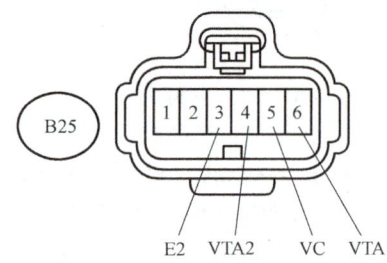
3）检查传感器的工作电压（VC）。连接 ECU 插接器,接通点火开关,用万用表测 B25-5-B25-3 之间的电压,应为 4.5~5.5V,否则,检查 ECU 电源电路,如果 ECU 电源电路正常,则更换 ECU	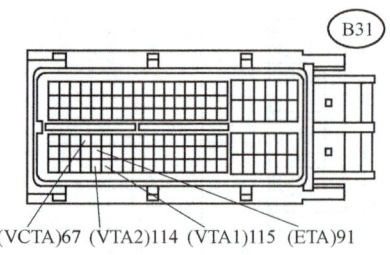
4）再次检查故障码。用故障诊断仪清除故障码,再次读取故障码,如果仍然出现故障码 P0120、P0122、P0123、P0220、P0222、P0223 或 P2135,则更换 ECU	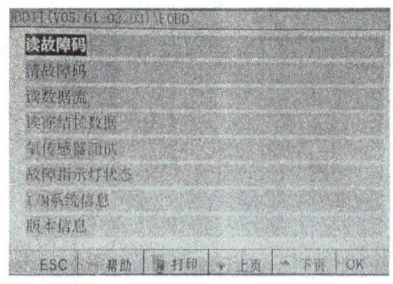

检测评价

节气门位置传感器的检测与更换任务评价见表 2-6。

项目二 汽油机电控系统主要传感器的检修

表 2-6 节气门位置传感器的检测与更换任务评价

序号	实操活动	步骤	评分细则	分值	得分
1	准备工作	准备车轮挡块、翼子板护垫、车内四件套。全面检查车体、轮胎、玻璃有无损伤,做好检查记录	动作不规范,操作失误一次扣1分	4	
		放车轮挡块,安装尾排管		2	
		打开左前车门,安装好车内四件套		2	
		打开发动机舱盖安装翼子板护垫		2	
2	节气门位置传感器的检测及更换	连接汽车故障诊断仪	连接错误扣2分,不能正确读取故障码扣2分 未清码扣2分,万用表使用不当扣2分,未正确操作扣2分	5	
		选择相关车辆信息,读取故障码		10	
		按照故障码提示的范围,排除故障		10	
		拆卸节气门位置传感器,检查连接有无破裂、老化等现象,拔下节气门位置传感器插接器,拧下螺钉		15	
		检测节气门位置传感器		10	
		安装节气门位置传感器		10	
		清除故障码,试车		5	
		断开故障诊断仪,收拾好仪器		5	
3	安全文明生产	收好翼子板护垫、车内四件套、车轮挡块、尾排管	清洁不及时不得分 操作中设备损伤每次扣2分;操作中受伤每次扣1分;工具、零件落地每次扣1分	3	
		关好发动机舱盖、车门		2	
		清洁工具、量具		2	
		清洁场地		1	
		操作过程中注意安全		2	
4	操作时间	时间	操作时间为30min,每超过1min扣1分	10	
		合 计		100	

说明:每项分值扣完为止

教师评价

指导教师_____
____年____月____日

任务四　曲轴位置传感器/凸轮轴位置传感器的检测

任务目标

知识目标	1)掌握曲轴和凸轮轴位置传感器的作用与结构 2)掌握曲轴和凸轮轴位置传感器的工作过程
技能目标	1)掌握曲轴和凸轮轴位置传感器的检修内容、检修方法和检修步骤 2)学会查阅维修手册及相关资料及检修曲轴和凸轮轴位置传感器 3)培养学生对曲轴和凸轮轴位置传感器故障进行诊断与修复的技能,养成记录工单的习惯

任务描述

一辆丰田卡罗拉轿车起动时，发动机不能起动，同时伴有不点火现象；偶尔起动成功但工作不稳定，需要送修检查。维修人员查资料得此故障车出现的情况为曲轴位置传感器不工作造成的，原因为曲轴位置传感器出现故障，需要进行更换。

知识储备

曲轴位置传感器和凸轮轴位置传感器是发动机集中控制系统中最重要的传感器之一，是点火系统和燃油喷射系统共用的传感器，图 2-24 所示为两个传感器在发动机上的位置。

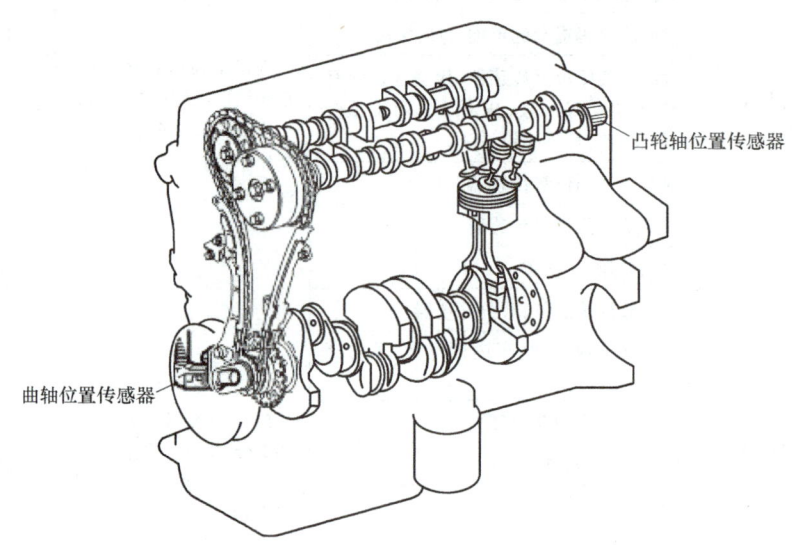

图 2-24　曲轴位置传感器和凸轮轴位置传感器在发动机上的位置

发动机 ECU 通过对曲轴位置传感器信号的计算与分析，判断哪缸活塞处于上止点；通过对凸轮轴位置传感器信号的计算与分析，判定哪缸活塞是在压缩行程中。由此，发动机 ECU 便可确定该气缸的喷油和点火时间。

一、曲轴位置传感器/凸轮轴位置传感器的作用

1. 曲轴位置传感器

曲轴位置传感器的英文缩写是 CKPS 或 CKP，又称为发动机转速传感器或上止点传感器，其功能主要是检测活塞上止点位置、发动机的转速和曲轴转角，给 ECU 提供发动机转速信号和曲轴转角信号，以确认活塞在气缸中的位置，控制和修正点火正时与喷油正时。常与凸轮轴位置传感器配合使用，作为燃油喷射控制和点火控制的主控信号。

2. 凸轮轴位置传感器

凸轮轴位置传感器的英文缩写是 CMPS 或 CMP，主要用来判别发动机哪一缸活塞即将到达上止点，也称为判缸传感器，同时给 ECU 提供曲轴转角基准位置（1 缸压缩行程上止点）信号。

控制单元不停地接收和比对这两个信号电压,当两个信号都在低电位时,控制单元认为此时再经一定的曲轴转角就可到达 1 缸压缩行程上止点。如果经比对 CKP 与 CMP 都在低电位,控制单元就有了点火正时和喷油时刻的基准。

以上两者一起又称为发动机转速与曲轴位置传感器或称为曲轴位置/判缸/转速传感器。

二、曲轴位置传感器/凸轮轴位置传感器的安装位置及类型

1. 安装位置

在分电器点火系统中,一般把曲轴位置传感器/凸轮轴位置传感器安装在分电器内。现在多数电控发动机的曲轴位置传感器位于曲轴前端或飞轮附近,如图 2-25 所示;凸轮轴位置传感器安装在凸轮轴附近,如图 2-26 所示。两传感器可安装在一起,也可分开安装。

图 2-25　安装在曲轴前端的曲轴位置传感器

图 2-26　凸轮轴位置传感器

2. 类型

曲轴位置传感器/凸轮轴位置传感器所采用的结构随车型不同而不同,按照工作原理可分为磁脉冲式(磁电感应式)、霍尔式和光电式三大类。

曲轴位置传感器大多采用磁脉冲式(磁电感应式)传感器,配合 60 齿减去 3 齿或 60 齿减去 2 齿的靶轮,如图 2-27 所示。凸轮轴位置传感器大多采用霍尔式传感器,配合具有 1 个缺口或几个不等距缺口的信号转子。

三、曲轴位置传感器/凸轮轴位置传感器的结构与原理

1. 磁脉冲式(磁电感应式)传感器

磁电感应式传感器通常安装在分电器内,也可安装在曲轴或凸轮轴上,如图 2-28 所示。

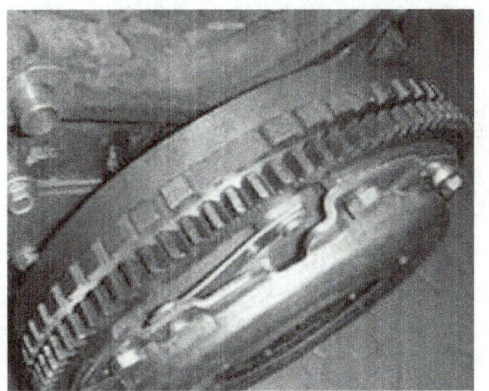

图 2-27　位于飞轮上的传感器靶轮

磁电感应式传感器由触发轮、永磁感应线圈及铁心组成,触发轮随分电器轴或曲轴、凸轮轴旋转时,触发轮信号盘的齿和凸缘引起通过感应线圈的磁场发生变化,从而在感应线圈里产生交变的电动势,经滤波整形后,即变成脉冲信号,来确定发动机转速和各缸的工作位置。

正时转子有 1、2 或 4 个齿等多种形式,转速转子为 24 个齿。永磁感应线圈固定在分电器体上。若已知转速传感器信号和曲轴位置传感器信号,以及各缸的工作顺序,就可知道各

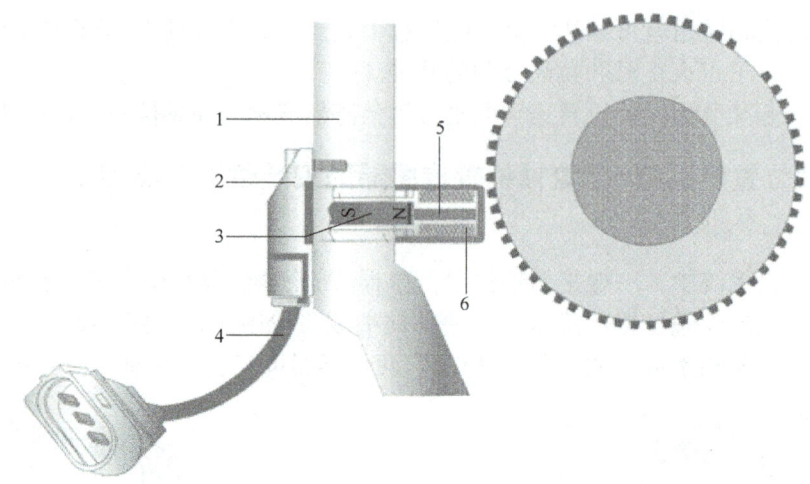

图 2-28 磁电感应式传感器
1—安装支架 2—传感器外壳 3—永久磁铁 4—屏蔽电缆 5—软磁铁心 6—线圈

缸的曲轴位置。

2. 霍尔式传感器

霍尔式传感器是利用霍尔效应原理，产生与曲轴转角相对应的电压脉冲信号。它是利用触发叶片或轮齿改变通过霍尔元件的磁场强度，从而使霍尔元件产生脉冲的霍尔电压信号，经放大整形后即为传感器的输出信号。

（1）霍尔式传感器类型及原理　霍尔式传感器主要有触发轮齿霍尔式传感器与触发叶片霍尔式传感器。当触发叶轮上的叶片进入永久磁铁与霍尔元件之间时，霍尔触发器的磁场被叶片旁路，这时不产生霍尔电压，传感器无输出信号；当触发叶轮上的缺口部分进入永久磁铁和霍尔元件之间时，磁力线进入霍尔元件，霍尔电压升高，传感器输出电压信号。

1）触发叶片霍尔式传感器。美国通用汽车公司的霍尔式传感器安装在曲轴前端，采用触发叶片的结构形式，如图 2-29 所示。

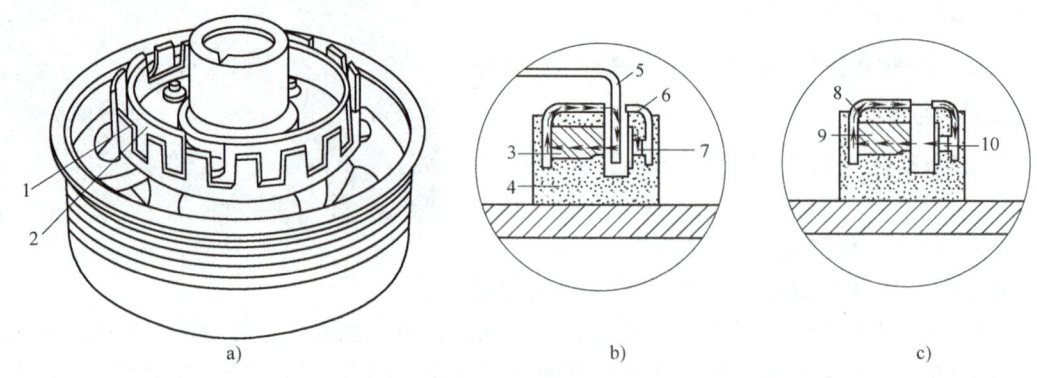

图 2-29 触发叶片霍尔式传感器
a) 完整结构　b) 触发叶片进入空气隙，霍尔元件中的磁场被旁落　c) 触发叶片离开空气隙，霍尔元件被磁场饱和
1—外信号轮　2—内信号轮　3、9—永久磁铁　4—底板　5—信号轮的触发叶片　6、8—导磁板　7、10—霍尔元件

在发动机的曲轴带轮前端固装着内外两个带触发叶片的信号轮，与曲轴一起旋转，如图 2-30 所示。外信号轮外缘上均匀分布着 18 个触发叶片和 18 个窗口，每个触发叶片和窗口的宽度为 10°弧长；内信号轮外缘上设有 3 个触发叶片和 3 个窗口，3 个触发叶片的宽度不同，分别为 100°、90°和 110°弧长，3 个窗口的宽度也不相同，分别为 20°、30°和 10°弧长。由于内信号轮的安装位置关系，宽度为 100°弧长的触发叶片前沿位于第 1 缸和第 4 缸上止点（TDC）前 75°，90°弧长的触发叶片前沿在第 6 缸和第 3 缸上止点前 75°，110°弧长的触发叶片前沿在第 5 缸和第 2 缸上止点前 75°。

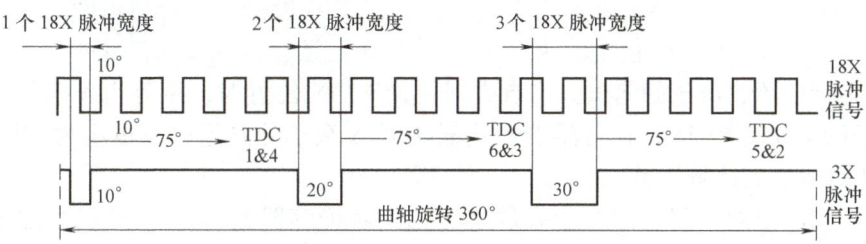

图 2-30　触发叶片霍尔式传感器的原理

内外信号轮侧面各设置一个霍尔信号发生器，霍尔信号发生器由永久磁铁、导磁板和霍尔集成电路等组成。当信号轮转动时，每当叶片进入永久磁铁与霍尔元件之间的空气隙时，霍尔集成电路中的磁场即被触发叶片所旁路（或称隔磁），这时不产生霍尔电压；当触发叶片离开空气隙时，永久磁铁的磁通便通过导磁板穿过霍尔元件，这时产生霍尔电压。将霍尔元件间歇产生的霍尔电压信号经霍尔集成电路放大整形后，即向 ECU 输送电压脉冲信号，外信号轮每旋转 1 周产生 18 个脉冲信号（称为 18X 信号），1 个脉冲周期相当于曲轴旋转 20°转角的时间，ECU 再将 1 个脉冲周期均分为 20 等份，即可求得曲轴旋转 1°所对应的时间，并根据这一信号，控制点火时刻。

2）触发轮齿霍尔式传感器。克莱斯勒公司的霍尔式传感器安装在飞轮壳上，采用触发轮齿的结构。同时在分电器内设置同步信号发生器，以协助曲轴位置传感器判别缸号，如图 2-31 所示。

北京切诺基车的霍尔式传感器，在 2.5L 四缸发动机的飞轮上有 8 个槽，分成两组，每 4 个槽为一组，两组相隔 180°，每组中的相邻两槽相隔 20°。在 4.0L 六缸发动机的飞轮上有 12 个槽，每 4 个槽为一组，分成三组，每组相隔 120°，相邻两槽也间隔 20°。

当飞轮齿槽通过传感器的信号发生器时，霍尔传感器输出高电位（5V）；当飞轮齿槽间的金属与传感器呈一直线时，传感器输出低电位（0.3V）。因此，每当 1 个飞轮齿槽通过传感器时，传感器便产生 1 个高、低电位脉冲信号。当飞轮上的每一组槽通过传感器时，传感器将产生 4 个脉冲信号。其中四缸发动机每 1 转产生 2 组脉冲信号，六缸发动机每 1 转产生 3 组脉冲信号。传感器提供的每组信号，可被发动机 ECU 用来确定两缸活塞的位置，如在四缸发动机上，利用一组信号，可知活

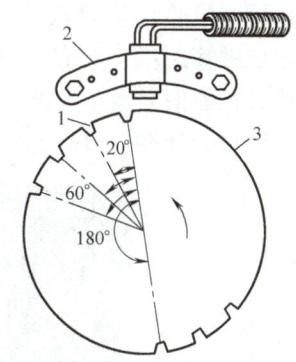

图 2-31　触发轮齿霍尔式传感器

1—槽　2—曲轴位置传感器　3—飞轮

塞 1 和活塞 4 接近上止点；利用另一组信号，可知活塞 2 和活塞 3 接近上止点。故利用曲轴位置传感器，ECU 可知道有两个气缸的活塞在接近上止点。由于第 4 个槽的脉冲下降沿对应活塞上止点（TDC）前 4°，故 ECU 根据脉冲情况很容易确定活塞上止点前的运行位置。另外，ECU 还可以根据各脉冲间通过的时间，计算出发动机的转速。

（2）霍尔式传感器的检测　霍尔式传感器的检测方法主要通过测量有无输出电脉冲信号来判断其是否良好。

传感器与 ECU 有三条引线相连：其中一条是 ECU 向传感器加电压的电源线，输入传感器的电压为 5V；另一条是传感器的输出信号线，当飞轮齿槽通过传感器时，霍尔传感器输出脉冲信号，高电位为 5V，低电位为 0.3V；第三条是通往传感器的搭铁线。

1）传感器电源、电压的测试。当点火开关置于 ON 位置时，用万用表电压档测量 ECU 侧 7 号端子的电压应为 5V，在传感器导线插接器 A 端子处测量电压也应为 5V，否则为电源、线路断路或插头接触不良。

2）端子间电压的检测。用万用表的电压档，对传感器的 A、B、C 三个端子间进行测试，当点火开关置于 ON 位置时，A-C 端子间的电压值约为 5V；B-C 端子间的电压值在发动机转动时，在 0.3～5V 范围内变化，且数值显示呈脉冲性变化，最高电压为 5V，最低电压为 0.3V。如不符合以上结果，应更换曲轴位置传感器。

3）电阻检测。当点火开关置于 OFF 位置时，拔下曲轴位置传感器导线插接器，用万用表欧姆档跨接在传感器侧的端子 A-B 或 A-C 间，此时万用表显示读数为 ∞（断路），如果指示有电阻，则应更换曲轴位置传感器，如图 2-32 所示。

3. 光电式传感器

光电式传感器一般设置在分电器内，它由信号发生器以及带缝隙和光孔的信号盘组成，如图 2-33 所示。

信号发生器固装在分电器壳体上，主要由两只发光二极管、两只光敏二极管和电子电路组成。两只发光二极管分别正对着光敏二极管，信号盘位于发光二极管和光敏二极管之间，当信号盘随发动机曲轴

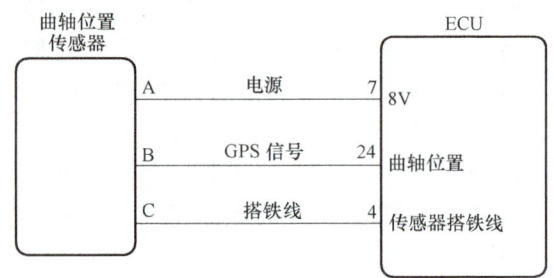

图 2-32　霍尔式传感器的检测

运转时，因信号盘上有光孔，产生透光和遮光的交替变化，造成信号发生器输出表征曲轴位置和转角的脉冲信号，经放大电路放大后输送给 ECU。

图 2-33　光电式传感器

其信号盘与分电器轴一起转动，信号盘外圈有 360 条光孔缝隙，产生曲轴转角 1°的信号；稍靠内有间隔 60°均布的 6 个光孔，产生曲轴转角 120°的信号，其中 1 个光孔较宽，用以产生相对于 1 缸上止点的信号，如图 2-34 所示。信号发生器安装在分电器壳体上，由两只发光二极管、两只光敏二极管和电路组成，发光二极管正对着光敏二极管。信号盘位于发光二极管和光敏二极管之间，由于信号盘上有光孔，则产生透光和遮光交替变化现象。当发光二极管的光束照到光敏二极管时，光敏二极管产生电压；当发光二极管光束被挡住时，光敏二极管的电压为 0。这些电压信号经电路部分整形放大后，即向 ECU 输送曲轴转角为 1°和 120°时的信号，ECU 根据这些信号计算发动机转速和曲轴位置。

当凸轮轴位置传感器信号中断后，ECU 收到曲轴位置传感器信号，只能识别出再经一定的曲轴转角，1、4 缸活塞到达上止点，但不知 1、4 缸中的哪一个是压缩行程上止点。控制单元仍可喷油，但由顺序喷射改为同时喷射；控制单元仍可点火，但将点火正时向后推迟到绝对不爆燃的安全角度，一般推迟 15°，此时发动机功率和转矩都会降低，驾驶中的感觉就是加速不良，达不到规定的最高车速，燃油消耗增加，怠速不稳。

当曲轴位置传感器信号中断后，大多数车辆不能起动，因为程序中没设计利用凸轮轴位置传感器信号替代的功能。然而少部分车辆，例如 2000 年上市的捷达双气门电喷车，当曲轴位置传感器信号中断后，控制单元会以凸轮轴位置传感器信号替代，发动机可以起动和运行，但各项性能会下降。

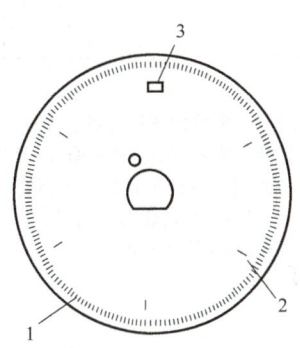

图 2-34 信号盘
1—1°信号缝隙 2—120°信号孔
3—120°信号孔（第 1 缸）

任务实施

一、实训准备（设备、教具、工量具、耗材）

举升机、卡罗拉型轿车、工具车和零件车、常用拆装维修工具和量具、发动机润滑油等材料。

二、实施步骤

曲轴位置传感器/凸轮轴位置传感器的检测见表 2-7。

表 2-7 曲轴位置传感器/凸轮轴位置传感器的检测

步 骤	图 示
1）拆卸发动机后部右侧底罩(共 5 个螺栓)	

(续)

步　骤	图　示
2）拆卸曲轴位置传感器。首先断开曲轴位置传感器插接器，然后拆下螺栓和曲轴位置传感器	
3）检查曲轴位置传感器。用检测仪连接1与2，阻值冷态标准范围为1630～2740Ω，阻值热态标准范围为2065～3225Ω。提示：冷态和热态是指线圈自身的温度。冷态是指从－10～50℃，热态是指从50～100℃。如果电阻不符合规定，则更换传感器	
4）安装曲轴位置传感器。首先在传感器O形圈上涂抹一薄层发动机润滑油，然后用螺栓安装曲轴位置传感器。转矩大小为10N·m。注意：在安装过程中确保O形圈没有破裂或弹出	
5）连接曲轴位置传感器插接器	
6）安装发动机后部右侧底罩	

检测评价

曲轴位置传感器/凸轮轴位置传感器的检测任务评价见表2-8。

表 2-8　曲轴位置传感器/凸轮轴位置传感器的检测任务评价

序号	实操活动	步骤	评分细则	分值	得分
1	准备工作	准备车轮挡块、翼子板护垫、车内四件套。全面检查车体、轮胎、玻璃有无损伤,做好检查记录	动作不规范,操作失误一次扣1分	4	
		放车轮挡块,安装尾排管		2	
		打开左前车门,安装好车内四件套		2	
		打开发动机舱盖安装翼子板护垫		2	
2	曲轴位置传感器/凸轮轴位置传感器的检测及更换	连接汽车故障诊断仪	连接错误扣2分,不能正确读取故障码扣2分 未清码扣2分,万用表使用不当扣2分,未正确操作扣2分	5	
		选择相关车辆信息,读取故障码		10	
		按照故障码提示的范围,排除故障		10	
		拆卸曲轴位置传感器/凸轮轴位置传感器,检查连接线有无破裂、老化等现象,拔下曲轴位置传感器/凸轮轴位置传感器插接器,拧下螺钉		15	
		检测曲轴位置传感器/凸轮轴位置传感器		10	
		安装曲轴位置传感器/凸轮轴位置传感器		10	
		清除故障码,试车		5	
		断开诊断仪,收拾好仪器		5	
3	安全文明生产	收好翼子板护垫、车内四件套、车轮挡块、尾排管	清洁不及时不得分 操作中设备损伤每次扣2分;操作中受伤每次扣1分;工具、零件落地每次扣1分	3	
		关好发动机舱盖、车门		2	
		清洁工具、量具		2	
		清洁场地		1	
		操作过程中注意安全		2	
4	操作时间	时间	操作时间为30min,每超过1min扣1分	10	
		合　　计		100	

说明:每项分值扣完为止

教师评价

指导教师_____
____年____月__日

任务五　温度传感器的检测及更换

任务目标

知识目标	1)掌握冷却液温度传感器和进气温度传感器的作用 2)掌握冷却液温度传感器和进气温度传感器的结构
技能目标	1)掌握冷却液温度传感器和进气温度传感器的检修内容、检修方法和检修步骤 2)学会查阅维修手册及相关资料及检修冷却液温度传感器和进气温度传感器 3)培养学生对冷却液温度传感器故障进行诊断与修复的技能,养成记录工单的习惯

任务描述

一辆丰田卡罗拉轿车出现冷起车困难、暖机过程中怠速不稳及油耗增加等现象，需要送修检查。维修人员查资料发现故障车出现的问题为发动机冷却系统故障造成的，原因为冷却液温度传感器出现故障。

知识储备

温度传感器主要用于检测冷却液温度、吸入气体温度等。发动机上常见的温度传感器有进气温度传感器和冷却液温度传感器。

一、冷却液温度传感器

1. 冷却液温度传感器的作用

冷却液温度传感器是发动机电控系统的重要传感器之一，也被称为水温传感器，安装在发动机缸体或缸盖的水套上，如图 2-35 所示，用于检测发动机冷却液的温度，并将温度信号转变为电信号传输给发动机 ECU（控制模块），作为点火时刻、燃油喷射和尾气排放控制的主要修正信号和冷却风扇运行、自动变速器换档的控制信号。

2. 冷却液温度传感器的类型及结构

冷却液温度传感器有绕线电阻式、热敏电阻式、扩散电阻式、半导体晶体管式、金属芯式和热电耦式等类型。当前应用较多的是绕线电阻式冷却液温度传感器与热敏电阻式冷却液温度传感器。

图 2-35 冷却液温度传感器

（1）绕线电阻式冷却液温度传感器 绕线电阻式冷却液温度传感器是在绝缘绕线架上绕上高纯度的镍线，再罩上适当的外套而制成的。绕线电阻式冷却液温度传感器利用电阻值随温度变化而变化的特性，进而测量冷却液温度。绕线电阻式冷却液温度传感器的精度较好，误差在 1% 以内，但响应特性较差。

（2）热敏电阻式冷却液温度传感器 热敏电阻式冷却液温度传感器利用热敏电阻半导体的电阻值随温度变化而变化的特性进行温度检测。热敏电阻式冷却液温度传感器有正温度系数和负温度系数两种类型，其中正温度系数特性为阻值随温度升高而增大，负温度系数特性为阻值随温度升高而减小。热敏电阻式冷却液温度传感器的灵敏度高，响应特性优良，目前被广泛地应用于汽车温度传感器中。

热敏电阻式冷却液温度传感器虽然灵敏度高，响应特性较好，但线性差，适应温度较低；热电耦式冷却液温度传感器的精度高，测量温度范围宽，但需要配合放大器和冷端处理一起使用。

热敏电阻式冷却液温度传感器主要由热敏电阻、绝缘套、外壳、铜垫圈、防水插座及接线端子组成，如图 2-36 所示。接线端子共有两个电极，一个是传感器的搭铁线，另一个是传感器的信号线。

3. 冷却液温度传感器的工作原理

冷却液温度传感器与冷却液直接接触，测量发动机冷却液的温度，ECU 根据该信号调整

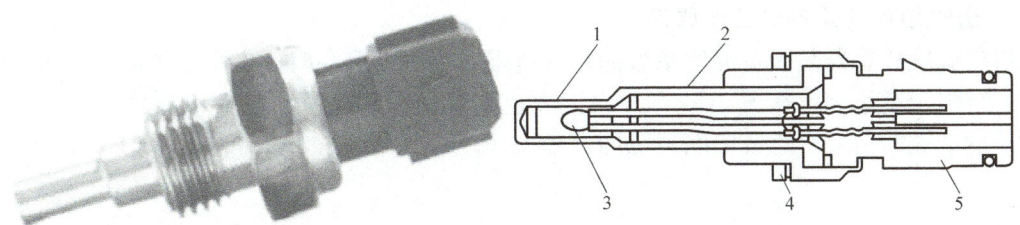

图 2-36 热敏电阻式冷却液温度传感器

1—绝缘套　2—外壳　3—热敏电阻　4—铜垫圈　5—防水插座

喷油量。

当发动机冷却液温度低时，热敏电阻的阻值大，ECU 检测到高电压的信号，喷油量脉宽上升，ECU 适当增加喷油量，满足发动机低温浓混合气的要求。如图 2-37 所示，当冷却液温度低时，燃油蒸发性差，供给较浓的混合气，点火提前角增大，发动机的冷机运转性能得以改善。

当冷却液温度高时，热敏电阻的阻值变小，ECU 检测到低电压的信号，喷油量脉宽下降，ECU 适当减少喷油量，点火提前角减小，满足发动机高温稀混合气的要求。

如果冷却液温度传感器线路虚接，一般没有故障码。当冷却液温度传感器信号超出范围，自诊断系统无故障码，ECU 起动失效保护程序，采用固定值 80 ℃时的状态进行控制。

发动机刚起动时用进气温度信号代替，每运转 20s，使冷却液温度升高 1℃，直至 90℃。

当冷却液温度传感器失效时会导致发动机起动困难、怠速不稳、发动机油耗增加、尾气排放污染增大。

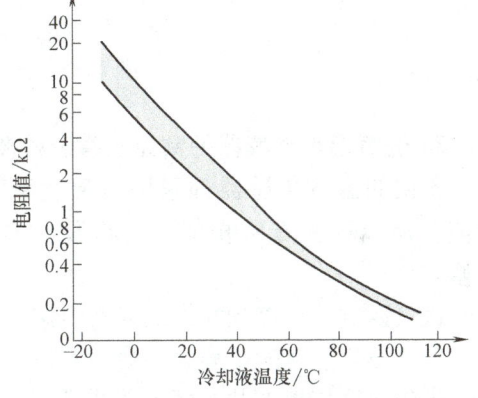

图 2-37 冷却液温度传感器的特性曲线

二、进气温度传感器

1. 进气温度传感器的作用

在 EFI 中，进气温度传感器用来测量进气温度，并将测量信号输入到 ECU，用以修正空气流量传感器因大气温度变化带来的进气质量检测的误差。

在 D 型 EFI 系统中，进气温度传感器可安装在空气滤清器的外壳上或稳压罐内，也可位于进气压力传感器的内部；在 L 型 EFI 系统中，进气温度传感器安装在空气流量传感器内，如图 2-38 所示。

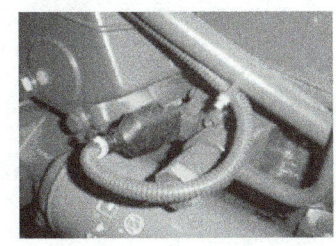
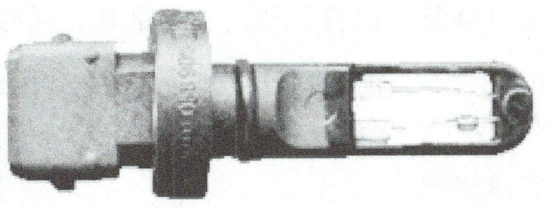

图 2-38 进气温度传感器

2. 进气温度传感器的工作原理

进气温度传感器是个负温度系数的热敏电阻，当温度升高时，电阻阻值减小；当温度降低时，电阻阻值增大，如图 2-39 所示。随着电路中电阻的变化，导致电压发生变化，从而产生不同的电压信号，完成控制系统的自动操作。

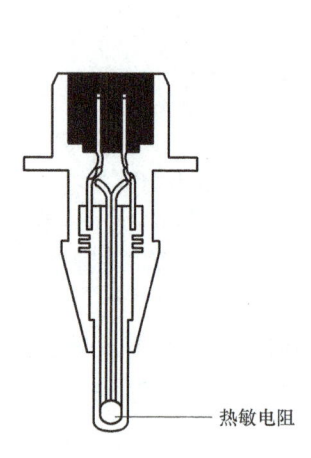
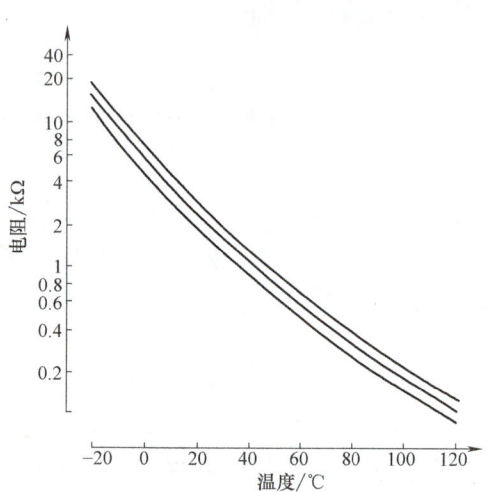

图 2-39　进气温度传感器的特性曲线

3. 进气温度传感器的常见故障及检测

不同的温度传感器都采用负温度系数的热敏电阻，其结构、原理、特性、控制电路相似，所以检测方法相似。可以使用故障诊断仪、万用表、示波器进行温度传感器的检修。

进气温度传感器的常见故障有电路断路、温度传感器损坏等。常见故障现象有车辆难起动、怠速不良、怠速不稳、燃烧不良、行驶无力、油耗过大、排放超标等。

进气温度传感器共有两个接线端子，分别是信号线和搭铁线，正常参考电压为 5V，检测时用电热吹风器加热进气温度传感器，测量在不同温度下传感器的电阻，并与标准数值进行比较。

如果进气温度传感器线路虚接，一般没有故障码。当进气温度传感器信号超出范围，自诊断系统无故障码，ECU 起动失效保护程序，采用固定值 19.5℃ 时的状态进行控制。

任务实施

一、实训准备（设备、教具、工量具、耗材）

举升机、卡罗拉型轿车、工具车和零件车、常用与专用拆装维修工具和量具、胶带、发动机冷却液等材料。

二、实施步骤

温度传感器的检测及更换见表 2-9。

项目二 汽油机电控系统主要传感器的检修

表2-9 温度传感器的检测及更换

步　　骤	图　　示
1）拆卸发动机1号底罩	发动机1号底罩　×7　×6
2）排空发动机冷却液。首先拆下散热器储液罐盖，然后松开散热器放水螺塞 注意：在发动机和散热器还没有冷却下来时，不要拆下散热器储液罐盖，加压的热发动机冷却液和蒸汽可能会溢出来并导致严重烫伤；将冷却液收集到指定容器中，根据所在地区的法规进行报废处理	散热器储液罐盖　散热器放水螺塞
3）拆卸喷油器总成。用头部缠有保护胶带的螺钉旋具，拆下燃油压力调节器总成，并从压力调节器总成上拆下两个O形圈 注意：缓慢拉出燃油压力调节器总成，因为O形圈牢固地安装在调节器和燃油滤清器之间；燃油滤清器需要更换时，将其作为燃油吸油盘分总成更换	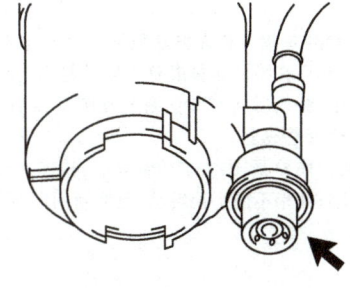
4）拆卸发动机冷却液温度传感器。使用SST专用工具，拆下发动机冷却液温度传感器和衬垫	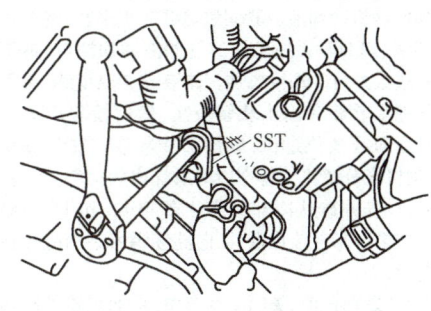

47

(续)

步　骤	图　示
5）检查冷却液温度传感器。用检测仪连接1与2,20℃阻值标准范围为2320～2590Ω，80℃阻值标准范围为3100～3260Ω 注意：在水中检查发动机冷却液温度传感器时不要让水进入端子；检查后，应干燥传感器；如果结果不符合规定，则更换传感器	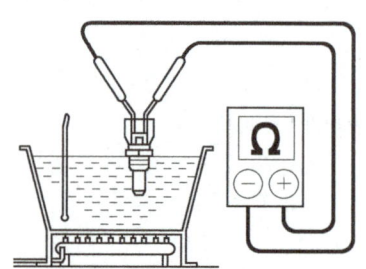
6）安装发动机冷却液温度传感器。使用SST专用工具，安装发动机冷却液温度传感器和新衬垫。其中图中1号力臂长度为25mm，图中2号力臂长度为180mm，转矩不使用SST时为20N·m，使用SST时为18N·m 注意：使用力臂长度为25mm的SST时，"使用SST"下的转矩值有效；使用力臂长度为180mm的扭力扳手时，"使用SST"下的转矩值有效；SST与扭力扳手平行时，转矩值有效	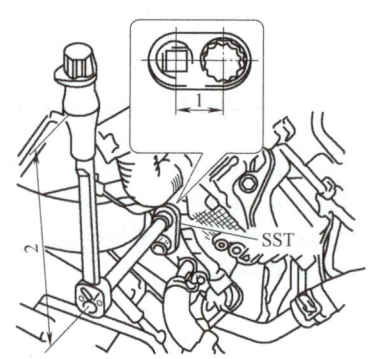
7）安装喷油器总成。首先将新喷油器隔振垫安装到喷油器总成上，然后在喷油器总成O形圈接触面上涂抹一薄层汽油或锭子油，最后向左和向右转动喷油器总成，以将其安装到输油管总成上 注意：不要扭曲O形圈；安装喷油器后，检查并确认它们可以平稳转动；如果不能平稳转动，更换新的O形圈	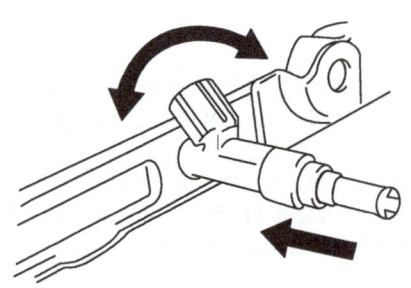
8）添加发动机冷却液。紧固散热器放水螺塞，将丰田超长效冷却液（SLLC）添加至散热器储液罐加注口，拆下散热器储液罐盖并将冷却液添加至储液罐B刻度线，用手按压散热器进水软管和出水软管数次，然后检测冷却液液位。如果冷却液液位过低，则添加冷却液。安装盖和阀门，使发动机充分暖机。排空冷却系统内的空气。当发动机冷却后，检查并确认冷却液液位在FULL和LOW刻度线之间。如果冷却液液位低，则向储液罐内添加冷却液至FULL刻度线 注意：起动发动机前，关闭空调开关；将加热器控制调节至极高温度设定；调节鼓风机转速至低设置	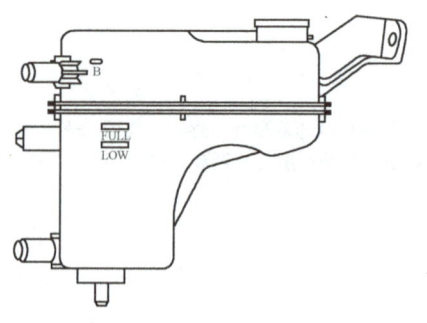

项目二 汽油机电控系统主要传感器的检修

(续)

步骤	图示
9）检查冷却液是否泄漏。向散热器总成中注满发动机冷却液，然后连接散热器盖检测仪。泵压至108kPa，然后检查并确认压力没有降低。如果压力下降，检查软管、散热器总成和水泵总成是否泄漏。如果发动机外部没有冷却液泄漏痕迹，则检查加热器芯、气缸体和气缸盖 注意：为避免烫伤，不要在发动机和散热器总成仍然很烫时拆下散热器盖分总成。热膨胀会导致热的发动机冷却液和蒸汽从散热器总成中溢出 安装发动机1号底罩	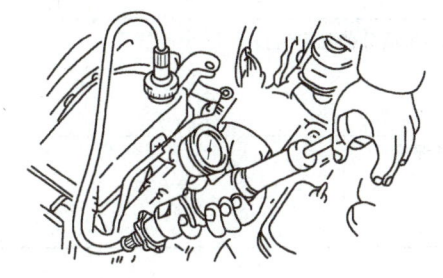

检测评价

温度传感器的检测及更换任务评价见表2-10。

表2-10 温度传感器的检测及更换任务评价

序号	实操活动	步骤	评分细则	分值	得分
1	准备工作	准备车轮挡块、翼子板护垫、车内四件套。全面检查车体、轮胎、玻璃有无损伤，做好检查记录	动作不规范，操作失误一次扣1分	4	
		放车轮挡块，安装尾排管		2	
		打开左前车门，安装好车内四件套		2	
		打开发动机舱盖安装翼子板护垫		2	
2	拆装与检测冷却液温度传感器	连接汽车故障诊断仪	连接错误扣2分，不能正确读取故障码扣2分 未清码扣2分，万用表使用不当扣2分，未正确操作扣2分	5	
		选择相关车辆信息，读取故障码		10	
		按照故障码提示的范围，排除故障		10	
		拆卸冷却液温度传感器，检查连接线有无破裂、老化等现象，拔下冷却液温度传感器插接器，拧下螺钉		15	
		检测冷却液温度传感器		10	
		安装冷却液温度传感器		10	
		清除故障码，试车		5	
		断开故障诊断仪，收拾好仪器		5	
3	安全文明生产	收好翼子板护垫、车内四件套、车轮挡块、尾排管	清洁不及时不得分 操作中设备损伤每次扣2分；操作中受伤每次扣1分；工具、零件落地每次扣1分	3	
		关好发动机舱盖、车门		2	
		清洁工具、量具		2	
		清洁场地		1	
		操作过程中注意安全		2	
4	操作时间	时间	操作时间为30min，每超过1min扣1分	10	

序号	实操活动	步 骤	评 分 细 则	分值	得分
		合 计		100	

说明：每项分值扣完为止

教师评价

指导教师_____
____年___月___日

任务六　爆燃传感器的检测及更换

任务目标

知识目标	1）了解爆燃的相关知识、爆燃传感器的类型和工作原理 2）掌握爆燃传感器的作用
技能目标	1）掌握爆燃传感器在车上的位置 2）掌握丰田卡罗拉爆燃传感器的检测和更换步骤

任务描述

一辆丰田卡罗拉轿车，行驶中发现加速发闷，并有间歇的轻微敲缸声，发动机故障指示灯常亮。经维修人员检查，确认爆燃传感器有断路故障。

知识储备

爆燃是不正常燃烧所导致的燃烧室内压力失常，爆燃时发动机会产生敲击声，会导致冷却液过热、功率下降、油耗上升。

一、造成爆燃的主要原因

（1）点火提前角过大　过于提早的点火会使得活塞还在压缩行程时，大部分油气已经燃烧，此时未燃烧的油气会承受极大的压力而自燃，最终造成爆燃。

（2）发动机过度积炭　发动机燃烧室内过度积炭，除了会使压缩比增大（产生高压），也会在积炭表面产生高温热点，使发动机爆燃。

（3）发动机温度过高　发动机在太热的环境使得进气温度过高，或是发动机冷却液循环不良，都会造成发动机高温而爆燃。

（4）空燃比不正确　过于大的空燃比，会使得燃烧温度提高，而燃烧温度提高会造成发动机温度提升，容易爆燃。

（5）燃油辛烷值过低　辛烷值是燃油抗爆燃的指标，辛烷值越高，抗爆燃性越强。压缩比高的发动机，燃烧室的压力较高，若是使用抗爆燃性低的燃油，则容易发生爆燃。

为了防止爆燃的发生，爆燃传感器是不可缺少的重要部件，以便通过电控系统调整点火提前时间。

二、爆燃传感器的作用

爆燃传感器在发动机发生爆燃时，把发动机的机械振动转变为信号电压送至ECU，ECU根据其内部事先存储的点火及其他数据，及时计算修正点火提前角，延迟点火时间，防止爆燃的发生，以提高发动机工作的平顺性。

四缸发动机若只有一个爆燃传感器，安装在2缸和3缸之间；如有两个，则1、2缸中间一个，3、4缸中间一个，如图2-40所示。

三、爆燃传感器的类型

爆燃传感器种类繁多，常见的有磁致伸缩式、电陶瓷式和压电式三大类。其中压电式共振型传感器应用最多，它一般安装在发动机机体上部，利用压电效应把爆燃时产生的机械振动转变为信号电压。当发生爆燃时的振动频率（约6kHz）与压电效应传感器自身的固有频率一致时，即产生共振现象。这时传感器会输出一个很高的爆燃信号电压送至ECU，ECU及时修正点火时间，避免爆燃的发生。

1. 磁致伸缩式爆燃传感器

磁致伸缩式爆燃传感器应用最早，它主要由磁心、永久磁铁、感应线圈和外壳等组成，如图2-41所示。当机体振动时，磁心受振偏移，使感应线圈内的磁通量发生变化，而在感应线圈内产生感应电动势。

图2-40 缸体上的爆燃传感器

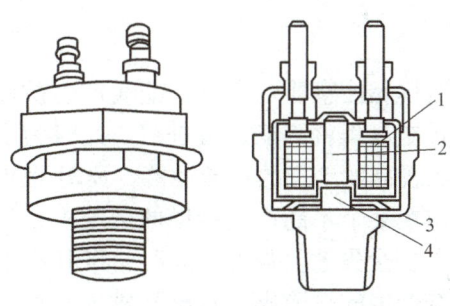

图2-41 磁致伸缩式爆燃传感器
1—感应线圈 2—磁心 3—外壳 4—永久磁铁

当发动机的气缸体出现振动时，该传感器在7kHz左右处与发动机产生共振，强磁性材料磁心的磁导率发生变化，致使永久磁铁穿过磁心的磁通密度也变化，从而在磁心周围的绕组中产生感应电动势，并将这一点信号输入ECU。

2. 电陶瓷式爆燃传感器

当发动机有抖动时里面的陶瓷受到挤压产生一个电信号，因为这个电信号很弱，所以一般的爆燃传感器的连接线上都用屏蔽线包裹。

3. 压电式共振型爆燃传感器

压电式共振型爆燃传感器在发动机上应用最多，它一般安装在发动机机体上部，利用压电效应把爆燃时产生的机械振动转变为信号电压。

压电式共振型爆燃传感器由外壳、引线、压电元件、配重块和电插头组成，如图2-42所示。

爆燃传感器是交流信号发生器，但它们与其他大多数汽车交流信号发生器大不相同，除了像磁电式曲轴和凸轮轴位置传感器一样探测转轴的速度和位置，它们也探测振动或机械压力。

四、爆燃传感器的工作原理

发动机的爆燃信号是闭环控制，当振动或敲缸发生时，它产生一个小电压峰值，敲缸或振动越大，爆燃传感器产生的主峰值就越大，如图2-43、图2-44所示。一定高的频率表明是爆燃或敲缸，爆燃传感器通常设计成测量5～15kHz范围的频率。当控制单元接收到这些频率的振动信号时，ECU接收到爆燃传感器送来的爆燃信号后，指示减小点火提前角，一直到爆燃停止。

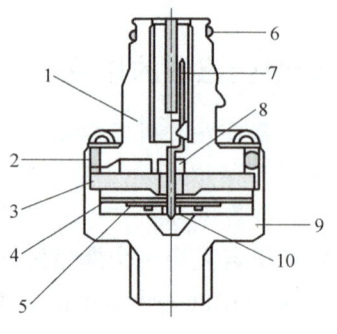

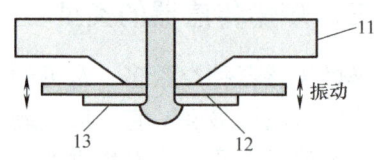

图2-42 压电式共振型爆燃传感器

1—插接器　2、6—O形环　3、11—基座
4、12—振荡片　5、13—压电元件　7—插头
8—密封剂　9—外壳　10—引线端头

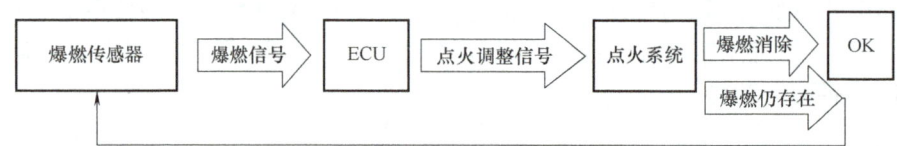

图2-43 爆燃传感器的工作原理

若爆燃传感器自身或者配线产生故障，上述爆燃控制过程就不能正常进行。此时为了保护发动机，提高发动机的运转性能，ECU把点火提前角固定在某个不能产生爆燃的数值上，这就是所谓的"安全失效"设计。同时，ECU把发动机控制系统产生的故障码显示给驾驶人，点亮发动机故障灯。

五、爆燃传感器的检测

爆燃传感器工作可靠、耐久性好，除非物理损坏，否则不会失效。

爆燃传感器故障会造成发动机的动力性、经济性及排放性能不能达到最佳，严重时也可能使发动机的活塞等零件因爆燃而损坏。

常见的失效形式有线路、传感器物理损坏。当爆燃传感器发生故障时，ECU推迟各缸点火提前角约15°。

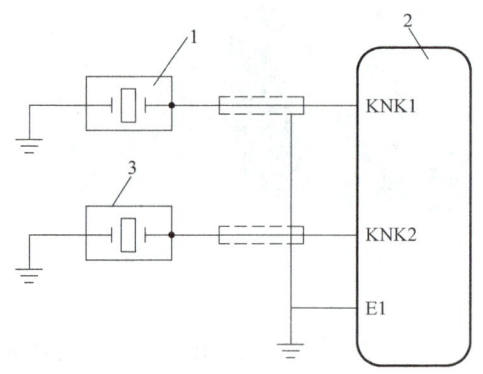

图2-44 爆燃传感器与ECU连接电路

1—1号爆燃传感器　2—ECU
3—2号爆燃传感器

若传感器的固定力矩过大，会导致传感器不灵敏，点火提前角偏大，易爆燃；若固定力矩过小，导致传感器过于灵敏，点火提前角偏小。

1. 爆燃传感器电阻的检查

测量接线端子和外壳之间的电阻应为∞，否则为短路故障。对于磁致伸缩式的还应检测线圈的电阻，应符合规定要求。

2. 爆燃传感器输出信号的检查

发动机怠速时测量是否有脉冲电压输出，也可用木槌在靠近爆燃传感器附近的缸体上敲击以产生信号，测量信号电压是否在正常范围。

3. 测量爆燃传感器输出信号的波形

连接故障诊断仪读取数据流，敲击缸体，数据波形有变化则正常，若无变化则需要进行进一步检测。

任务实施

一、实训准备（设备、教具、工量具、耗材）

举升机、卡罗拉型轿车、工具车和零件车、常用与专用拆装维修工具和量具、胶带、发动机冷却液等材料。

二、实施步骤

爆燃传感器的检测及更换见表 2-11。

表 2-11 爆燃传感器的检测及更换

步　骤	图　示
1）拆卸爆燃传感器 ①断开爆燃传感器插接器 ②拆下螺栓和爆燃传感器	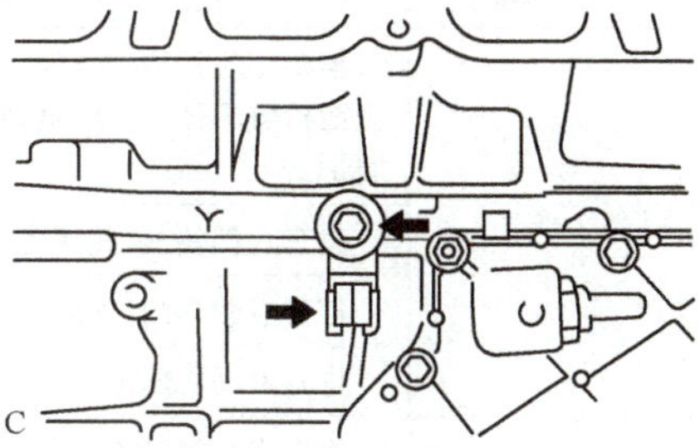
2）检查爆燃传感器。测量电阻：室温 20℃时的电阻值为 120~280kΩ，如果结果不符合规定，则更换爆燃传感器	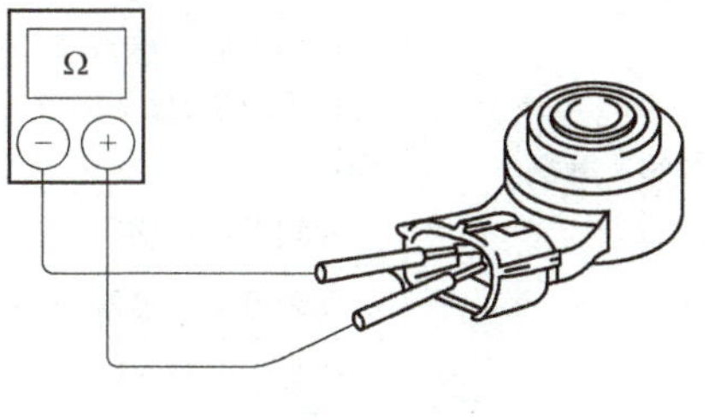

(续)

步　骤	图　示
3）安装爆燃传感器 ①用螺栓安装爆燃传感器 转矩：20N·m（204kgf·cm，15lbf·ft） 注意：确保爆燃传感器安装在正确的位置 ②连接爆燃传感器插接器	

检测评价

爆燃传感器的检测及更换任务评价见表2-12。

表2-12　爆燃传感器的检测及更换任务评价

序号	实操活动	步　骤	评分细则	分值	得分
1	准备工作	准备车轮挡块、翼子板护垫、车内四件套。全面检查车体、轮胎、玻璃有无损伤，做好检查记录	动作不规范，操作失误一次扣1分	4	
		放车轮挡块，安装尾排管		2	
		打开左前车门，安装好车内四件套		2	
		打开发动机舱盖安装翼子板护垫		2	
2	爆燃传感器的检测及更换	连接汽车故障诊断仪	连接错误扣2分，不能正确读取故障码扣2分　未清码扣2分，万用表使用不当扣2分，未正确操作扣2分	5	
		选择相关车辆信息，读取故障码		10	
		按照故障码提示的范围，排除故障		10	
		拆卸爆燃传感器，检查连接线有无破裂、老化等现象，按下爆燃传感器插接器，拧下螺钉		15	
		检测爆燃传感器		10	
		安装爆燃传感器		10	
		清除故障码，试车		5	
		断开故障诊断仪，收拾好仪器		5	

项目二 汽油机电控系统主要传感器的检修

（续）

序号	实操活动	步骤	评分细则	分值	得分
3	安全文明生产	收好翼子板护垫、车内四件套、车轮挡块、尾排管	清洁不及时不得分 操作中设备损伤每次扣2分；操作中受伤每次扣1分；工具、零件落地每次扣1分	3	
		关好发动机舱盖、车门		2	
		清洁工具、量具		2	
		清洁场地		1	
		操作过程中注意安全		2	
4	操作时间	时间	操作时间为30min，每超过1min扣1分	10	
合　　计				100	

说明：每项分值扣完为止

教师评价

指导教师_____
____年____月____日

任务七　氧传感器的检测及更换

任务目标

知识目标	1）了解氧传感器的组成和工作过程 2）掌握氧传感器的作用和位置
技能目标	1）掌握氧传感器在车上的位置 2）掌握丰田卡罗拉氧传感器的检测和更换步骤

任务描述

一辆丰田卡罗拉轿车，行驶95000km，正常起动后，冷却液温度表升至80℃，发动机转速升至700~900r/min，转速不稳定，并且油耗明显增加，故障灯亮。

根据该车故障现象描述，可判断该车故障应属于急速不稳。汽车急速不稳是车辆故障诊断中的难点，涉及相关车辆大多数系统。故障指示灯常亮，通过故障诊断仪读取故障码是"P0031"，与维修说明书进行核对，这个代码表示氧传感器加热器控制电路低电位。

知识储备

一、氧传感器的作用

在装有三元催化转化器（TWC）的发动机上，氧传感器向ECU反馈废气中的氧含量，

ECU 据此得知混合气的浓度，并调整喷油量，以保证混合气的浓度在空燃比（14.7）附近，从而提高 TWC 对 CO（一氧化碳）、HC（碳氢化合物）、NO_x（氮氧化合物）的净化能力，减少排气污染。同时，混合气的浓度在空燃比附近，也能最大限度地提高燃油经济性。

二、氧传感器的类型

1. 按氧传感器的安装位置及功能进行分类

（1）控制用氧传感器　控制用氧传感器俗称"前氧"，可单独测量发动机燃烧废气中氧的浓度，生成电压信号反馈给 ECU 以达到理想空燃比状态，安装在 TWC 的上游位置。图 2-45 中 1、2 为控制用氧传感器。

（2）诊断用氧传感器　诊断用氧传感器俗称"后氧"，安装在 TWC 下游端。控制用氧传感器因老化，其向 ECU 输送的电压信号曲线会发生偏移。诊断用氧传感器（后氧）会检测控制用氧传感器，TWC 是否仍然处于最佳工作状态。然后 ECU 就可计算出矫正偏移所需的补偿量。图 2-45 中 3、4 为诊断用氧传感器。

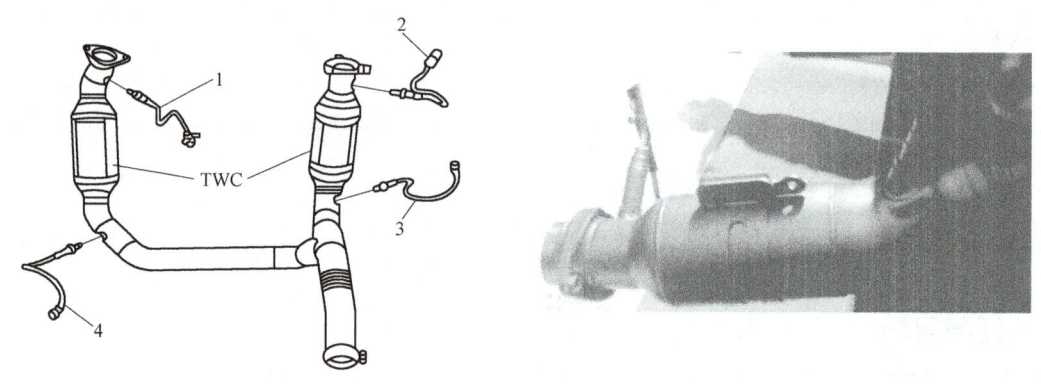

图 2-45　氧传感器
1、2—上游氧传感器　3、4—下游氧传感器

2. 按氧传感器的材料进行分类

氧传感器的材料和结构不同可分为氧化锆式和氧化钛式，其工作原理不同。目前，市场上主要的氧传感器都是锆系氧传感器，因为锆系氧传感器寿命较长，也相对稳定。

（1）二氧化钛型（TiO_2）　二氧化钛氧传感器的结构如图 2-46 所示，当尾气中的氧含量不同时，传感器的电阻会发生变动。当混合气浓的情况下，传感器电阻降低至 1000Ω 以下；混合气稀的情况下，传感器电阻升高至 20000Ω 以上。

（2）二氧化锆型（ZrO_2）　氧化锆是具有传导氧离子能力的固体电解质，当温度达到 300℃，氧化锆材料能够传导氧离子，从氧离子浓的一方向氧离子稀的一方流动，从而产生电压信号，如图 2-47 所示。

3. 按氧传感器的结构进行分类

按氧传感器是否有加热装置可分为加热型和非加热型。

（1）非加热型氧传感器（1 线/2 线）　非加热型氧传感器要求的最低工作温度为 500℃，因此，必须直接紧邻发动机排气口安装，利用发动机燃烧废气的余热进行加热，如图 2-48 所示。

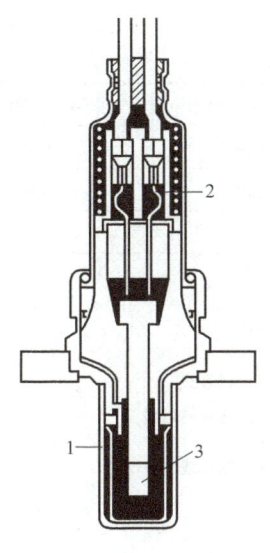

图 2-46　二氧化钛氧传感器

1—保护套管　2—连接线
3—二氧化钛厚膜元件

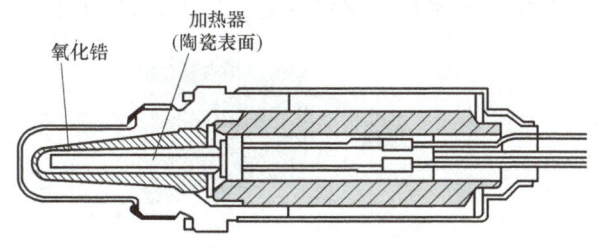

图 2-47　二氧化锆氧传感器

（2）加热型氧传感器（3 线/4 线）　加热型氧传感器内部设计有加热器，可利用系统供电电压强制使氧传感器加速预热，促使其快速反应，加热型氧传感器由外壳、加热棒（一般为陶瓷）、氧化锆和电插头等组成。

为了能在远离发动机之处安装氧传感器，加热型 3 芯（管式）氧传感器（内置有一手指形陶瓷感应体）的下端装有独立的加热器。在尾气端，传感器的废气端配有一保护管，以保护陶瓷感应体不受尾气中燃烧残渣的侵蚀，保证了传感器元件的恒定工作温度保持在 350℃ 以上。

加热型 4 芯（管式）氧传感器信号不能通过外壳传递，它是通过附加的第 4 条连接线传递的，如图 2-49 所示。这样，由此路新增信号可防止氧传感器信号断路而导致失效。搭铁方式主要有独立搭铁式和线壳共地式两种。

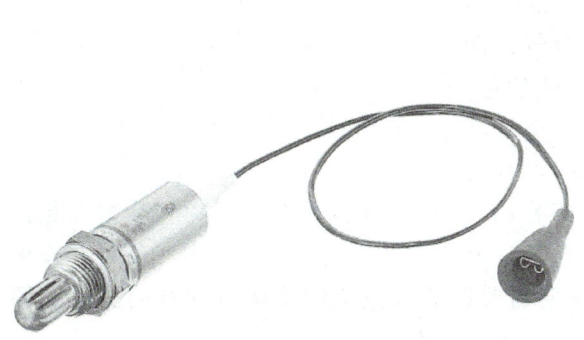

图 2-48　非加热型氧传感器

图 2-49　加热型氧传感器

氧传感器常见导线颜色见表2-13。

表2-13 氧传感器常见导线颜色辨别方式

品牌	德尔福(DELPHI)	电装1线(DENSO)	电装2线(DENSO)	电装3线(DENSO)	电装4线(DENSO)
信号线	紫色	黑色	蓝色	蓝色	蓝色
搭铁线	淡粉红		白色	白色	白色
加热线	棕色			黑色	黑色

其他几种常见的导线颜色，如图2-50所示。

图2-50 氧传感器接线端子颜色

4. 按检测信号的范围进行分类

按检测信号的范围不同氧传感器可分为窄型氧传感器（氧传感器）和宽型氧传感器（空燃比传感器）。

三、氧传感器的工作过程

加热型氧传感器只有在高温时（端部达到300℃）其特性才能充分体现，才能输出电压。在约800℃，加热型氧传感器对混合气的变化反应最快。

在一定条件下，利用氧化锆内外两侧的氧浓度差，产生电位差，且浓度差越大，电位差越大，如图2-51所示。在工作状态下，带负电的氧离子吸附在氧化锆套管的内外表面上。大气中氧离子浓度是固定的，而燃烧后的废气中氧离子的浓度随混合气的浓稀变化。由于大气中的氧气比废气中的氧气多，套管上与大气相同一侧比废气一侧吸附更多的负离子，两侧离子的浓度差产生电动势。当套管废气一侧的氧浓度低时，在电极之间产生一个高电压（0.6~1V），ECU把高电压信号视为浓混合气，而把低电压信号视为稀混合气。ECU据此调整喷油量，使混合气浓度尽量靠近空燃比（14.7）。

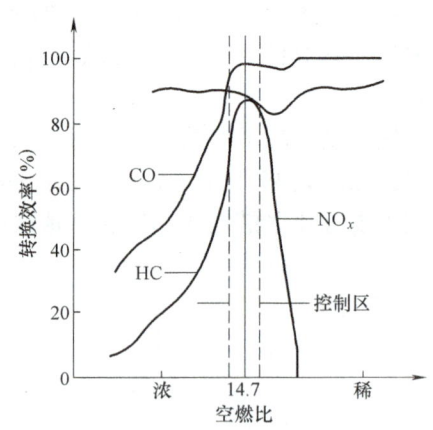

图2-51 氧传感器的工作过程

通过检测发动机运行结果（废气氧浓度），并由ECU调整喷油量，使混合气保持在空燃比（14.7）附近，这种控制方式称为反馈控制，也称为闭环控制。当系统进入空燃比闭环控制时，实际控制的混合气空燃比总是保持在理论空燃比（14.7）附近的一个狭窄范围内，但任何需要以非理论空燃比运行的发动机工况都只能采取开环控制。

在发动机起动工况、起动后加浓修正工况、暖机加浓修正工况、节气门全开、大负荷高转速工况、加减速燃油量修正、燃油停供、空燃比过稀信号持续时间大于规定值时、空燃比过浓信号持续时间大于规定值时、氧传感器温度未达到工作温度或失效、配线发生故障时均采用开环控制。

氧传感器随时检测排气中的氧浓度，并随时向微机控制装置反馈信号。微机则根据反馈来的信号及时调整喷油量（喷油脉宽），如信号反映混合气较浓，则减少喷油时间；反之，如信号反映混合气较稀，则延长喷油时间，从而使混合气的空燃比始终保持在理论空燃比附近，如图 2-51 所示。这就是燃料闭环控制或称为燃料反馈控制，如图 2-52 所示。

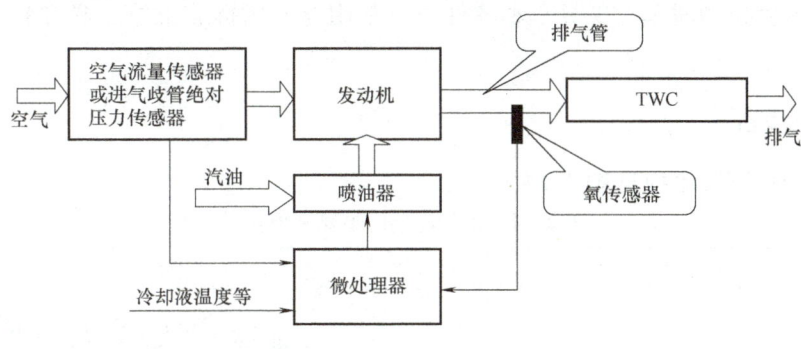

图 2-52　反馈控制

当发动机怠速或部分负荷、发动机温度高于 60℃、氧传感器温度高于 300℃时空燃比采用闭环控制，此时氧传感器才起作用。

四、氧传感器的常见故障

氧传感器信号不仅反映氧传感器性能，同时反映发动机的工作状态。氧传感器出现故障，会导致发动机怠速不稳、排气管冒黑烟且排污超标、故障灯亮、ECU 解除闭环控制、污染增大、动力下降、经济下降。

1. 氧传感器中毒失效

氧传感器中毒是经常出现的且较难防治的一种故障，尤其是经常使用含铅汽油的汽车，即使是新的氧传感器，也只能工作几千公里。如果只是轻微的铅中毒，接着使用一箱不含铅的汽油，就能消除氧传感器表面的铅，使其恢复正常工作。但往往由于过高的排气温度，而使铅侵入其内部，阻碍了氧离子的扩散，使氧传感器失效，这时就只能更换了。

2. 积炭

由于发动机燃烧不好，在氧传感器表面形成积炭，或氧传感器内部进入了油污或尘埃等沉积物，会阻碍或阻塞外部空气进入氧传感器内部，使氧传感器输出的信号失准，ECU 不能及时地修正空燃比。产生积炭，主要表现为油耗上升，排放浓度明显增加。此时，若将沉积物清除，就会恢复正常工作。

3. 氧传感器陶瓷碎裂

氧传感器的陶瓷硬而脆，用硬物敲击或用强烈气流吹洗，都可能使其碎裂而失效。因此，处理时要特别小心，发现问题及时更换。

4. 加热器电阻丝烧断

对于加热型氧传感器，如果加热器电阻丝烧蚀，就很难使传感器达到正常的工作温度而失去作用。

5. 氧传感器内部线路断脱

因机械碰撞等原因会导致氧传感器内部线路发生断路或松脱。

任务实施

一、实训准备（设备、教具、工量具、耗材）

举升机、卡罗拉型轿车、工具车和零件车、常用与专用拆装维修工具和量具、万用表、检测仪等。

二、实施步骤

氧传感器的检测及更换见表 2-14。

表 2-14 氧传感器的检测及更换

步　骤	图　示
1）断开氧传感器插接器	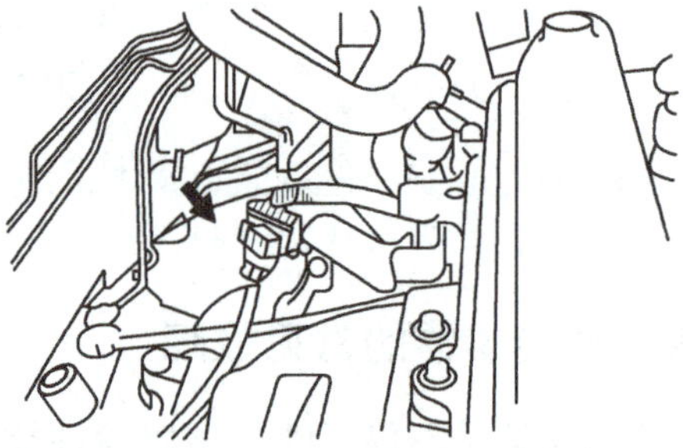
2）使用 SST 拆下氧传感器 注意：不要损坏氧传感器	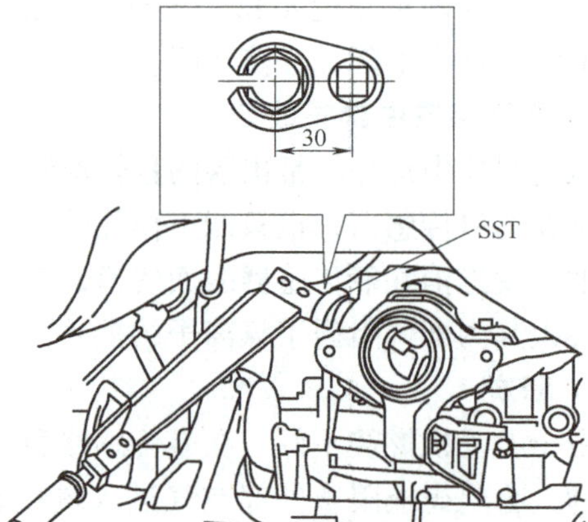
3）检查氧传感器。用欧姆表测量电阻，1-2 端子间电阻应为 1.8～3.4Ω	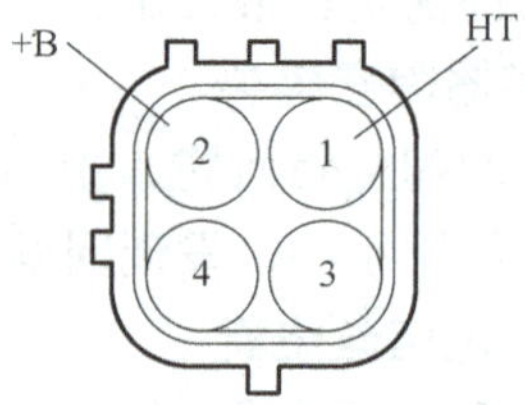

项目二 汽油机电控系统主要传感器的检修

(续)

步 骤	图 示
4）安装氧传感器。使用SST安装氧传感器 转矩：不用SST44N·m（449kgf·cm，32lbf·ft），用SST40N·m（408kgf·cm，30lbf·ft） 注意：实用力臂长度为300mm（11.81in）的扭力扳手不要损坏加热型氧传感器	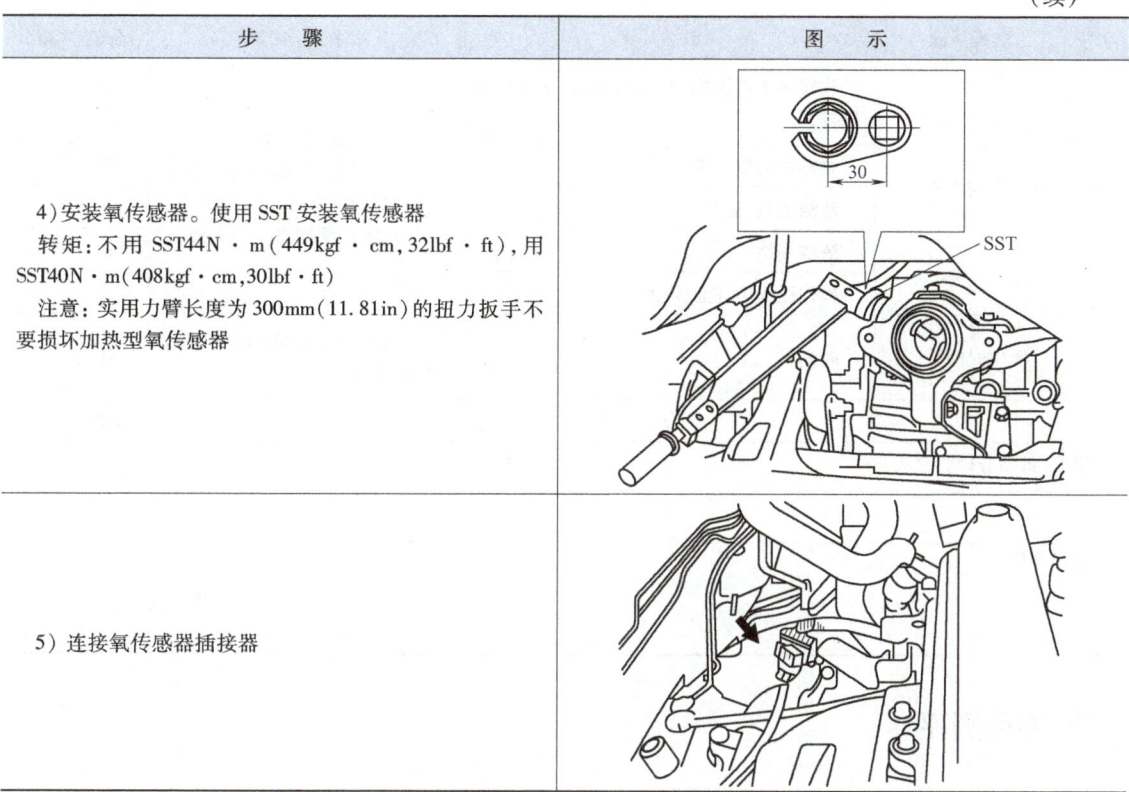
5）连接氧传感器插接器	

检测评价

氧传感器的检测及更换任务评价见表2-15。

表2-15 氧传感器的检测及更换任务评价

序号	实操活动	步 骤	评分细则	分值	得分
1	准备工作	准备车轮挡块、翼子板护垫、车内四件套。全面检查车体、轮胎、玻璃有无损伤，做好检查记录	动作不规范，操作失误一次扣1分	4	
		放车轮挡块，安装尾排管		2	
		打开左前车门，安装好车内四件套		2	
		打开发动机舱盖安装翼子板护垫		2	
2	氧传感器的检测及更换	连接汽车故障诊断仪	连接错误扣2分，不能正确读取故障码扣2分 未清码扣2分，万用表使用不当扣2分，未正确操作扣2分	5	
		选择相关车辆信息，读取故障码		10	
		按照故障码提示的范围，排除故障		10	
		拆卸氧传感器，检查连接线有无破裂、老化等现象，拔下氧传感器插接器，拧下螺钉		15	
		检测氧传感器		10	
		安装氧传感器		10	
		清除故障码，试车		5	
		断开诊断仪，收拾好仪器		5	

(续)

序号	实操活动	步骤	评分细则	分值	得分
3	安全文明生产	收好翼子板护垫、车内四件套、车轮挡块、尾排管	清洁不及时不得分 操作中设备损伤每次扣2分;操作中受伤每次扣1分;工具、零件落地每次扣1分	3	
		关好发动机舱盖、车门		2	
		清洁工具、量具		2	
		清洁场地		1	
		操作过程中注意安全		2	
4	操作时间	时间	操作时间为30min,每超过1min扣1分	10	
合　　计				100	

说明:每项分值扣完为止

教师评价

指导教师_____
___年___月___日

课后测评

一、填空题

1. 常见的空气流量传感器按其结构形式可分为叶片（翼板）式、_____式、热膜式、_____式等几种。

2. 热式空气流量传感器的主要元件是_____,可分为_____式和_____式两种类型。

3. 卡门旋涡式空气流量传感器根据旋涡频率的检测方式不同,分为_____式和_____式两种。

4. 进气歧管绝对压力传感器主要由_____和_____两部分组成。

5. 测传感器供电电压时,应先_____,再_____。

6. 测传感器信号参考电压时,用万用表测传感器线束插接器端子_____与车身_____之间的电压,应为_____V。

7. 节气门位置传感器按结构大致可分为_____、_____和_____三种。

8. 触点开关式节气门位置传感器具有_____、_____的优点,但其节气门开度_____。

9. 滑线电阻式节气门位置传感器节气门开度变化时,滑臂上的触点在_____上滑动,从而从滑线电阻上获得_____,并作为节气门开度信号输送给_____。

10. 曲轴位置传感器用于检测活塞上止点位置、发动机的转速和曲轴转角,以修正_____。

11. 曲轴位置传感器按照工作原理可分为_____、_____和_____。

12. 磁电感应式传感器由_____、_____和_____组成，_____随分电器轴旋转。

13. 冷却液温度传感器用于检测发动机冷却液的温度，并将温度信号转变为电信号传输给发动机 ECU（控制模块），作为点火时刻、燃油喷射和尾气排放控制的主要_____。

14. 热敏电阻式冷却液温度传感器的灵敏度_____，响应特性_____，目前被广泛地应用于汽车温度传感器中。

15. 热敏电阻式冷却液温度传感器有_____和_____两种类型。

16. 造成爆燃的主要原因有_____、_____、_____、发动机温度过高、_____。

17. 爆燃传感器也有多种类型，常见的有_____式、_____式和_____式三大类。

18. 压电式共振型爆燃传感器由外壳、_____、_____、配重块和_____组成。

19. 按氧传感器的安装位置及功能不同可分为_____氧传感器和_____氧传感器。

20. 氧传感器常见的故障有_____、_____、_____、加热器电阻丝烧断、_____。

21. 氧传感器按材料和结构的不同，可分为_____和_____。

二、选择题

1. 以下（　　）不是空气流量传感器的分类。
   A. 热线式　　　B. 热膜式　　　C. 霍尔式　　　D. 卡门旋涡式

2. 装有空气流量传感器的电控系统，属于 EFI（　　）系统。
   A. D 型　　　B. R 型　　　C. L 型　　　D. F 型

3. D 型汽油喷射系统采用的空气计量装置是（　　）。
   A. 叶片式空气流量传感器　　　B. 进气歧管绝对压力传感器
   C. 卡门旋涡式空气流量传感器　　　D. 热线式空气流量传感器

4. （　　）位于发动机舱节气门后方的进气管内，用真空管与进气总管相连。
   A. 进气歧管绝对压力传感器　　　B. 节气门位置传感器
   C. 氧传感器　　　D. 曲轴位置传感器

5. 进气歧管绝对压力传感器（　　）检测进气量。
   A. 直接　　　B. 间接
   C. 可以直接或间接　　　D. 以上均错

6. 进气歧管绝对压力传感器电源电压应约为（　　）。
   A. 0V　　　B. 5V　　　C. 12V　　　D. 24V

7. 节气门位置传感器主要感应发动机在各种工况下的（　　）位置。
   A. 发动机转速　　　B. 节气门开度　　　C. 曲轴　　　D. 凸轮轴

8. 霍尔效应式节气门位置传感器由（　　）和磁铁组成。
   A. 霍尔元件　　　B. 电磁元件　　　C. 金属元件　　　D. 非金属元件

9. 滑线电阻式节气门位置传感器包括滑线电阻式传感器和（　　）两个部分。
   A. 功率触点　　　B. 断电器触点　　　C. 怠速触点

10. 曲轴位置传感器安装位置通常不在（　　）。
    A. 分电器内　　　　B. 飞轮处　　　　C. 带轮处　　　　D. 气缸体一侧
11. 光电式传感器一般装在（　　），由信号发生器和带光孔的信号盘组成。
    A. 分电器内　　　　B. 飞轮处　　　　C. 凸轮轴上　　　D. 带轮处
12. 曲轴位置传感器的功用是（　　）。
    A. 检测活塞上止点位置、发动机的转速和曲轴转角
    B. 检测活塞下止点位置、发动机的转速和凸轮轴转角
    C. 检测活塞上止点位置、发动机的转速和凸轮轴转角
    D. 检测活塞下止点位置、发动机的转速和曲轴转角
13. 不属于冷却液温度传感器类型的是（　　）。
    A. 绕线电阻式　　　B. 热敏电阻式　　　C. 霍尔效应式　　　D. 光电式
14. 不是冷却液温度传感器安装位置的是（　　）。
    A. 缸体　　　　　　B. 节温器　　　　　C. 曲轴　　　　　　D. 凸轮轴
15. 在 L 型 EFI 系统中，进气温度传感器安装在（　　）内。
    A. 空气流量传感器　B. 节气门体　　　　C. 气缸盖　　　　　D. 空气滤清器
16. 将发动机异常振动转变成电信号传至 ECU 的是（　　）。
    A. 空气流量传感器　　　　　　　　　　B. 爆燃传感器
    C. 冷却液温度传感器　　　　　　　　　D. 氧传感器
17. 如用诊断仪读取发动机爆燃数据流，并敲击缸体，观察到数据有变化，则（　　）。
    A. 爆燃传感器失效　　　　　　　　　　B. 爆燃传感器连接线断开或接触不良
    C. 爆燃传感器正常　　　　　　　　　　D. 空气流量传感器损坏
18. 若爆燃传感器固定力矩过大，导致传感器不灵敏，点火提前角偏（　　），易爆燃。
    A. 小　　　　　　　B. 大　　　　　　　C. 忽大忽小　　　　D. 不变
19. 将发动机废气中的氧含量转变成电信号传至 ECU 的是（　　）。
    A. 空气流量传感器　　　　　　　　　　B. 爆燃传感器
    C. 冷却液温度传感器　　　　　　　　　D. 氧传感器
20. 一辆 2009 款丰田卡罗拉轿车，检车尾气超标，仪表板无故障灯亮起，去修理厂更换了一个配件，再次检车通过，该配件可能是（　　）。
    A. 爆燃传感器　　　　　　　　　　　　B. 三元催化器
    C. 氧传感器　　　　　　　　　　　　　D. 空气流量传感器
21. 氧化锆是具有传导氧离子能力的固体电解质，当温度达到（　　），氧化锆材料能够传导氧离子，从氧离子浓的一方向氧离子稀的一方流动，从而产生电压信号。
    A. 300℃　　　　　　B. 600℃　　　　　　C. 900℃　　　　　　D. 1200℃

三、判断题

1. 光电式卡门旋涡空气流量传感器主要由设置在空气通道中央的卡门旋涡发生器和相应的旋涡检测等装置组成。（　　）
2. 空气流量传感器将吸入的空气流量转换成电信号送至 ECU，作为决定喷油的基本信号之一。（　　）

3. 叶片式空气流量传感器安装于空气滤清器之前，该传感器由空气流量传感器与电位计两部分组成。（　）
4. 进气歧管绝对压力传感器由压力转换元件和 IC 集成电路组成。（　）
5. 电容式进气歧管绝对压力传感器利用电阻效应检测进气歧管绝对压力。（　）
6. 进气歧管绝对压力传感器把进气歧管内节气门后方的压力变化转化为电信号，和发动机转速信号一起送入 ECU，常用于 L 型燃油喷射系统。（　）
7. 当节气门开度变化时，霍尔元件中的磁通量发生变化，产生的霍尔电压也随之变化。（　）
8. 当节气门全关时，活动触点与怠速触点接触，由怠速端子向 ECU 反馈一电压信号。（　）
9. 发动机控制单元根据节气门位置信号，只对喷油量进行修正控制，以实现特定的控制功能。（　）
10. 曲轴位置传感器称为转速传感器，也被称为上止点传感器。（　）
11. 霍尔式曲轴位置传感器转子有 1、2 或 4 个齿等多种形式，转速转子为 24 个齿。（　）
12. 光电式传感器信号发生器安装在分电器壳体上，由两只发光二极管、两只光敏二极管和电路组成。（　）
13. 绕线电阻式冷却液温度传感器利用热敏电阻半导体的电阻值随温度变化而变化的特性进行温度检测。（　）
14. 绕线电阻式冷却液温度传感器的精度较好，误差在 1% 以内，同时响应特性较差。（　）
15. 当进气温度传感器信号超出范围，自诊断系统无故障码，ECU 起动失效保护程序，采用固定值 19.5℃时的状态进行控制。（　）
16. 爆燃传感器信号对点火正时起决定性作用。（　）
17. 爆燃传感器失效会使 ECU 以"安全模式"运行，即以固定的点火提前角进行点火，从而会导致汽车加速发闷。（　）
18. 当爆燃传感器发生故障时，ECU 推迟各缸点火提前角约 15°。（　）
19. 氧传感器的作用是精确地控制空燃比。（　）
20. 氧传感器失效不会导致明显的油耗增加。（　）
21. 氧传感器随时检测排气中的氧浓度，并随时向微机控制装置反馈信号。（　）

项目三 汽油机燃料供给控制系统的检修

项目描述

汽油机燃料供给系统是保证发动机正常运转的前提条件,本项目通过空气供给系统的检测及故障排除、电控燃油泵及其控制电路的检测及故障排除、燃油压力调节器的检测及故障排除、喷油器及其控制电路的检测及故障排除四个任务的实施,培养学生掌握汽油机燃料供给系统故障检修的技能。

建议学时

16 学时。

任务一　空气供给系统的检测及故障排除

任务目标

知识目标	1)掌握汽油机电控燃油喷射系统的主要功用、组成及分类 2)掌握空气供给系统的功能、空气流经的路线及工作过程
技能目标	1)掌握空气供给系统各元件的位置及结构特点 2)能正确对节气门体进行拆装检查及清洁 3)熟悉空气供给系统的维护方法及一般故障的检修方法

任务描述

一辆丰田卡罗拉轿车长时间行驶后,发动机怠速过低,还出现挂档、转弯时熄火的现象。经维修人员试车,确认为发动机怠速过低故障。通过资料查询可知,该故障车发动机为

L 型电控燃油喷射系统，采用自动变速器、电子节气门控制技术的车型。经排查，燃油泵控制电路正常，PCV（曲轴箱强制通风）软管及 PCV 系统正常，无故障码。查阅维修手册，怀疑是空气供给系统的故障造成的。

知识储备

一、电控燃油喷射系统（EFI）的概述

1. 电控燃油喷射系统的功用

电控燃油喷射系统是以 ECU 为控制核心，根据信号输入装置输入的发动机各种运行信号，迅速地分析、比较、计算，以确定最佳的喷油时刻及喷油持续时间，并输出指令，控制 EFI 的执行器进行工作，将与发动机各种工况相匹配的、一定数量的、具有最佳空燃比的可燃混合气，适时地供入气缸。

2. 电控燃油喷射系统的组成

电控燃油喷射系统一般由电控系统、空气供给系统、燃油供给系统三个子系统组成，如图 3-1 所示。

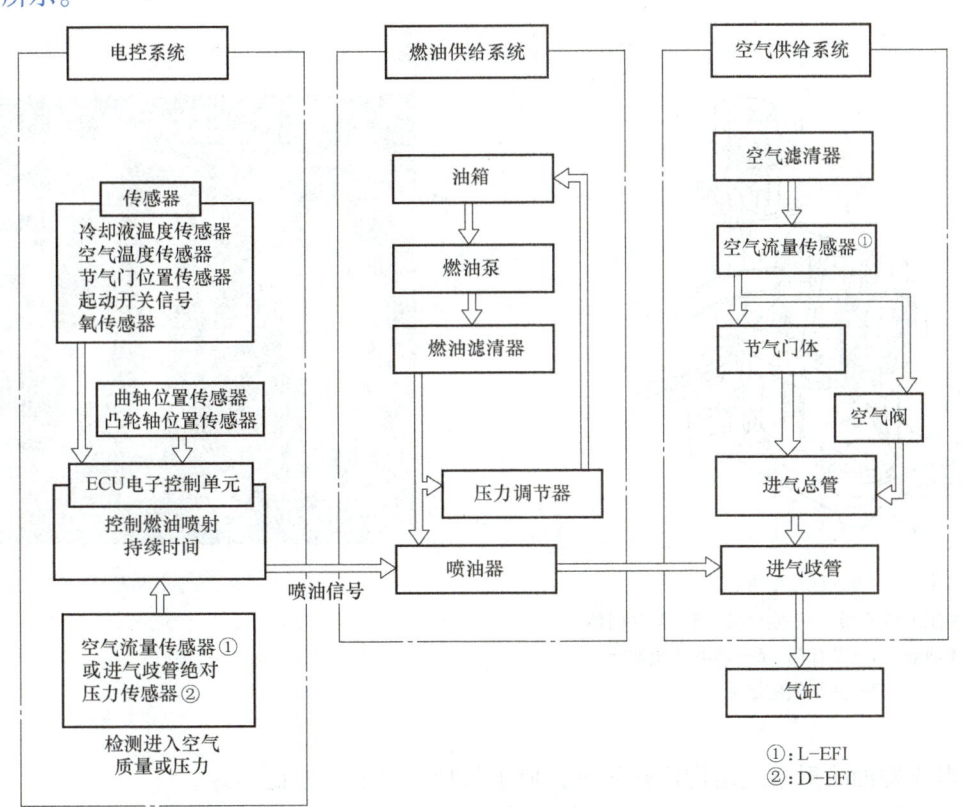

图 3-1　电控燃油喷射系统的组成

电控燃油喷射系统各组成元件的分布如图 3-2 所示。

3. 电控燃油喷射系统的分类

（1）按喷油器的数目分类　电控燃油喷射系统按喷油器的数目不同可分为单点式燃油喷

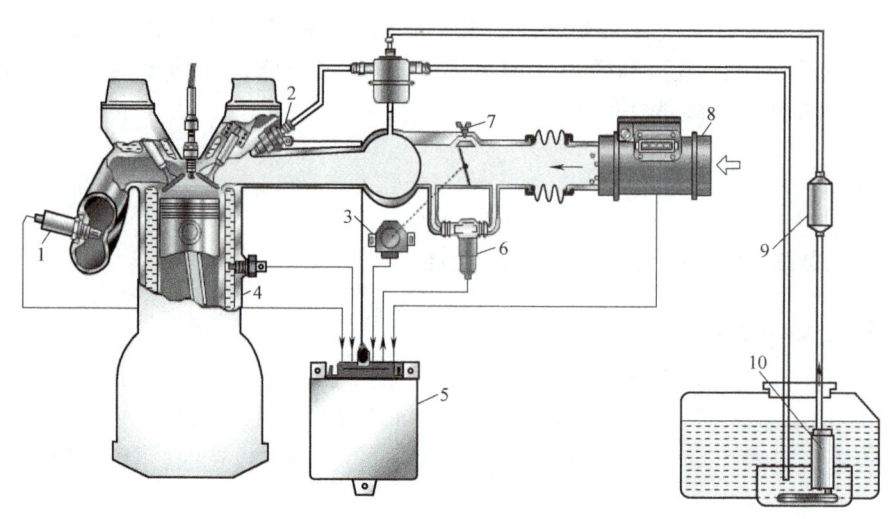

图 3-2　EFI 各组成元件的分布

1—氧传感器　2—喷油器　3—节流阀位置开关　4—冷却液温度传感器　5—ECU
6—怠速执行器　7—调压器　8—热线式空气流量传感器　9—燃油滤清器　10—电动燃油泵

射系统（SPI）（图 3-3）和多点式燃油喷射系统（MPI）（图 3-4）两种。

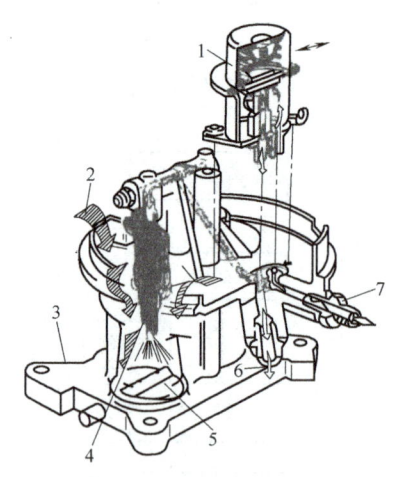

图 3-3　单点式燃油喷射系统

1—燃油压力调节器　2—空气流　3—节气门体
4—喷油器　5—节气门　6—燃油回流油箱
7—油泵供应燃油

图 3-4　多点式燃油喷射系统

单点式燃油喷射系统结构比较简单，成本较低，空燃比控制不好。

多点式燃油喷射系统是指在进气歧管中每一个气缸的进气门前均有一只喷油器。如图 3-4 所示，喷油器的一端安装在燃油分配器上，另一端安装在进气门附近气缸的进气歧管中或气缸盖上的进气道中。

多点式燃油喷射系统对混合气空燃比控制得比较精确，改善了发动机工作性能，减少油耗，现代汽车多采用多点式燃油喷射系统。

（2）按空气量检测方式不同分类　EFI 分为 L 型 EFI（EFI-L 型）、D 型 EFI（EFL-D 型）和 Mono 系统三种。

图 3-5 所示为 EFI-L 型和 EFI-D 型空气供给系统。

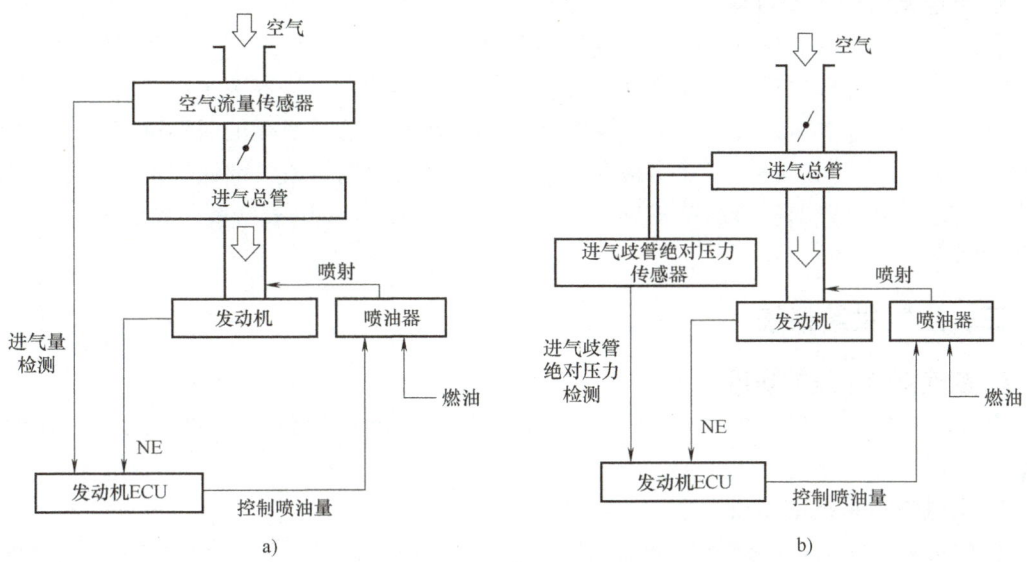

图 3-5　EFI-L 型和 EFI-D 型空气供给系统
a）EFI-L 系统　b）EFI-D 系统

1）L 型 EFI，采用质量流量方式，测量空气量，测量的精度较高。其中"L"是德文"空气"的第一个字母。

2）D 型 EFI，采用速度密度检测方式，测量空气量。其中"D"是德文"压力"的第一个字母。此系统在德国大众汽车上广泛使用，其测量精度与 L 型 EFI 相比较低。

L 型 EFI 和 D 型 EFI 多采用多点间歇喷射方式。

3）Mono 系统为单点燃油喷射系统，其发动机吸入的空气量可以采用空气流量传感器，也可以采用节流速度检测方式，测量空气量。此系统适用于低排量普通轿车及一些货车。

4. 电控燃油喷射系统的优点

1）在各种工况下，均可以高精度地控制空燃比，降低了排放污染。
2）耗油低，提高了燃料的利用率，经济性能好。
3）进排气管设计合理，提高了发动机的输出功率。
4）冷起动容易，急速平稳，起动性能和加速性能提高。
5）充气效率高，瞬时响应快，发动机故障率低。
6）具有喷油量、喷射正时、减速断油、限速断油及燃油泵控制。

二、电控系统

1. 电控系统的功用

电控系统根据车辆的运行情况及发动机的各个不同工况，控制燃油，以获得最佳的喷油量。

2. 电控系统的组成

电控系统由信号输入装置、ECU 及执行器三部分组成。其中信号输入装置有：起动开关信号、空调开关、空气流量传感器（或进气歧管绝对压力传感器）、节气门位置传感器、进气温度传感器、冷却液温度传感器、曲轴位置传感器、凸轮轴位置传感器、氧传感器等。

执行器有：喷油器、主继电器、断路继电器、怠速电动机等。

3. 电控系统的工作过程

在汽油机电控燃油喷射系统中，发动机ECU（丰田车系为ECM）是根据发动机负荷信号和发动机转速信号这两个主控信号，根据其内所存储的发动机各个工况所对应的最佳喷油持续时间，确定基本喷油时间，再根据其他传感器及开关信号对喷油时间进行修正，并按最后确定的总喷油时间向喷油器发出指令，对喷油器进行控制，使喷油器喷油或断油。当氧传感器工作时，电控燃油喷射系统的电控系统为闭环控制，ECU根据氧传感器提供的反馈信号进行修正。

三、空气供给系统

1. 空气供给系统的功用

空气供给系统主要为发动机提供清洁的空气，并测量和控制发动机正常工作时的空气量。

2. 空气供给系统的组成

空气供给系统主要由空气滤清器、节气门体、进气总管、进气歧管、空气流量传感器（或进气歧管绝对压力传感器）、节气门位置传感器、怠速空气阀或怠速电动机等组成。图3-6所示为L型空气供给系统的组成。

（1）空气滤清器　空气滤清器的功用是滤除空气中的灰尘等杂质，降低进气噪声，以减少气缸与活塞、活塞环的磨损，延长发动机使用寿命，保证发动机正常工作。

空气滤清器一般由进气导流管、空气滤清器盖、外壳和滤芯等组成，如图3-7所示。

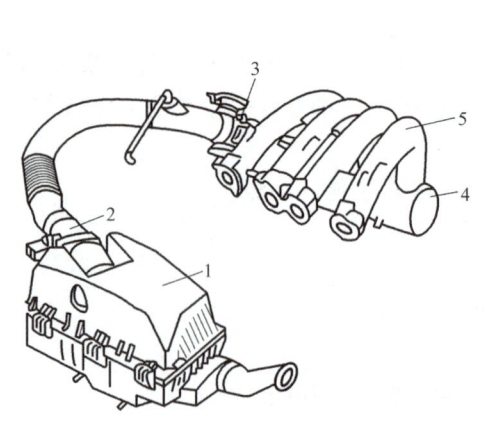

图3-6　L型空气供给系统的组成
1—空气滤清器　2—空气流量传感器　3—节气门体
4—进气总管　5—进气歧管

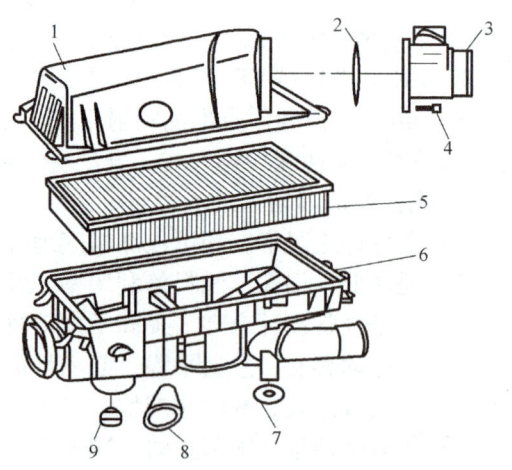

图3-7　空气滤清器的组成
1—空气滤清器盖　2—O形环　3—空气流量传感器
4—螺栓　5—滤芯　6—壳体　7—橡胶垫片
8—固定环　9—减振挡块

空气滤清器常用的种类有油浴式、纸滤芯式、离心式或复合式等形式。

当空气滤清器使用一定时间后，滤芯会变脏，进气阻力也会随之增大。当空气滤清器的进气阻力增大到一定程度时，发动机将因得不到足够多的空气供应，导致不易起动、怠速不稳等症状。一般汽车的空气滤清器需在行驶 15000km 左右要换一次，在行驶 5000km 左右进行清洁。

（2）进气管　进气管包括进气总管和进气歧管。为了提高各缸的进气效率，消除进气脉动，在制造时，喷射方式不同，进气管的结构不同。

单点式燃油喷射系统发动机采用中央喷射方式，进气管形状如图 3-8a 所示。

多点式燃油喷射系统发动机的进气总管的形状、容积需要专门设计，每个气缸有单独的进气歧管。进气总管的容积大，使各缸进气均匀，充气效率高。而进气歧管的形状过渡比较圆滑。进气总管与进气歧管可制成整体形式，如图 3-8b 所示；也可制成分体形式，然后再由螺栓联接，如图 3-8c 所示。

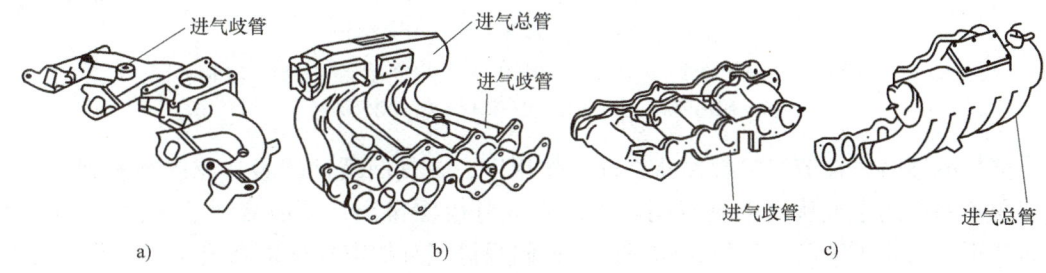

图 3-8　进气管
a）单点式燃油喷射系统发动机进气管　b）多点式燃油喷射系统发动机整体型进气管
c）多点式燃油喷射系统发动机分体型进气管

（3）节气门体　在进气系统中，节气门体是控制电控发动机进气量的一种装置，是影响发动机怠速性能及发动机动力性能的一个重要部件。

节气门体位于进气管道中，安装在进气总管与空气滤清器（或空气流量传感器）之间，其故障率很高。

节气门体可以分为单点式燃油喷射系统和多点式燃油喷射系统两种。单点式燃油喷射系统节气门体比多点式燃油喷射系统节气门体结构复杂，现已淘汰。

多点式燃油喷射系统节气门体分为机械式节气门体、怠速自动式节气门体（半机械式节气门体、节气门直动式）和全自动式节气门体（电子节气门体）三种。

1）机械式节气门体。

① 机械式节气门体的组成。机械式节气门体主要由壳体、节气门、旁通空气道、怠速调整螺钉、节气门缓冲器、空气阀和节气门位置传感器等组成，如图 3-9 所示。节气门位置传感器和怠速控制阀属于电控系统的元件，旁通空气道为怠速供气通道，怠速调整螺钉可以用来改变进气量，适应多种怠速工况。为避免冬季空气中的水分在节气门体上结冰，有些节气门体上设有供发动机冷却液流经的管路。

图 3-9　节气门体

节气门缓冲器（图3-10）安装于节气门体上，用于防止汽车突然减速时，对发动机造成的不良冲击及熄火现象的发生。

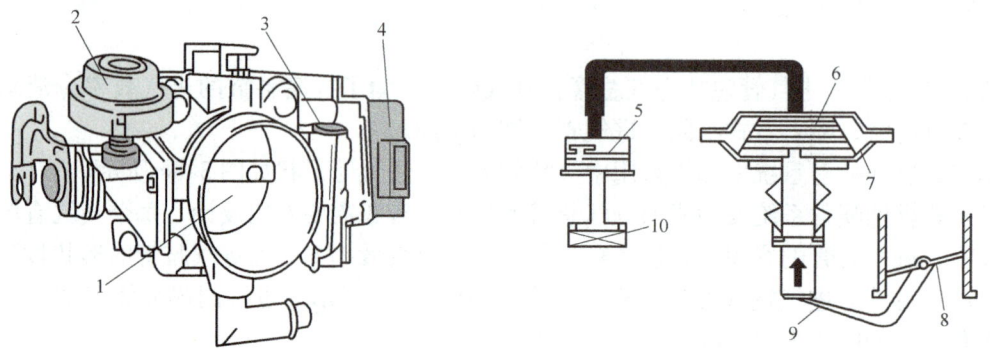

图3-10 节气门缓冲器安装位置及原理

1、8—节气门 2—缓冲器 3—怠速调节螺钉 4—节气门位置传感器 5—阻尼孔
6—阻尼弹簧 7—膜片 9—杠杆 10—空气滤网

当突然减速时，在节气门缓冲器杠杆的作用下，节气门缓冲器膜片克服弹簧弹力上移，同时使膜片室内的空气从真空延迟阀的阻尼孔向外缓缓排出，从而减缓节气门关闭时的速度。这样不仅防止了节气门突然关闭时，造成的吸进气缸的空气量急剧减少，引发发动机输出功率突然下降，导致对车体的不良冲击，甚至熄火，同时还减少了空气污染。

空气阀的功用是在发动机低温起动以及暖机过程，提供附加空气供给量，使发动机快怠速运转，加速起动及暖机。根据发动机的温度，自动改变怠速旁通空气道横截面面积，调节进气量，使发动机转入稳定的怠速运转。空气阀有双金属片型和石蜡型两种，安装在节气门体上。

双金属片型空气阀主要由双金属片和加热线圈等组成。工作时，靠通电的加热线圈给双金属片加热变形，关闭所控制的通道，如图3-11所示。

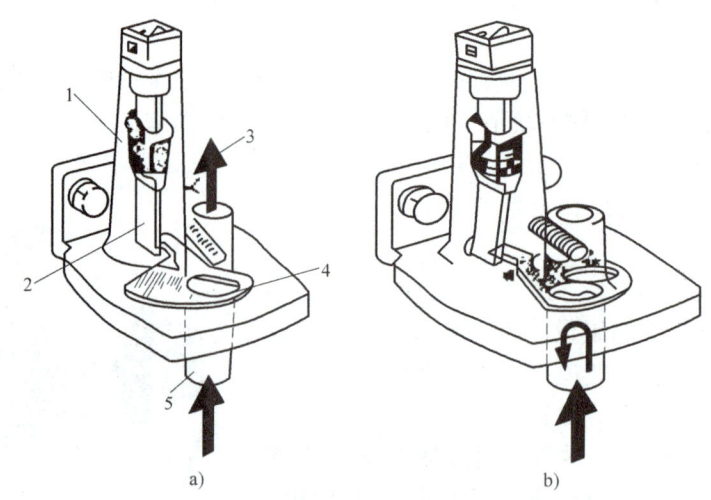

图3-11 双金属片型空气阀的结构及工作原理

a) 发动机低温时 b) 发动机高温时

1—加热线圈 2—双金属片 3—接空气进气室 4—阀门 5—来自节气门体

石蜡型空气阀主要由浸于冷却液中的石蜡感温体和弹簧等组成。石蜡型空气阀利用石蜡在固态时体积小，液态时体积大的特点，通过冷却液温度进行控制。发动机冷态下，石蜡体积小，在弹簧的作用下，空气阀保持常开状态；随着发动机温度的升高，石蜡随冷却液温度的升高而膨胀，空气阀阀门开度逐渐减小，使发动机转速降至急速转速，高温时（85℃左右），空气阀阀门关闭。

急速控制阀由 ECU 控制，在发动机刚起动或在急速工况下用电负荷增加时，使急速控制阀阀门开启，增加进气量，以提高急速工况下的转速。

图 3-12 所示为带有步进电动机的急速控制阀的节气门体结构。

② 机械式节气门体的工作过程。在一般情况下，节气门体的进气通道共三条，主进气道的进气量由节气门控制，另两条进气道是旁通进气道，一条旁通进气道的进气量由急速调整螺钉调整，以适应多种急速工况；另一条旁通进气道的进气量由空气阀或急速控制阀调整。

机械式节气门体的节气门开度与急速控制阀之间、节气门位置传感器与急速控制阀是相对独立的。

机械式节气门体当发动机正常运转（中等负荷运转）时，驾驶人通过加速踏板，经节气门拉索控制节气门开度，改变进气通道截面面积的大小，控制发动机正常工作下的进气量，从而实现对发动机转速和负荷的控制。

当发动机急速运转时，节气门关闭，空气由旁通进气道进入进气总管。急速空气流量通过急速调整螺钉和空气阀或急速控制阀调整，从而实现对急速转速的控制。其中，调整螺钉由人工调节，急速控制阀由 ECU 控制。有的节气门体同时具有空气阀及急速电动机。

2）急速自动式节气门体。急速自动式节气门体的特点是将急速控制功能和节气门位置传感器组合为一体，由 ECU 控制一急速直流电动机，控制节气门在急速时的开度变化。图 3-13 所示为桑塔纳 AJR 发动机、捷达 5 气门发动机所用的急速自动式节气门体。

3）全自动式节气门体。图 3-14 所示为全自动式节气门体，即电子节气门体。

电子节气门体取消了节气门拉索、旁通空气

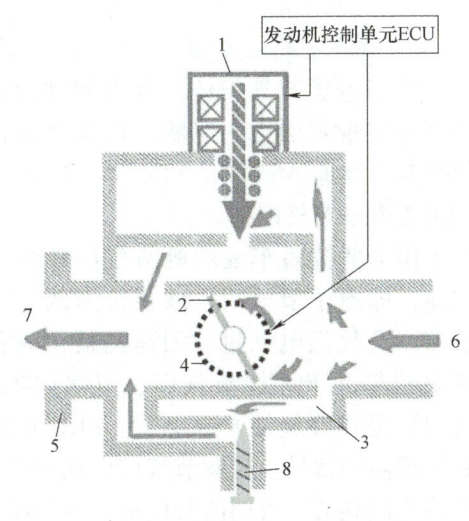

图 3-12 带有步进电动机的急速控制阀的节气门体结构

1—步进电动机急速控制阀　2—节气门　3—急速旁通进气道　4—节气门位置传感器　5—节气门体壳体　6—来自空气滤清器　7—至进气总管　8—急速调整螺钉

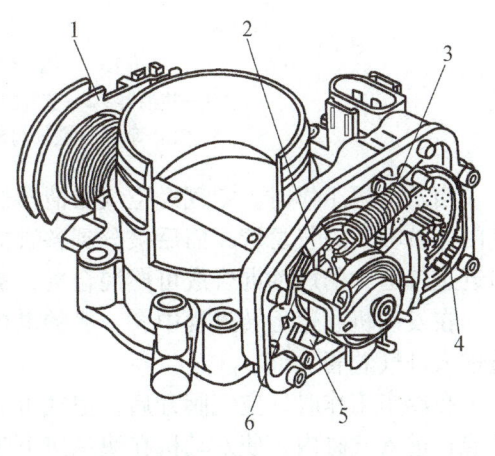

图 3-13 桑塔纳 AJR 发动机、捷达 5 气门发动机所用的急速自动式节气门体

1—拉紧轮　2—节气门定位电位计　3—应急弹簧　4—节气门电动机　5—节气门电位计　6—急速开关

道、急速控制阀等，其节气门的开度由发动机 ECU 根据加速踏板位置传感器的信号驱动节气门电动机控制。使用电子节气门体，可以使加速灵敏，控制更精确；实现牵引力、巡航、自动变速器换档防冲击等控制。奥迪 A6 2.8L ATX 型、2.4L APS 型发动机均采用电子节气门体。

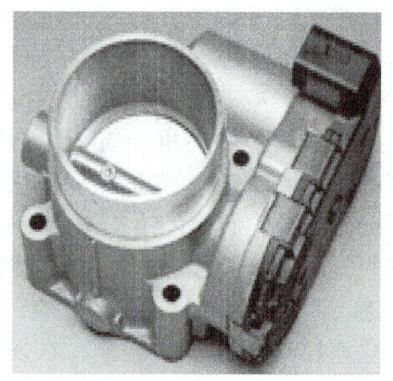

图 3-14　全自动式节气门体

丰田卡罗拉轿车发动机节气门体为全自动式节气门体，即电子节气门。该系统由两个节气门位置传感器、节气门电动机、加速踏板位置传感器、发动机电控单元 ECU、节气门、节气门控制电动机、节气门复位弹簧及外壳等组成。ECU 根据加速踏板位置传感器的信号，控制节气门电动机的工作，来控制节气门的开度，同时，节气门位置传感器将检测到的节气门的开度信号反馈给 ECU。

3. 空气供给系统的工作过程

汽油机 EFI 的空气供给系统一般有 L 型和 D 型两种类型。以 L 型 EFI 空气供给系统为例，图 3-15 所示为 L 型 EFI 空气供给系统的剖视图。

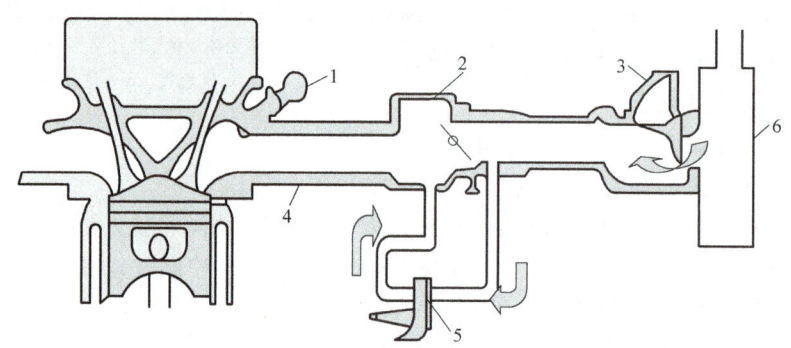

图 3-15　L 型 EFI 空气供给系统的剖视图

1—喷油器　2—节气门体　3—空气流量传感器　4—进气总管　5—空气阀或急速控制阀　6—空气滤清器

当发动机工作时，空气经空气滤清器过滤后，经空气流量传感器测量出进气量，通过节气门体被吸入进气总管，而后被分到各缸的进气歧管。当进气门打开时，空气与喷入进气门附近进气道中的燃油混合成可燃混合气，被吸入气缸内进行燃烧。

在发动机怠速运转过程中，一般的电控发动机节气门关闭，空气经节气门体的旁通进气道进入进气总管。

在冷车工作时，空气阀开启，空气可通过空气阀进入进气总管，再与喷入进气歧管的燃油混合进入气缸内，使发动机在快怠速下暖机。同时，急速控制阀也在 ECU 的控制下工作，与空气阀共同作用，加速暖机的速度。

当发动机怠速运转时，如果用电负荷突然增加，为防止发动机运转不稳，ECU 控制急速控制阀，使急速控制阀工作，以提高发动机的转速。

当汽车行驶时，由驾驶人通过操纵加速踏板来控制节气门的开度，从而控制进入发动机的进气量，控制发动机的输出功率。

对于 EFI-D 型空气供给系统，是利用进气歧管绝对压力传感器检测进气的绝对压力，进而计算出进气量。

4. 空气流经路线

L 型 EFI 的空气供给系统利用空气流量传感器检测进入发动机的空气量，如图 3-16 所示。

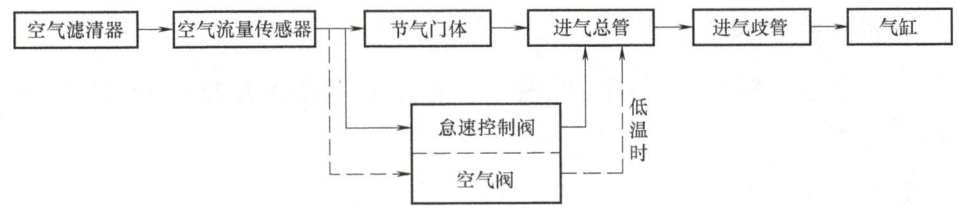

图 3-16　L 型 EFI 的空气供给系统的方框图

D 型 EFI 的空气供给系统利用进气歧管绝对压力传感器检测进入发动机的空气量，如图 3-17 所示。

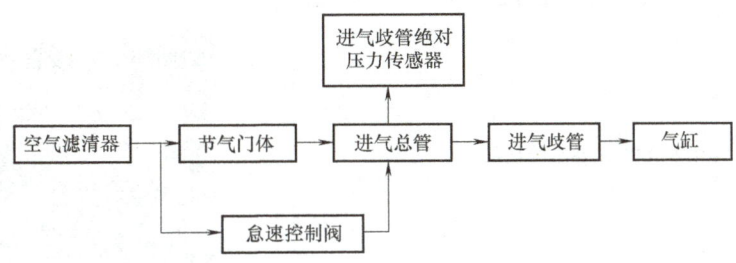

图 3-17　D 型 EFI 的空气供给系统的方框图

5. 进气系统的维护

进气系统维护得好坏，直接影响着发动机的工作状况。维护得不好，会导致发动机怠速不稳、加速不良，且增加油耗及排放污染。

1）要保持空气滤清器的清洁，可用压缩空气吹净，定期更换空气滤清器滤芯。

2）要注意检查图 3-18 所示的各部分连接处是否漏气，检查各部位应连接可靠，密封垫应完好无损。如有损坏或密封不良，应予更换。检查进、排气歧管与气缸盖接合平面的平面度。

3）要定期清洗节气门体。节气

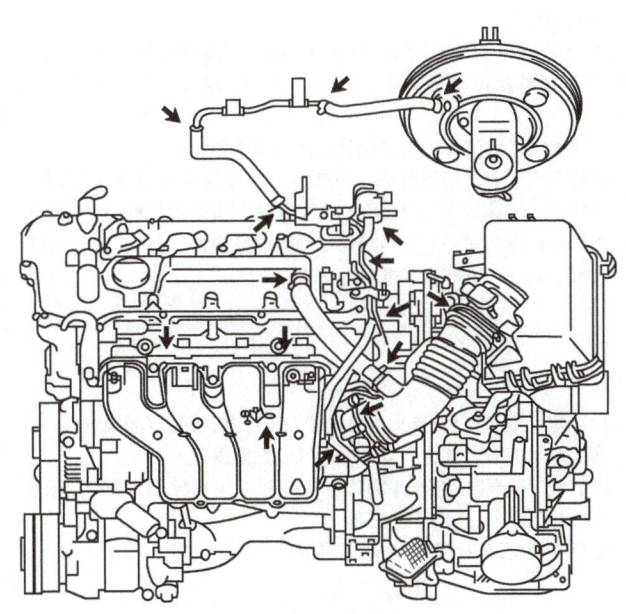

图 3-18　进气系统密封性检查

门体的清洗主要是指腔体内外油污、积炭的清洗,以保证进气顺畅,机械装置转动灵活,避免迟滞、卡滞现象,防止早期磨损及损坏。

在维修时应检查节气门体内是否有积垢或结胶,必要时用化油器清洗剂进行清洗,同时清除进气道内的污物。

任务实施

一、实训准备(设备、教具、工量具、耗材)

举升机、卡罗拉型轿车、工具车和零件车、常用与专用拆装维修工具和量具、胶带、发动机冷却液等材料。

二、实施步骤

空气供给系统的检测及故障排除见表3-1。

表3-1 空气供给系统的检测及故障排除

步骤	图示
1)故障症状验证。起动发动机,观察故障现象	
2)初步检查 ①检查节气门是否卡阻。当发动机怠速运转时,扳动节气门摇臂,发动机怠速转速无变化,说明节气门无卡滞,节气门拉索也无卡滞 ②检查空气滤清器进气导流管及滤芯有无脏污 ③就车检查节气门体总成。检查节气门控制电动机在工作时有无摩擦声。点火开关置于 ON 位置,当踩下加速踏板时,倾听电动机的工作声音。如果节气门控制电动机有摩擦声,需更换节气门体 注意:无负荷怠速时,节气门开度大于6°	
3)变速杆置于空档,点火开关置于 ON 位置,接通智能检测仪确认发动机额定怠速下运转时节气门的开度 当节气门全开时,检查并确认节气门开度应在标准范围内,标准节气门开度百分比:60%或更高 注意:如果百分比低于60%,应更换节气门体	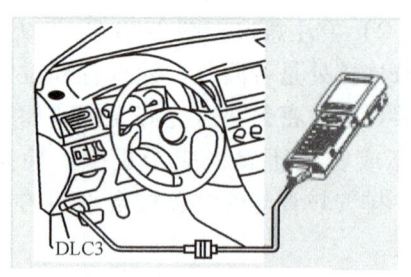

（续）

步　骤	图　示
4）关闭点火开关，拆下蓄电池负极搭铁线。放掉发动机冷却液	
5）拆卸2号气缸盖罩，断开空气流量传感器插接器，断开箍带；拆下通风软管	
6）拆卸空气滤清器盖分总成	
7）断开节气门插接器和节气门两根水软管等	

（续）

步　骤	图　示
8）检查节气门体。在20℃时，M＋～M－之间的标准阻值在0.3～100Ω范围内。如不符合，则需更换节气门体	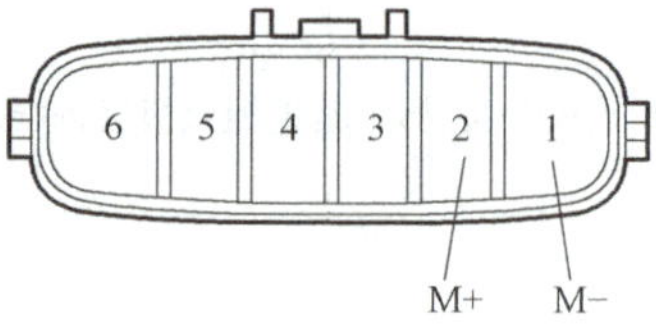
9）拆下节气门体	
10）检查节气门体旁通进气管路是否堵塞，检查节气门室气路是否卡滞	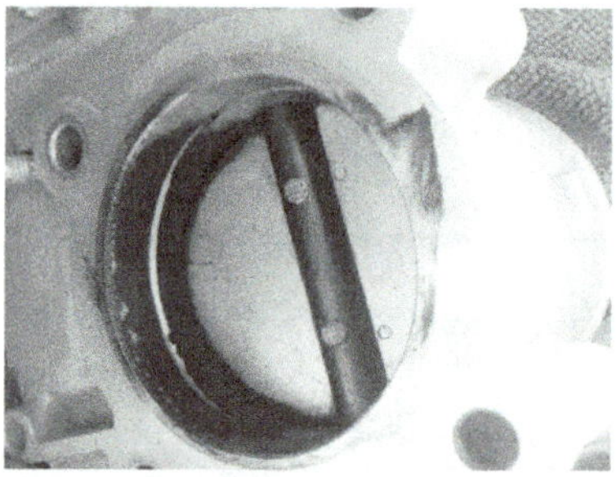
11）清洗或更换。用右图所示的节气门清洁剂清洗并擦拭干净。同时，应清洁空气滤清器的滤芯	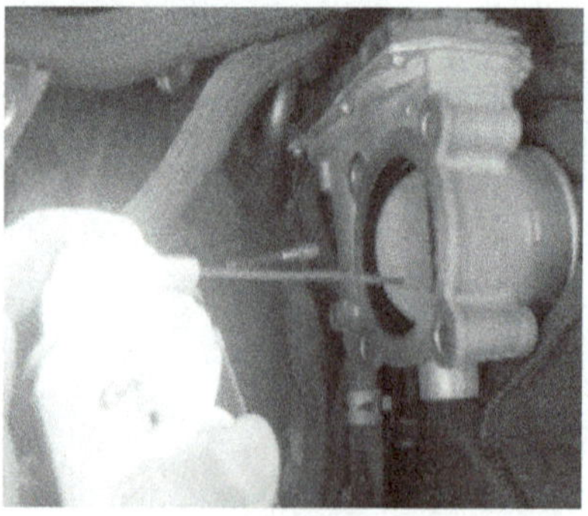

(续)

步骤	图示
12）进行 ECU 初始化,把节气门复位。安装复位,添加发动机冷却液,检查冷却液是否泄漏。接好蓄电池的负极搭铁线。拔下两个熔丝,1~2min 后装上	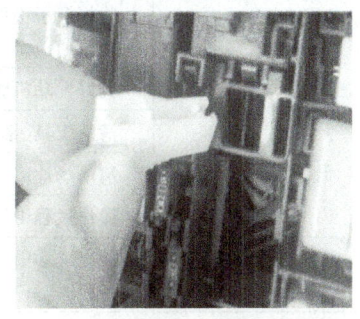 
13）整理清洁参见表 0-1	

检测评价

空气供给系统的检测及故障排除任务评价见表 3-2。

表 3-2 空气供给系统的检测及故障排除任务评价

序号	实操活动	步骤	评分细则	分值	得分
1	准备工作	准备车轮挡块、翼子板护垫、车内四件套。全面检查车体、轮胎、玻璃有无损伤,做好检查记录	动作不规范,操作失误一次扣1分	4	
		放车轮挡块,安装尾排管		2	
		打开左前车门,安装好车内四件套		2	
		打开发动机舱盖安装翼子板护垫		2	
2	空气供给系统的检测及故障排除	初步检查	连接错误扣2分,不能正确读取故障码扣2分　未清码扣2分,万用表使用不当扣2分,未正确操作扣2分	5	
		连接汽车故障诊断仪		5	
		选择相关车辆信息,读取故障码		5	
		按照故障码提示的范围,排除故障		10	
		拆卸2号气缸盖罩,断开空气流量传感器插接器,断开箍带;拆下通风软管		15	
		拆卸空气滤清器盖分总成		10	
		检查节气门体		10	
		清除故障码,试车		5	
		断开故障诊断仪,收拾好仪器		5	

(续)

序号	实操活动	步骤	评分细则	分值	得分
3	安全文明生产	收好翼子板护垫、车内四件套、车轮挡块、尾排管	清洁不及时不得分 操作中设备损伤每次扣2分;操作中受伤每次扣1分;工具、零件落地每次扣1分	3	
		关好发动机舱盖、车门		2	
		清洁工具、量具		2	
		清洁场地		1	
		操作过程中注意安全		2	
4	操作时间	时间	操作时间为30min,每超过1min扣1分	10	
		合　计		100	

说明:每项分值扣完为止

教师评价

指导教师_____
____年____月____日

任务二　燃油压力调节器的检测及故障排除

任务目标

知识目标	1)掌握汽油机燃油供给系统的组成及功用 2)理解并掌握燃油压力调节器的作用、组成及工作原理
技能目标	1)掌握检修燃油压力调节器的技能 2)学会查询资料及使用汽车维修手册的方法 3)学习规范的操作要领,提高安全意识

任务描述

一辆丰田卡罗拉轿车,当发动机冷机时,能顺利起动。但是,热机熄火停放一会儿以后,起动困难,必须连续多次起动发动机,发动机才能着火。

维修人员经确认为发动机热起动困难。查阅资料分析得知,发动机热起动困难的主要原因是混合气过浓。经排查点火电路、燃油泵控制电路、燃油泵、喷油器无故障,可疑故障部位为燃油管路及燃油压力调节器。拆下燃油压力调节器后,发现燃油压力调节器的真空膜片有裂缝。换装一只新的燃油压力调节器,清洗喷油器后,故障排除。

知识储备

燃油供给系统的功能主要是存储、输送清洁燃油,根据发动机的工况,适时地将适量的、具有稳定压力的燃油喷射进气缸。

燃油供给系统由燃油箱、电动燃油泵、燃油滤清器、燃油压力调节器、脉动阻尼器、燃

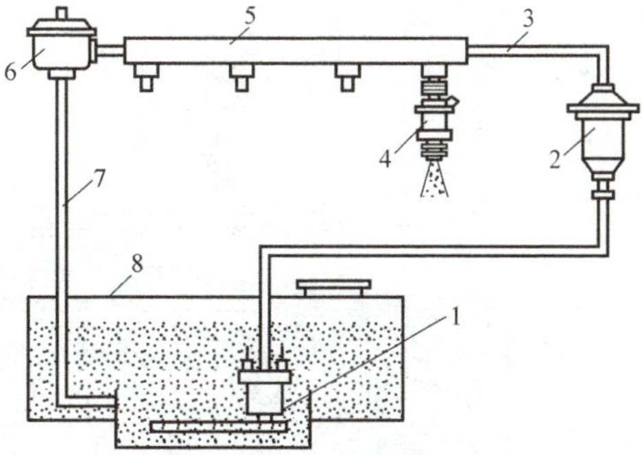

油分配总管、喷油器、输油管（进油管）及回油管等组成，如图3-19所示。

在燃油供给系统中，电动燃油泵将燃油从燃油箱中吸出并加压至350kPa左右，经燃油滤清器过滤杂质后，被送到了发动机燃油分配总管。喷油器安装在燃油分配总管上，且始终与燃油分配总管相通。

喷油器是受ECU控制的电磁阀，其喷口安装在气缸进气门附近的进气歧管上，在进气行程的某一时刻，喷油器根据ECU的指令，将适量的雾状燃油喷入进气歧管，与空气混合。同时，被吸入气缸。多余的燃油从燃油压力调节器经回油管流回燃油箱。燃油压力调节器用于调节燃油分配总管中燃油的压力。

图3-19 燃油供给系统示意图
1—电动燃油泵 2—燃油滤清器 3—进油管 4—喷油器 5—燃油分配总管 6—燃油压力调节器 7—回油管 8—燃油箱

燃油供给系统方框图如图3-20所示。

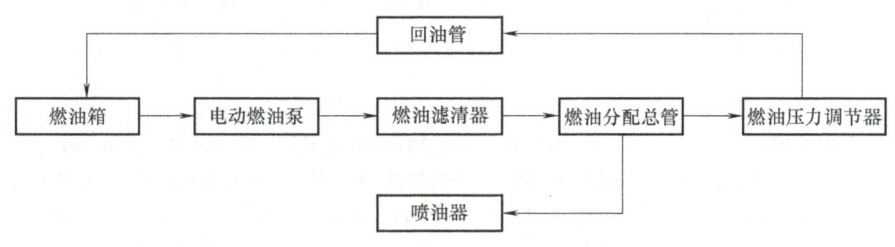

图3-20 燃油供给系统方框图

图3-21所示为发动机室燃油供给系统部件的安装位置。

一、燃油压力调节器

1. 燃油压力调节器的作用

燃油压力调节器使燃油总管中的燃油压力随进气歧管内气体压力的变化而变化，且使其与进气歧管内气体压力的差值保持在250～300kPa，以便ECU可以精确地控制喷油器的喷油量。

2. 燃油压力调节器的安装

多点式燃油喷射系统的燃油压力调节器一般安装在燃油分配器的一端，如图3-22所示。有的现代汽车多点式燃油喷射系统的燃油压力调节器直接安装在油箱中的电动燃油泵上，节省了燃油压力调节器的回油管，避免了发动机工作时回油温度过高。

3. 燃油压力调节器的组成

燃油压力调节器主要由外壳、阀片、膜片和膜片弹簧等组成。膜片将燃油压力调节器分成真空室和燃油室两个腔体，真空室内有弹簧及真空管。燃油室内有进油管及回油管，回油阀与膜片固连，随膜片上下移动，如图3-23所示。

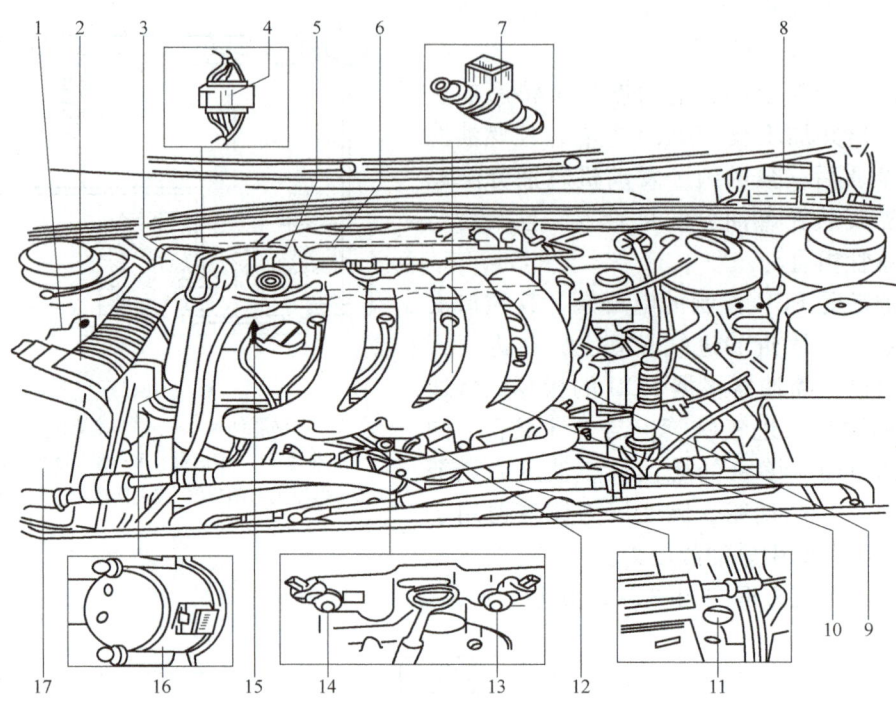

图 3-21 发动机室燃油供给系统部件的安装位置

1—活性炭罐电磁阀 2—空气流量传感器 3—曲轴箱通风连接管 4—氧传感器四孔插头连接
5—节气门控制单元 6—进气温度传感器 7—喷油器 8—多点燃油喷射及点火装置控制单元
9—冷却液温度传感器 10—燃油压力调节器 11—发动机转速传感器 12—点火线圈
13、14—爆燃传感器 15—火花塞 16—霍尔传感器 17—活性炭罐

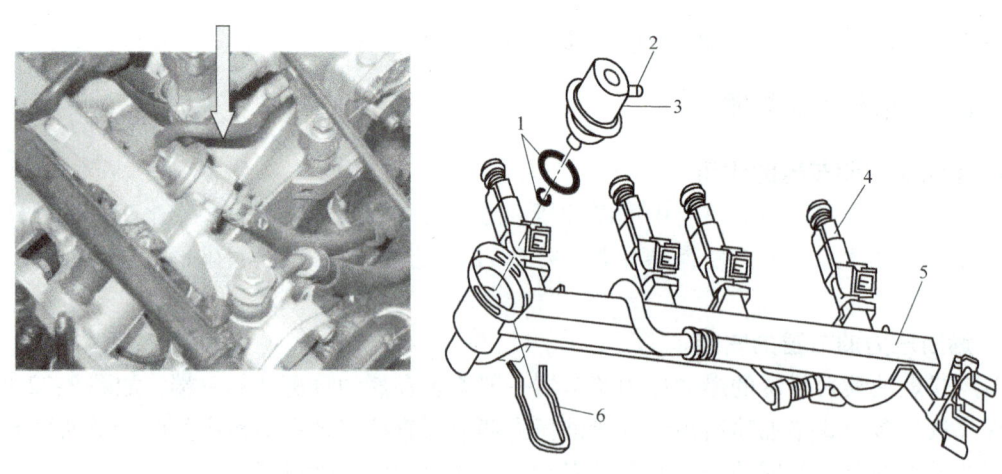

图 3-22 燃油压力调节器的安装位置

1—O形阀 2—与进气歧管相连 3—燃油压力调节器 4—喷油器 5—燃油分配总管 6—卡簧

4. 燃油压力调节器的工作原理

在相同的时间内,如果燃油压力与进气歧管内气体压力的差值不同,喷油器的喷油量就

项目三　汽油机燃料供给控制系统的检修

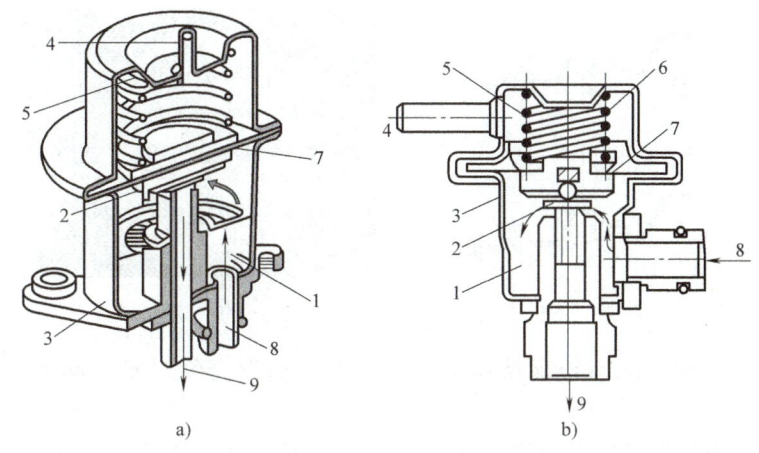

图 3-23　燃油压力调节器的两种结构
a) 下面进油式　b) 侧面进油式
1—燃油室　2—阀片　3—外壳　4—至进气歧管　5、6—弹簧　7—膜片　8—来自进油管　9—至燃油箱

会不同，从而使发动机输出的功率不同。

在发动机工作时，燃油泵输入输油管内的一些燃油被喷油器喷入进气歧管，还有一些燃油从燃油压力调节器中的回油阀处流回油箱，则输油管内燃油的压力高低与回油阀的开度大小有关，如图 3-24 所示。

工作时，燃油压力调节器膜片上方承受的压力是弹簧的压力与进气歧管内气体的压力之和，膜片下方承受的压力为燃油压力。

当膜片所受的压力平衡时，膜片静止不动。当进气歧管内气体压力低时，膜片向上移动，回油阀开度增大，回油量增多，使输油管内燃油压力也下降。如急速时，节气门关闭，燃油压力调节器的真空室中真空度大，膜片上移，使回油口打开，燃油压力下降。

反之，当进气歧管内气体压力增高时，回油量减少，燃油的压力也升高。如节气门全开时，燃油压力调节器的真空室中真空度小，膜片下移，回油口关闭，燃油压力升高。

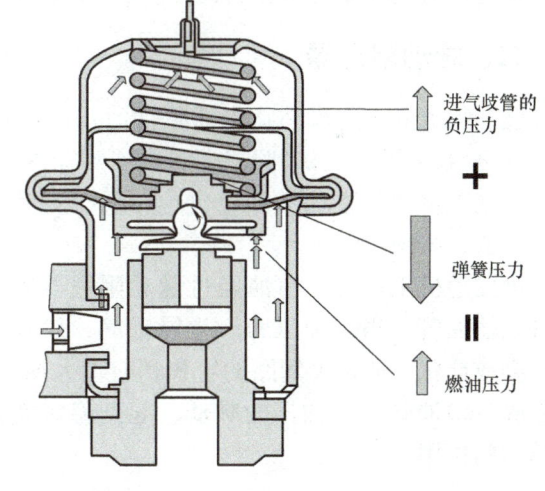

图 3-24　燃油压力调节器的工作原理

当燃油压力调节器的真空室的真空度变化时，输油管中的燃油压力也随之变化，如图 3-25 所示。燃油压力调节器是使燃油管中的燃油压力与进气歧管内气体压力的差值保持稳定的装置，且使其与进气歧管内气体压力的差值保持在 250~300kPa。发动机控制单元 ECU 只需控制喷油器的喷油时间，即可控制喷油量。

当燃油压力调节器的膜片弹簧过劳，弹簧压力不足时，将会使回油过多，会造成燃油分

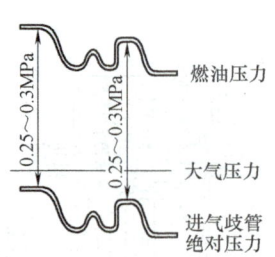

图 3-25 燃油压力随进气歧管气压的变化

配总管中油压过低,即燃油系统保持压力不足,发动机混合气过稀,起动无力,加速动力不足。

如果燃油压力调节器的膜片破裂,将会导致燃油通过真空软管进入进气歧管,使混合气过浓;若真空软管破裂,连接部位漏气,回油管堵塞或回油不畅,将会使燃油压力调节器的回油量失调,燃油压力过高,发动机的怠速过高,混合气过浓,油耗大,当发动机起动时,火花塞积炭严重,使发动机排放超标。

根据燃油喷射压力不同,电控燃油喷射系统又可以分为高压燃油喷射系统和低压燃油喷射系统两种。

高压燃油喷射中燃油喷射压力与喷射环境压力的压差在 200kPa 以上,低压燃油喷射中燃油喷射压力与喷射环境压力的压差在 200kPa 以下。

二、脉动阻尼器

脉动阻尼器用来减小喷油器喷油时油路中所产生的微小油压波动,使系统压力保持稳定,并可减小噪声。脉动阻尼器一般安装在供油管路上。

脉动阻尼器主要由膜片、复位弹簧、阀片和外壳等组成,如图 3-26 所示。

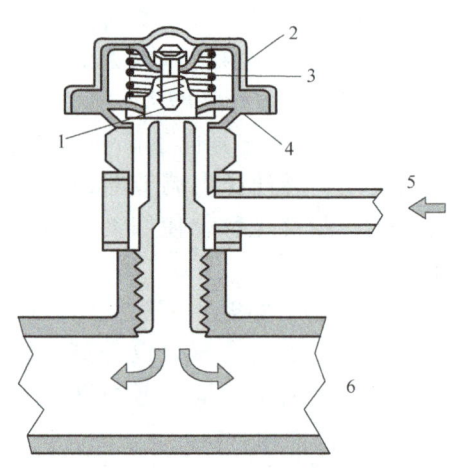

当发动机工作时,燃油经过脉动阻尼器膜片下方进入输油管,当燃油压力产生脉动时,膜片弹簧被压缩或伸张,使输油管路的容积稍有增大或减小,从而吸收输油管路中油压的脉动,起到稳定燃油系统压力的作用。

三、燃油滤清器

1. 燃油滤清器的功用

燃油滤清器是用来滤除燃油中的氧化铁、粉尘等固体杂质和水分,防止燃油系统堵塞(特别是喷油器),减少机械部件(如燃油泵、喷油器、缸套和活塞环等)磨损,提高发动机稳定运行的可靠性。

图 3-26 脉动阻尼器的结构
1—阀 2—外壳 3—弹簧 4—膜片
5—来自燃油泵 6—输油管路

电控燃油喷射系统的燃油滤清器耐压强度一般要求达到 500kPa 以上,因此不能与化油器车的燃油滤清器通用。

2. 燃油滤清器的安装位置

电控燃油喷射系统的燃油滤清器一般安装在燃油泵出口之后的燃油供油管路中，也可以安装在燃油泵的出口处，与燃油泵安装于一体。安装时应注意燃油滤清器外壳上代表燃油流动方向的箭头，不能装反。图3-27所示为燃油滤清器固装在汽车底盘上，两端与油管相连。

3. 燃油滤清器的类型及组成

（1）燃油滤清器的类型　燃油滤清器分为可拆式燃油滤清器和不可拆式燃油滤清器两种。

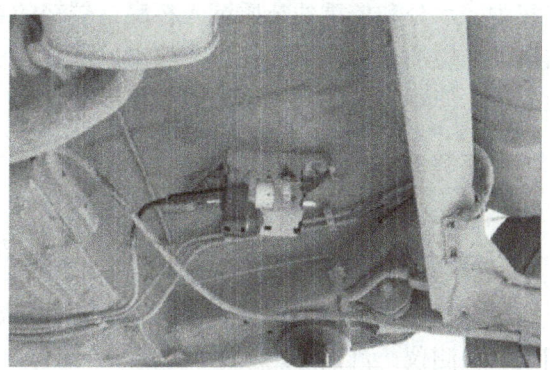

图3-27　燃油滤清器的安装位置

图3-28和图3-29所示为可拆式燃油滤清器和不可拆式燃油滤清器的剖视图。

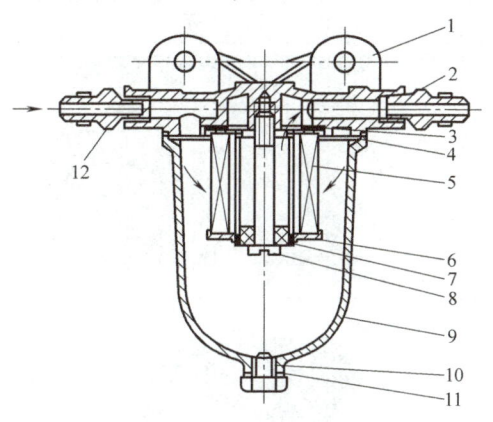

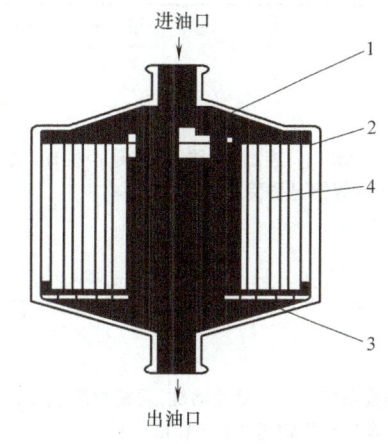

图3-28　可拆式燃油滤清器

1—滤清器盖　2—出油管接头　3—密封圈
4—沉淀杯密封圈　5—滤芯　6—滤芯密封垫
7—平垫圈　8—滤芯螺栓　9—沉淀杯
10—放油螺栓　11—密封垫　12—进油管接头

图3-29　不可拆式燃油滤清器

1—进油管接头　2—油塞　3—滤网　4—壳体

（2）燃油滤清器的组成及原理　燃油滤清器均由壳体和滤芯等组成。不可拆式燃油滤清器的构造，主要由油塞、纸质滤芯、滤网及滤清器壳体组成。此类滤清器，在使用中不可拆卸，使用一定时间后应整体更换。可拆式燃油滤清器主要由滤清器盖、沉淀杯、纸滤芯等组成。

目前，燃油滤清器都普遍采用微孔纸质滤芯，经酚醛树脂处理，制成折叠筒式，具有通过性能好、滤清效率高、结构简单、成本低、维护容易等优点。

现在，大多数发动机上装的都是一次性不可拆式的纸质滤芯燃油滤清器，更换周期一般为10000km。

当发动机工作时，燃油箱中被燃油泵吸出的燃油，经过燃油滤清器的进油管接头进入沉淀杯中,水分和较重的杂质沉入杯底,较轻的杂质随燃油流向滤芯外腔,经滤芯滤清后的清洁燃油从燃油滤清器出油管接头流出。沉淀杯中的水分和杂质,可通过滤清器底部的放油螺栓放出,使用一定时间应清洗或更换滤芯。

 任务实施

一、实训准备(设备、教具、工量具、耗材)

举升机、卡罗拉型轿车、工具车和零件车、常用与专用拆装维修工具和量具、胶带、万用表、检测仪、汽油等。

二、实施步骤

燃油压力调节器检测及故障排除见表3-3。

表3-3 燃油压力调节器检测及故障排除

步 骤	图 示
1)检查油、水、电、液面,线路、管路是否松动、脱落,燃油有无泄漏,仪表指示等情况是否良好	
2)故障症状验证。起动发动机,观察故障现象,同时注意观察故障指示灯及发动机转速表的工作情况显示	
3)用智能检测仪检测,确定故障存在的可能部位	
4)测量蓄电池电压。将点火开关置于OFF位置,用数字式万用表测量蓄电池电压,蓄电池电压应在11~14V	

(续)

步　　骤	图　　示
5）将燃油系统卸压。断开蓄电池的负极电缆	
6）拔下电动燃油泵总成的插接器或燃油泵继电器插头	
7）连接蓄电池负极电缆。起动发动机，怠速运转，至发动机自然熄火。再次起动发动机2～3次，确认发动机不能起动。关闭点火开关，连接电动燃油泵总成插接器或燃油泵继电器插头	
8）连接燃油压力表。从燃油分配总管上断开燃油软管，用专用工具按右图所示连接燃油压力表及其附件，擦掉流出的燃油。再连接蓄电池负极电缆	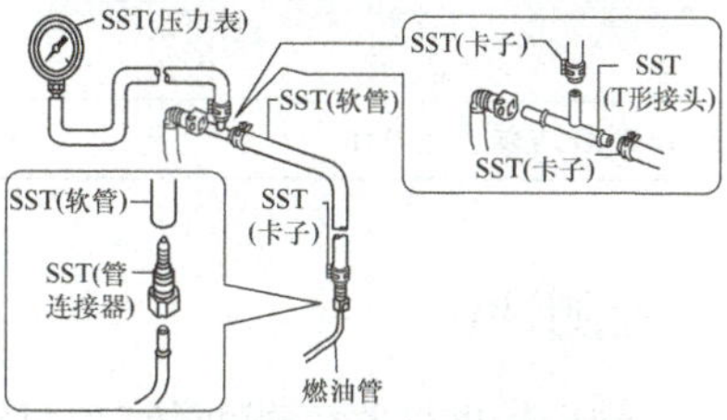
9）起动发动机，怠速运转，燃油压力应为250～300kPa	

(续)

步骤	图示
10）当节气门开度增大时，燃油分配总管中油压应增大，否则燃油压力调节器有故障	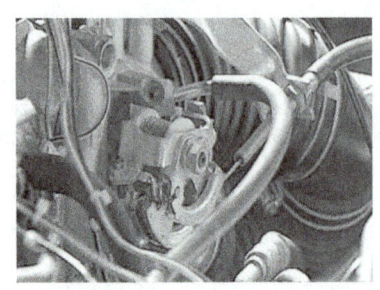
11）拔下燃油压力调节器的真空软管，燃油压力应在304～343kPa。如果燃油压力过高，需更换燃油压力调节器；如果燃油压力过低，需先检查燃油泵是否工作，再检查供油管是否堵塞，检查燃油滤清器和燃油压力调节器。重新将真空软管与燃油压力调节器相连接。燃油压力应在250～300kPa。如果燃油压力不下降，应更换燃油压力调节器	
12）保持压力检测。当发动机熄火5min后，燃油的保持压力应为147kPa或更高。如果燃油保持压力不符合规定，则检查燃油泵的单向阀或喷油器是否漏油。断开蓄电池负极搭铁线，拆下燃油压力表，使系统复原 注意：不要使燃油飞溅出来	
13）整理清洁参见表0-1。	

检测评价

燃油压力调节器检测及故障排除任务评价见表3-4。

表3-4　燃油压力调节器检测及故障排除任务评价

序号	实操活动	步骤	评分细则	分值	得分
1	准备工作	准备车轮挡块、翼子板护垫、车内四件套。全面检查车体、轮胎、玻璃有无损伤，做好检查记录	动作不规范，操作失误一次扣1分	4	
		放车轮挡块，安装尾排管		2	
		打开左前车门，安装好车内四件套		2	
		打开发动机舱盖安装翼子板护垫		2	

（续）

序号	实操活动	步骤	评分细则	分值	得分
2	燃油压力调节器检测及故障排除	初步检查	连接错误扣2分,不能正确读取故障码扣2分 未清码扣2分,万用表使用不当扣2分,未正确操作扣2分	5	
		连接汽车故障诊断仪		5	
		选择相关车辆信息,读取故障码		5	
		测量蓄电池电压,将燃油系统卸压		10	
		连接燃油压力表测系统油压		15	
		保持压力检测		10	
				10	
		清除故障码,试车		5	
		断开故障诊断仪,收拾好仪器		5	
3	安全文明生产	收好翼子板护垫、车内四件套、车轮挡块、尾排管	清洁不及时不得分 操作中设备损伤每次扣2分;操作中受伤每次扣1分;工具、零件落地每次扣1分	3	
		关好发动机舱盖、车门		2	
		清洁工具、量具		2	
		清洁场地		1	
		操作过程中注意安全		2	
4	操作时间	时间	操作时间为30min,每超过1min扣1分	10	
		合　　计		100	

说明:每项分值扣完为止

教师评价

指导教师_____
____年___月__日

任务三　电动燃油泵及其控制电路的检测及故障排除

任务目标

知识目标	1)掌握电动燃油泵的结构、工作原理及其控制电路的控制原理 2)掌握电动燃油泵及其控制电路的检测方法
技能目标	1)掌握相关仪表及检测仪器的正确使用 2)学会查阅维修手册及相关资料、分析电路及检修电路的思路

任务描述

一辆丰田卡罗拉1.6L轿车,行驶中出现突然熄火后、不能再起动的故障,需要送修检查。维修人员经排查,点火系统元部件没有损坏,查资料确认此故障车出现的情况为电动燃油泵不工作造成的,原因有燃油箱无油或电动燃油泵损坏,EFI主继电器、电动燃油泵继电器或 ECU 出现故障，线路电插头松动、接触不良、熔丝熔断。

本案例故障车为电动燃油泵损坏。用导线直接给电动燃油泵供电时，电动燃油泵不工作，说明电动燃油泵损坏。更换电动燃油泵，故障排除。

知识储备

一、电动燃油泵

1. 电动燃油泵的作用

电动燃油泵在发动机运转时，给电控燃油喷射系统提供具有一定压力的、足够流量的燃油。电控燃油喷射系统燃油压力一般高于进气歧管压力 0.2～0.3MPa。电动燃油泵的最高输出油压为 450～600kPa，比发动机最大耗油量大得多，多余的燃油从回油管返回燃油箱。

2. 电动燃油泵的类型

电动燃油泵按安装位置不同有内置式和外置式两种。外置式电动燃油泵是将电动燃油泵串接在燃油箱外部的输油管路中，如图 3-30 所示。

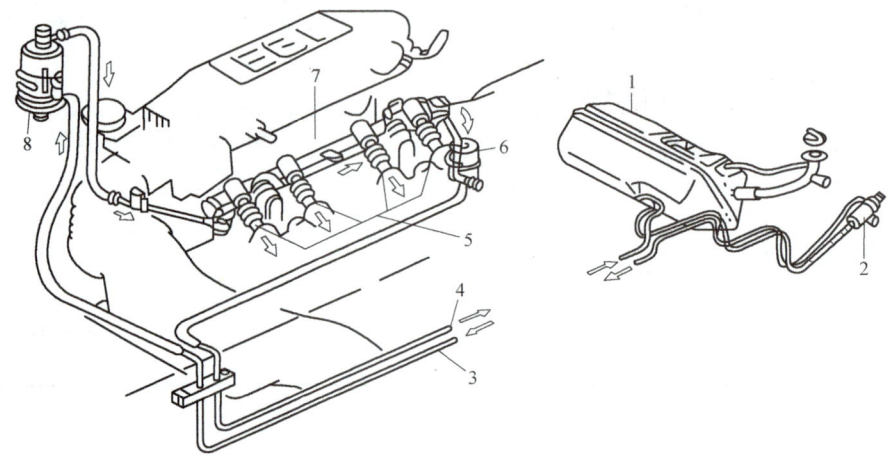

图 3-30 外置式电动燃油泵燃油供给系统
1—燃油箱 2—电动燃油泵 3—输油管 4—回油管 5—喷油器
6—燃油压力调节器 7—燃油分配总管 8—汽油滤清器

在内置式电动燃油泵燃油供给系统中，如图 3-31 所示，电动燃油泵直接安装在油箱内。内置式电动燃油泵工作时噪声小，不易产生气阻及燃油泄漏，安装管路比较简单，现在大多数的电控燃油喷射系统均采用内置式电动燃油泵。

3. 电动燃油泵的组成

汽车的电动燃油泵主要由外壳、永磁式电动机、油泵、单向阀、安全阀（卸压阀）及滤网等组成。

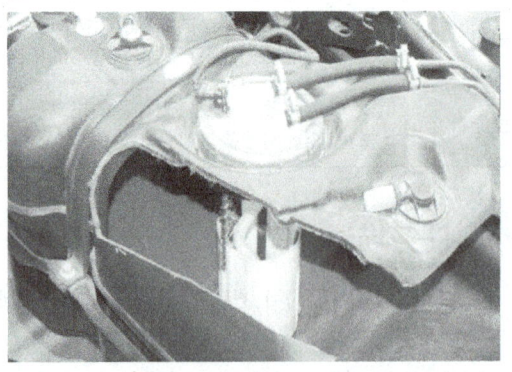

图 3-31 置于油箱中的电动燃油泵

按结构与工作原理不同油泵可以分成容积泵和动力泵。其中，动力泵有涡轮式和侧槽式油泵两种，容积泵有滚柱式和转子（齿轮）式油泵两种。

下面分别以涡轮式和滚柱式电动燃油泵为例，讲解容积泵和动力泵的结构特点和工作原理。

4. 涡轮式电动燃油泵

在发动机电控燃油喷射系统中使用的内置式电动燃油泵中，采用的燃油泵大多数为涡轮泵或侧槽泵。这里以涡轮泵为例讲解其结构及工作原理。

（1）涡轮泵 涡轮泵又叫作叶轮泵或叶片泵，结构如图3-32所示，由叶轮、叶片、外壳、泵盖、进油口和出油口等组成。

工作时，涡轮泵中的叶轮由电动机驱动高速旋转，从泵壳进油口处流入叶片之间的燃油在离心力的作用下做圆周运动，并在每一个叶片沟槽前后形成压力差，叶片将机械能传递给燃油，使其动能和压力能增大，然后

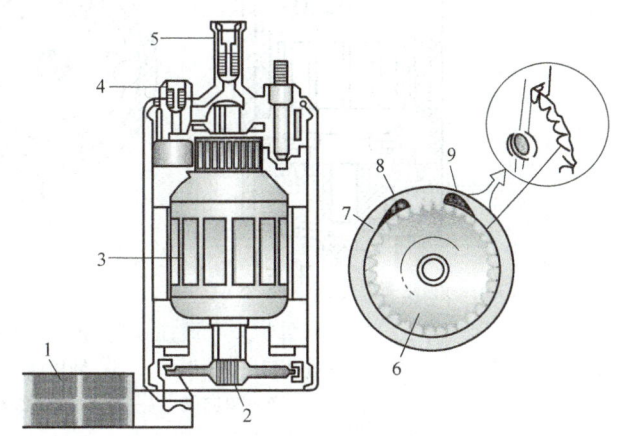

图3-32 涡轮式电动燃油泵的结构
1—滤网 2—涡轮 3—电动机 4—卸压阀 5—出油单向阀 6—叶轮 7—壳体 8—出油口 9—进油口

再通过泵腔，将大部分动能转换为压力能而向外输送。具有一定压力的燃油流过电动机，给电动机冷却，并经过单向阀从燃油泵出口排出。

（2）单向阀 单向阀可防止燃油倒流。在燃油泵不工作时，单向阀关闭，阻止燃油流回油箱，保持油路中燃油有一定的压力，以提高再起动性能，同时减少在高温情况下燃油泵停止工作时产生气阻的现象。

（3）卸压阀 卸压阀又称为安全阀，在燃油泵输出的油压为0.4MPa时，安全阀打开，使高压燃油回到进油室，防止管路内油压过高。此种电动燃油泵具有泵油压力较高、供油压力稳定、运转噪声小、使用寿命长等优点，因此，被广泛使用。

5. 滚柱式电动燃油泵

在外置式电动燃油泵中，采用的燃油泵大多数为滚柱泵和齿轮泵（转子泵）。这里以滚柱泵为例介绍其结构及工作原理。滚柱式电动燃油泵及其工作原理如图3-33所示。

滚柱泵由静止的泵壳、旋转的转子和滚柱等组成。其中转子在泵壳内偏心安装，滚柱在转子槽内。

滚柱泵的工作是利用泵腔内容积的变化来输送液体。当燃油泵旋转时，滚柱在离心力的作用下，被甩向泵壳内壁，使转子、泵壳及相邻的两个滚子围成容积不断变化的封闭泵腔；随着转子的旋转，泵腔转向进油口时，其容积不断增大，形成一定的真空，产生吸力，将燃油吸入；吸满燃油的泵腔转向出油口的过程中，容积不断减小，使燃油压力提高。

在泵腔容积不断交替地增大和缩小，以实现燃油的吸入和排出，使具有一定压力的燃油流经电动机，给电动机冷却，并经单向阀从出油口输出。

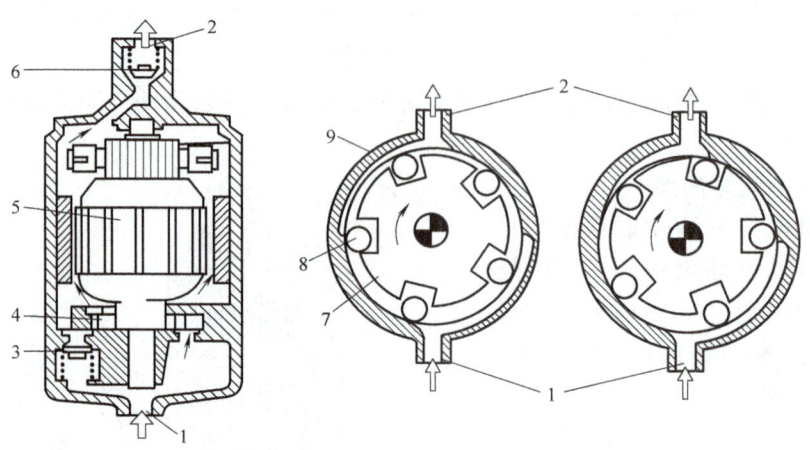

图 3-33 滚柱式电动燃油泵及其工作原理
1—进油口 2—出油口 3—卸压阀 4—油泵 5—电动机
6—单向阀 7—转子 8—滚柱 9—泵壳

二、电动燃油泵的控制

1. ECU 电源电路

以丰田卡罗拉轿车 2ZR-FE 发动机 ECU 电源电路为例,如图 3-34 所示。

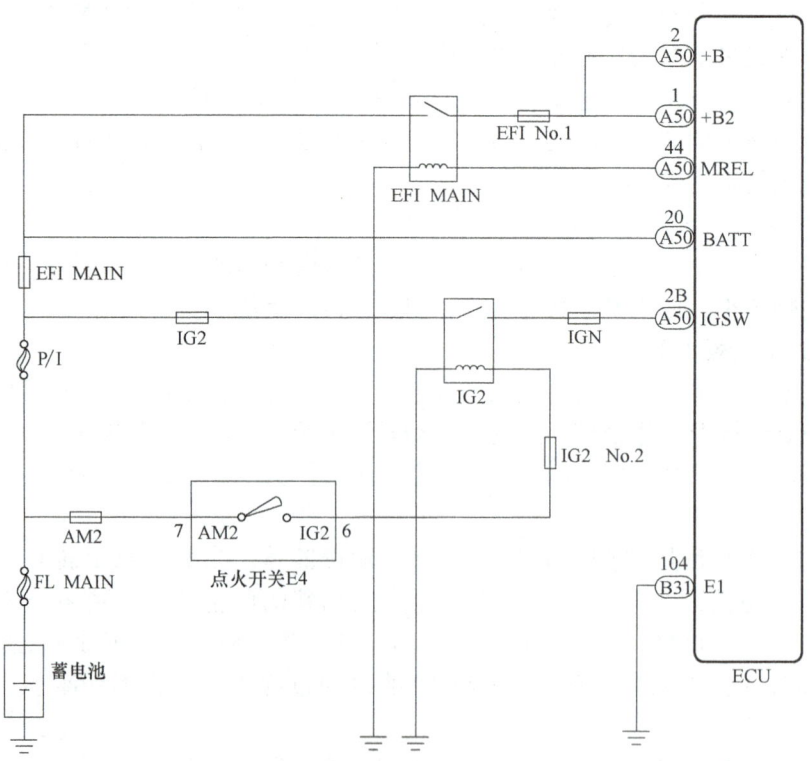

图 3-34 丰田卡罗拉轿车 2ZR-FE 发动机 ECU 电源电路

ECU电源电路是指为保证ECU正常工作，由蓄电池向ECU供电的电路。电路中安装了主继电器，即EFI MAIN继电器。主继电器平时触点为常断开状态，当接通点火开关时，触点闭合，蓄电池向电控单元ECU供电。其工作过程如图3-35所示。

1）当点火开关置于ON位置时，继电器IG2线圈通电，如图3-35所示，电源电路中电流走向为：蓄电池"+"→熔丝IG2 No.2→IG2线圈→搭铁→蓄电池"-"。此时，继电器IG2的触点闭合。

2）蓄电池给ECU的IGSW端子供电，如图3-35所示，电源电路中电流走向为：蓄电池"+"→熔丝IG2→继电器IG2的触点→熔丝IGN→ECU的IGSW端子→ECU内部电路→ECU的E1→蓄电池"-"。

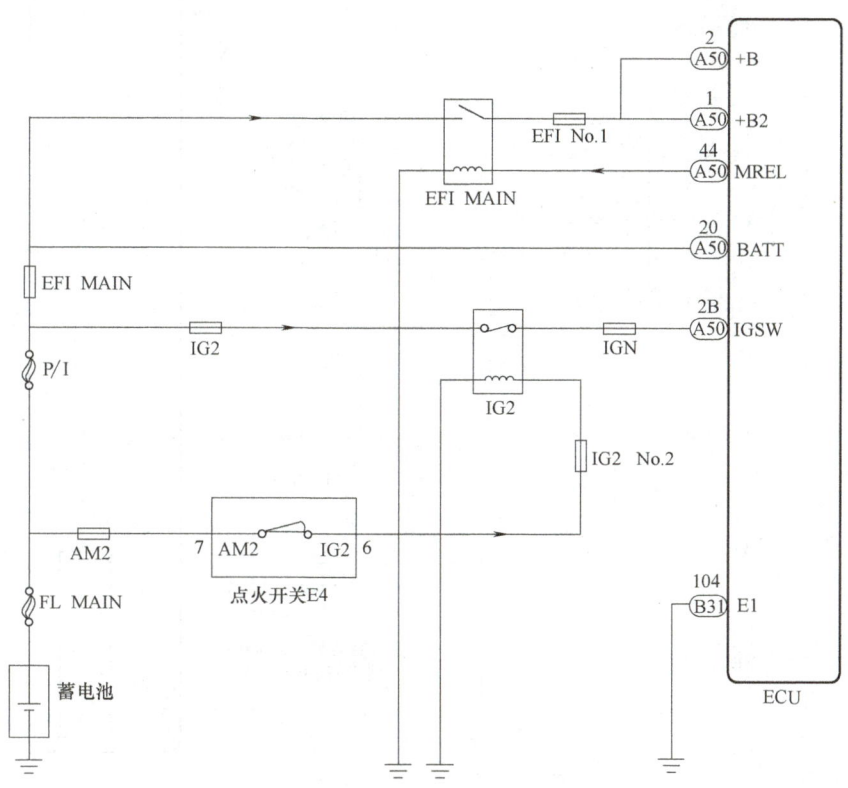

图3-35　电动燃油泵电源电路中电流走向

3）ECU的MREL端子向主继电器线圈供电，如图3-35所示，主继电器触点闭合。

4）蓄电池经过主继电器触点向ECU的+B、+B2端子供电，电流走向如图3-35所示。于是，ECU进入工作状态。

ECU的BATT端子，始终与蓄电池相连，不受点火开关控制，使ECU能够存储故障码等相关信息。ECU经E1端子搭铁。

5）ECU内的恒定电压电路。ECU中的微机及其外围设备和传感器的基准工作电压是+5V，为此ECU内设有+5V恒定电压电路。此电路持续地将端子BATT和+B、+B2上的蓄电池电压转换成+5V电压，并将+5V恒定电压分别提供给微机及传感器，保证电控系统在稳定的电压下工作。

当此电路短路时，系统不能起动，即使系统出现故障，故障指示灯也不点亮。正常条件下，当点火开关首次置于 ON（IG）时，故障指示灯会亮几秒钟，当发动机起动时，故障指示灯熄灭。

2. 采用 ECU 控制的电动燃油泵控制电路

图 3-36 所示为丰田卡罗拉 2ZR-FE 发动机电动燃油泵控制电路。

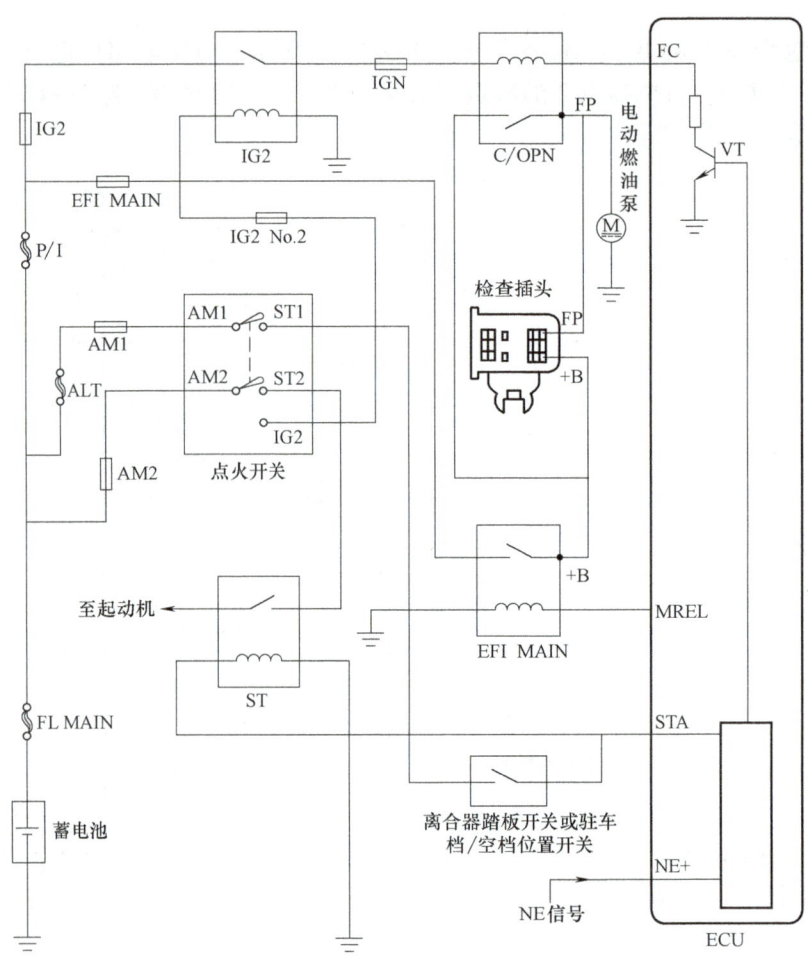

图 3-36　丰田卡罗拉 2ZR-FE 发动机电动燃油泵控制电路

电动燃油泵控制电路的接通与切断，应当与电控发动机的工况相适应。

在图 3-36 中，主继电器输出端有接线柱 +B，断路继电器输出端有接线柱 FP，连接线柱分别有导线和检查插座的端子相连。发动机 ECU 通过控制断路继电器线圈搭铁回路，来控制电动燃油泵的工作。其工作过程如下：

1）当点火开关由 OFF 转至 ON 时，主继电器线圈通电，其触点闭合，如图 3-37 所示。

ECU 接到点火开关闭合信号后，因无 NE 信号输入，只控制电动燃油泵工作 2～4s，使油路油压增高，为发动机起动做准备。

2）当点火开关转至 ST 时。电流从点火开关的端子 ST1 流向起动机继电器线圈并向 ECU 提供 STA 信号。

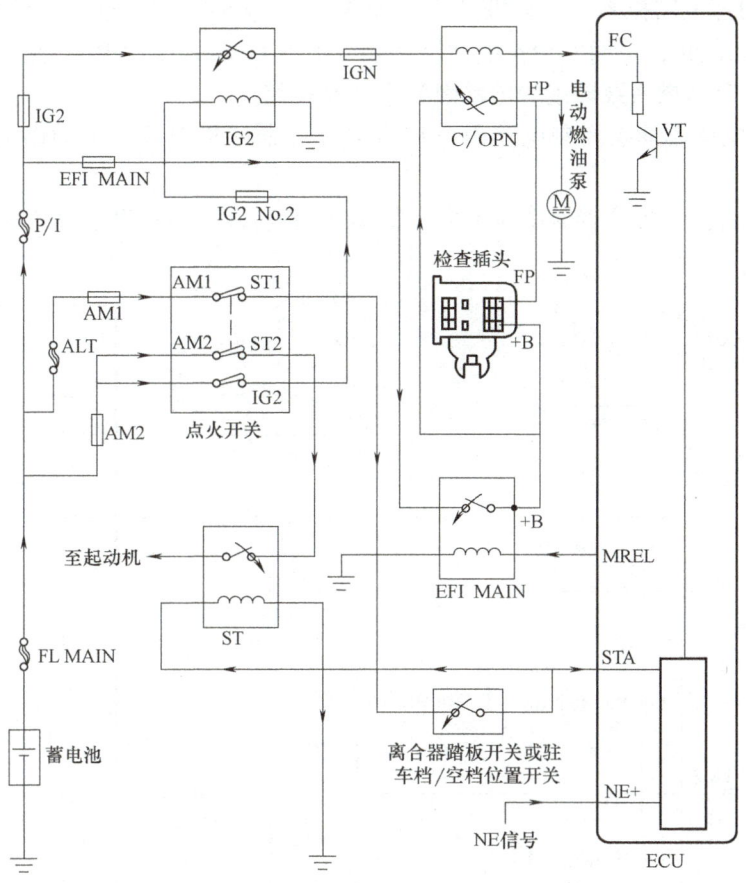

图 3-37　卡罗拉电动燃油泵控制电路电流走向

点火开关的 AM2 端子与 ST2、IG2 同时接通。如图 3-37 中所示，IG2 继电器线圈通电，其触点闭合；同时，电流经点火开关的 ST2 端子通过起动继电器触点流向起动机，有 NE 信号输入 ECU。

ECU 中的 VT 接通，使断路继电器线圈 FC 端的搭铁回路导通，断路继电器线圈有电流通过，断路继电器触点闭合，电动汽油泵工作。电流方向：蓄电池"＋"→主熔丝→主继电器触点→断路继电器触点→油泵电动机→搭铁→蓄电池"－"。

3）当发动机起动后，点火开关置于 ON 时，点火开关的 AM2 端子只与 IG2 接通。但此时，转速传感器将发动机的转速 NE 信号传给 ECU，发动机 ECU 继续使断路继电器线圈 FC 端的搭铁回路导通，电动燃油泵继续工作。

4）当发动机停止运转时，断路继电器线圈的搭铁回路断开，电动汽油泵将延迟工作 2~3s，然后停止工作。

丰田卡罗拉 1.6L 轿车使用 1ZR-FE 型发动机，该发动机电控燃油供给系统采用涡轮式电动燃油泵进行泵油，该电动燃油泵主要由驱动电动机、涡轮式燃油泵和壳体组成。

丰田卡罗拉 1.6L 轿车电动燃油泵的控制电路如图 3-37 所示，电动燃油泵的驱动电动机通电受电动燃油泵断路继电器 C/OPN 控制，电动燃油泵断路继电器 C/OPN 线圈电路的通断由发动机 ECU 内部电路控制，发动机 ECU 根据起动信号 STA 和曲轴位置信号 NE+控制晶体管 VT 的开通和截止，进而实现对电动燃油泵继电器 C/OPN 线圈电路的控制。

3. 可以控制电动燃油泵转速的电动燃油泵控制电路

一些轿车的电动燃油泵控制电路由发动机 ECU、断路继电器、电动燃油泵继电器和电阻器等组成。

1）点火开关转至 ST 位置时电流流向，如图 3-38 所示，电动燃油泵低速运转。

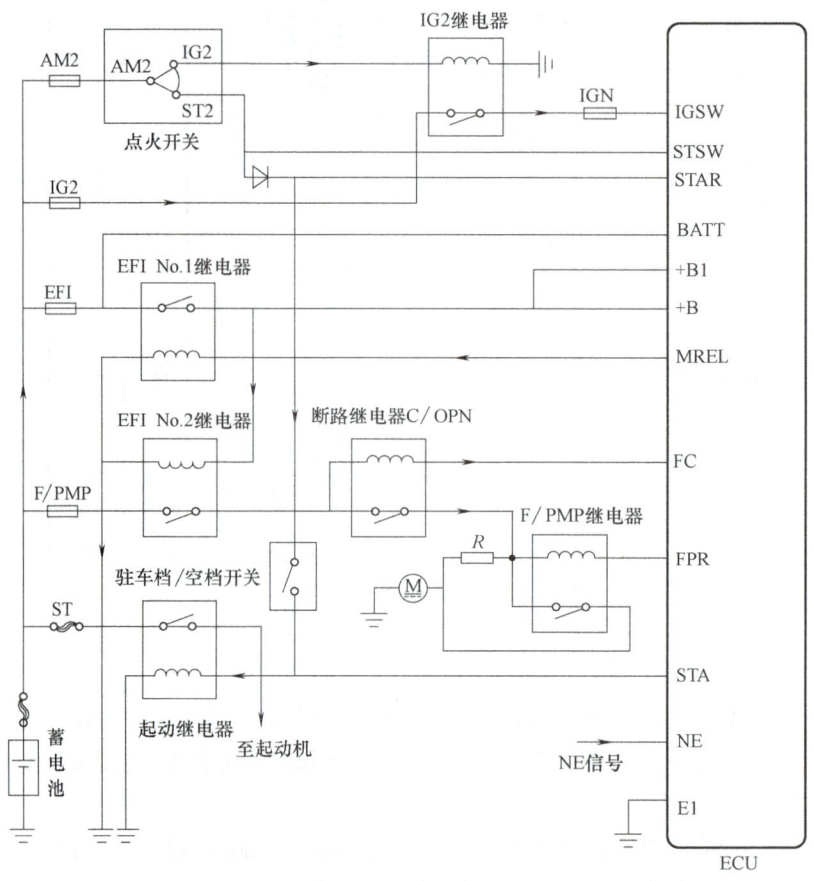

图 3-38　丰田锐志 5GR-FE 发动机电动燃油泵控制电路起动时的工作状况

蓄电池"+"通过 EFI 熔丝给 ECU 的 BATT 端子提供电源电压。

蓄电池"+"→点火开关 AM2 端子与 IG2→IG2 继电器线圈→搭铁→蓄电池"-"。

蓄电池"+"→IG2 熔丝→IG2 继电器触点→IGN 熔丝→ECU 的 IGSW 端子→ECU 的 E1 端子搭铁→蓄电池"-"。

ECU MREL 端子→EFI No.1 继电器线圈→搭铁→蓄电池"-"。

蓄电池"+"→EFI 熔丝→EFI No.1 继电器触点→EFI No.2 继电器线圈→搭铁→蓄电池"-"。

蓄电池"+"通过 EFI 熔丝和 EFI No.1 继电器触点给 ECU 的+B 及+B1 端子提供电源电压。

蓄电池"+"通过点火开关 AM2 端子与 ST2 给 ECU 的 STSW 端子提供电源电压。

蓄电池"+"→点火开关 AM2 端子与 ST2→驻车档/空档开关→起动继电器线圈→搭铁→蓄电池"-";并给 ECU 的 STA 端子提供 STA 信号。

蓄电池"+"→ST 熔丝→起动继电器触点→起动机→搭铁→蓄电池"-"。

蓄电池"+"→F/PMP 熔丝→EFI No.2 继电器触点→断路继电器 C/OPN 线圈→ECUFC 端子→ECU 的 E1 端子搭铁→蓄电池"-"。

蓄电池"+"→F/PMP 熔丝→EFI No.2 继电器触点→电阻器 R→油泵电动机→搭铁→蓄电池"-",此时,电动燃油泵低速运转。

2)当发动机起动后,点火开关置于 ON 时,点火开关的 AM2 端子只与 IG2 接通,发动机 ECU 接收到 IGSW 信号,两个 EFI 继电器继续工作;同时,发动机 ECU 接收到 NE 信号,继续接通断路继电器线圈 FC 端子的搭铁回路,燃油泵继续工作。

3)当发动机低速、中小负荷下运转时,发动机 ECU 的 FPR 端子搭铁回路不导通,油泵继电器 F/PMP 触点不闭合,电动燃油泵电路中串接电阻器 R,电动燃油泵低速运转。

4)当发动机高速、大负荷下运转时,发动机 ECU 的 FPR 端子搭铁回路导通,油泵继电器 F/PMP 触点闭合,燃油泵继电器 F/PMP 工作,电动燃油泵高速运转。电流方向:蓄电池"+"→EFI No.2 继电器触点→断路继电器触点→燃油泵继电器触点→油泵电动机→搭铁→蓄电池"-"。

任务实施

一、实训准备(设备、教具、工量具、耗材)

举升机、卡罗拉型轿车、工具车和零件车、常用与专用拆装维修工具和量具、万用表、检测仪等。

二、实施步骤

电动燃油泵及其控制电路的检测及故障排除见表 3-5。

表 3-5 电动燃油泵及其控制电路的检测及故障排除

步骤	图示
1)起动发动机,观察故障现象	

(续)

步　骤	图　示
2）查询故障码，当发动机故障灯闪亮时，连接发动机故障诊断仪电缆至DLC3,点火开关置于ON位置，打开检测仪，读取故障码，清除故障码；再次读取并记录故障码及数据流，清除故障码。如有故障码，按故障码指示操作	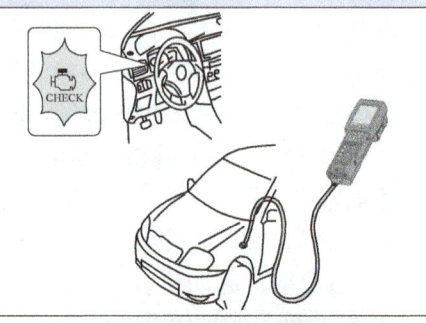
3）打开燃油箱盖，接通点火开关（不起动发动机），在油箱口处仔细听有无电动燃油泵工作运转的声音。如电动燃油泵工作3～5s后又停止，说明控制系统工作正常。或打开点火开关，用手检查进油软管（如右图）有无进油压力。如果有进油压力，说明电动燃油泵能工作	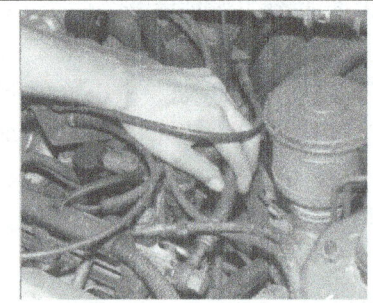
4）如果接通点火开关，电动燃油泵无工作运转声音，或进油管无进油压力，需检测电动燃油泵是否有故障其工作是否正常 　　使用检测仪对电动燃油泵进行驱动，看电动燃油泵是否运转；或用专用导线将诊断座上的电动燃油泵检测端子接到12V电源上。丰田汽车可将诊断座上的电源端子+B与FP跨接	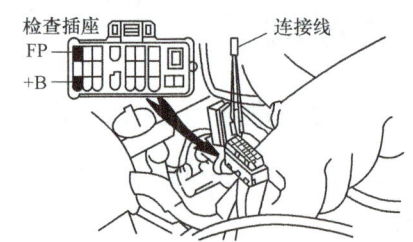
5）测量蓄电池电压。点火开关置于OFF,用数字式万用表测量蓄电池电压，蓄电池电压应在11～14V 　　若听不到电动燃油泵运转声音或感觉不到油压脉动，说明电动燃油泵未工作。应拆下跨接线，检测电源电压、电动燃油泵，再检测主熔断器、EFI熔断器、EFI主继电器是否正常，电路、插接器有无断路或短路	
6）拆卸蓄电池负极电缆	

项目三　汽油机燃料供给控制系统的检修

（续）

步　　骤	图　　示
7）检测电动燃油泵。拆卸后排座椅	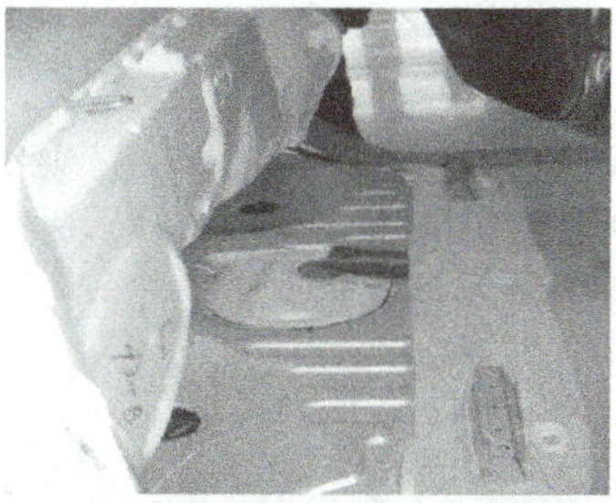
8）拆卸燃油箱盖	
9）打开密封盖，拔下电动燃油泵插头	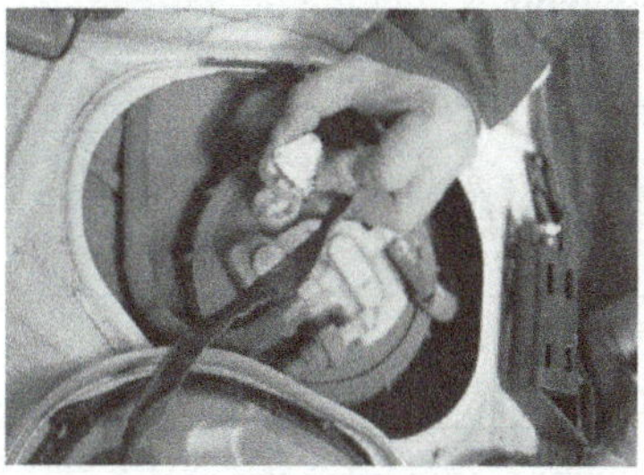
10）检测电动燃油泵电动机电阻。断开电动燃油泵线路插接器，用万用表检测 4 和 5 端子之间的阻值，即电动燃油泵电动机线圈电阻。20℃时其电阻值应为 0.2~3.0Ω。如电阻值不符合，需更换电动燃油泵	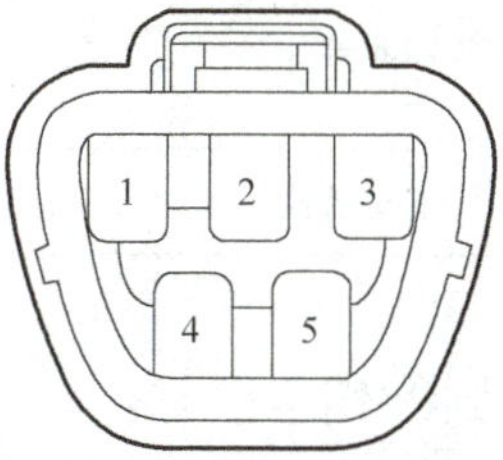
11）如电动燃油泵仍然不能运转，应更换电动燃油泵	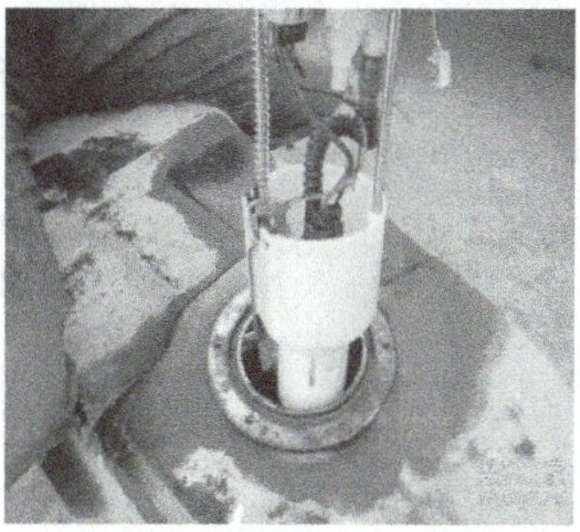

(续)

步骤	图示
12）电动燃油泵的控制电路的检测。起动发动机，电动燃油泵不工作，应用测电阻法按表3-6、表3-7方法测量，或用测电压法，分别检测电动燃油泵电路导线、继电器、易熔线、熔丝有无断路或接触不良	
13）整理清洁参见表0-1	

表3-6　标准电阻值

	测试端子	条　件	规定状态
C/OPN～继电器	2A-8～2B-11	始终	10kΩ 或更大
	2A-8～2B-11	2B-10～2F-4加蓄电池电压	小于1Ω
C/OPN～ECU	2B-10～A50-7（FC）	始终	小于1Ω
	2B-10 或 A50-7～车身搭铁	始终	10kΩ 或更大
C/OPN～集成继电器	2B-11～1B-4	始终	小于1Ω
	2B-11 或 1B-4～车身搭铁	始终	10kΩ 或更大

表3-7　标准电阻

	测试端子	条件	规定状态
C/OPN～电动燃油泵	2A-8～L17-4	始终	小于1Ω
	2A-8 或 L17-4～车身搭铁	始终	10kΩ 或更大
电动燃油泵～车身搭铁	L17-5～车身搭铁	始终	10kΩ 或更大

检测评价

电动燃油泵及其控制电路的检测及故障排除任务评价见表3-8。

表3-8　电动燃油泵及其控制电路的检测及故障排除任务评价

序号	实操活动	步　骤	评分细则	分值	得分
1	准备工作	准备车轮挡块、翼子板护垫、车内四件套。全面检查车体、轮胎、玻璃有无损伤，做好检查记录	动作不规范，操作失误一次扣1分	4	
		放车轮挡块，安装尾排管		2	
		打开左前车门，安装好车内四件套		2	
		打开发动机舱盖安装翼子板护垫		2	

(续)

序号	实操活动	步骤	评分细则	分值	得分
2	电动燃油泵及其控制电路的检测及故障排除	初步检查	连接错误扣2分,不能正确读取故障码扣2分 未清码扣2分,万用表使用不当扣2分,未正确操作扣2分	5	
		连接汽车故障诊断仪		5	
		选择相关车辆信息,读取故障码		10	
		测量蓄电池电压		10	
		检测电动燃油泵电动机电阻		15	
		电动燃油泵的控制电路的检测		15	
		清除故障码,试车		5	
		断开故障诊断仪,收拾好仪器		5	
3	安全文明生产	收好翼子板护垫、车内四件套、车轮挡块、尾排管	清洁不及时不得分 操作中设备损伤每次扣2分;操作中受伤每次扣1分;工具、零件落地每次扣1分	3	
		关好发动机舱盖、车门		2	
		清洁工具、量具		2	
		清洁场地		1	
		操作过程中注意安全		2	
4	操作时间	时间	操作时间为30min,每超过1min扣1分	10	
合 计				100	

说明:每项分值扣完为止

教师评价

指导教师_____
___年___月___日

任务四　喷油器及其控制电路的检测及故障排除

任务目标

知识目标	1)掌握汽油机喷油器的组成、分类及工作原理 2)掌握正确对喷油器的检修方法
技能目标	1)掌握正确使用发动机故障诊断仪及万用表检测喷油器控制电路的技能 2)培养学生正确操作规范,提高学生的安全意识

任务描述

一辆丰田卡罗拉轿车,有时发动机起动困难,加速无力,急速时发动机抖动异常,像是缺缸。维修人员经排查,发现点火系统无故障,进气系统无故障。怀疑是由于喷油器本身或其控制电路故障造成的。经检测,发现1缸喷油器供电电源线端接触不良,使喷油器两端电压降低,流经喷油器电磁线圈的电流小,致使喷油器喷口开度小,甚至无法开启,造成缺缸，使发动机起动困难，加速无力，怠速时抖动异常。

知识储备

电控燃油喷射系统除对电动燃油泵进行控制之外，还对喷油正时、喷油量、燃油停供等进行控制。

一、喷油器的功用

喷油器的功用是接收发动机ECU发出的喷油电脉冲信号，定时喷油和断油，精确控制燃油喷射量。将一定压力、一定量的燃油适时地以雾状形式喷入气缸进气门前的进气歧管或进气道附近的缸盖中。

二、喷油器的分类

喷油器可以按燃油喷射位置不同、燃油进入喷油器的位置不同、电磁线圈的电阻值不同、喷油器的喷口形式不同及喷油器的阀体结构不同等，可以分成不同种类。

1. 按燃油喷射位置不同分类

（1）缸内喷射　缸内喷射是将燃油直接喷进气缸内，如直喷发动机的燃油喷射，图3-39所示为缸内喷射喷油器。

（2）缸外喷射　缸外喷射是将燃油喷入气缸外的进气管内，如图3-40所示。

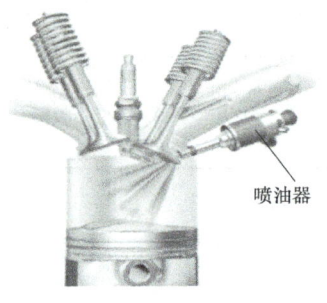
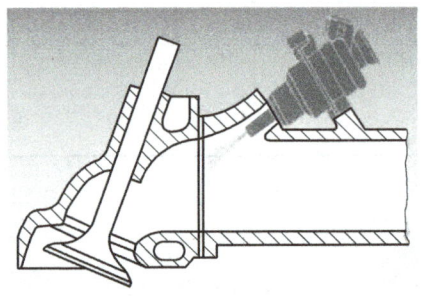

图3-39　缸内喷射喷油器　　　　　　图3-40　缸外喷射喷油器

2. 按燃油进入喷油器的位置不同分类

按燃油进入喷油器的位置不同，喷油器可分为上部进油式（图3-41）和侧部进油式（图3-42）两种。多点式燃油喷射系统的喷油器一般采用上部进油方式，即进油口设在喷油器的头部，也有的喷油器是采用侧面进油的方式。

3. 按喷油器电磁线圈的电阻值的不同分类

按喷油器电磁线圈的电阻值的不同，喷油器可分为低阻值式和高阻值式两种。其中，高阻值喷油器的电磁线圈电阻值为13~16Ω，低阻值喷油器的电磁线圈电阻值为2~3Ω。

4. 按喷油器的喷口形式不同分类

按喷油器的喷口形式不同，喷油器可以分成轴针式电磁喷油器（图3-43a）和孔式喷油器（图3-43b、c）。其中孔式喷油器又分为单孔式喷油器、双孔式喷油器及多孔式喷油器。

图 3-43 所示为轴针式电磁喷油器、单孔式喷油器及多孔式喷油器的喷口形式。

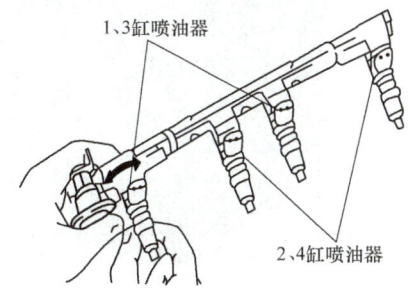

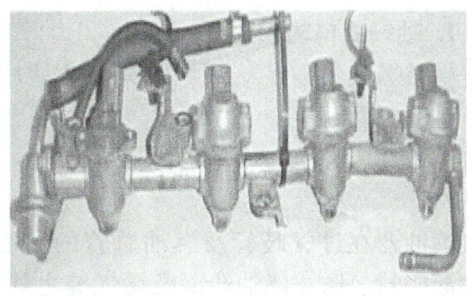

图 3-41　上部进油式的喷油器　　　　　图 3-42　侧部进油式的喷油器

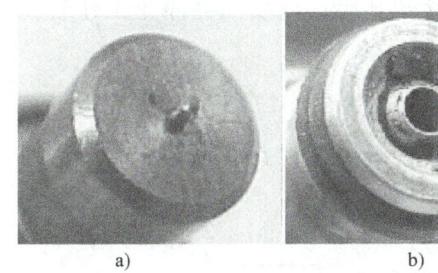

图 3-43　喷油器的喷口形式
a）轴针式电磁喷油器　b）单孔式喷油器　c）多孔式喷油器

图 3-44 所示为单孔喷油器工作时，燃油以大约 25°的圆锥角度呈细雾状喷射。一般四孔喷油器工作时，燃油从四个微小的喷油孔交错地喷出，如图 3-45 所示。

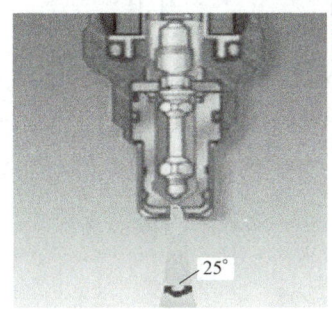

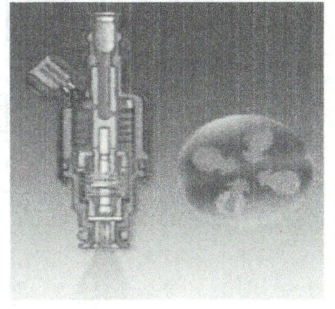

图 3-44　单孔喷油器　　　　　　　　　图 3-45　四孔喷油器喷射图

在有些双进气门的发动机中，喷油器为四个喷油孔，如图 3-46 所示，工作时，每个进气门有两个喷孔向其喷射，以使燃油更好地得到分配，控制燃油的燃烧。

5. 按喷油器的结构形式分类

按喷油器的结构形式不同，喷油器可分为轴针式、球阀式和片阀式等多种形式。

6. 按喷油器的用途不同分类

按喷油器的用途不同，喷油器可分为多点燃式油喷射系统和单点式燃油喷射系统。

三、喷油器的结构

1. 轴针式电磁喷油器

电控燃油喷射系统采用的是电磁式喷油器。轴针式电磁喷油器由燃油滤网、电插头、电磁线圈、复位弹簧、衔铁、针阀、阀体、阀座及密封圈等组成,如图3-47所示。

喷油器在进气歧管及燃油总管的一侧,O形密封圈除起密封、防止燃油泄漏及漏气等之外,还有减振、隔热的作用,防止喷油器中的燃油产生燃油蒸气气泡。

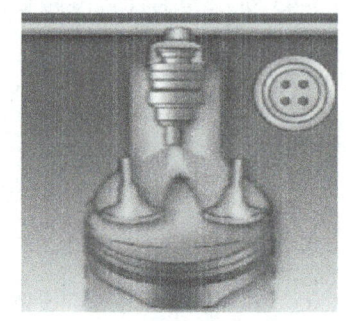

图3-46 四孔喷油器四孔交错喷油

燃油滤网用于过滤燃油中的杂质,轴针安装在阀体上,阀体上有复位弹簧。

当喷油器工作时,复位弹簧被压缩,针阀开启;当喷油器停止工作时,复位弹簧复位,针阀关闭。

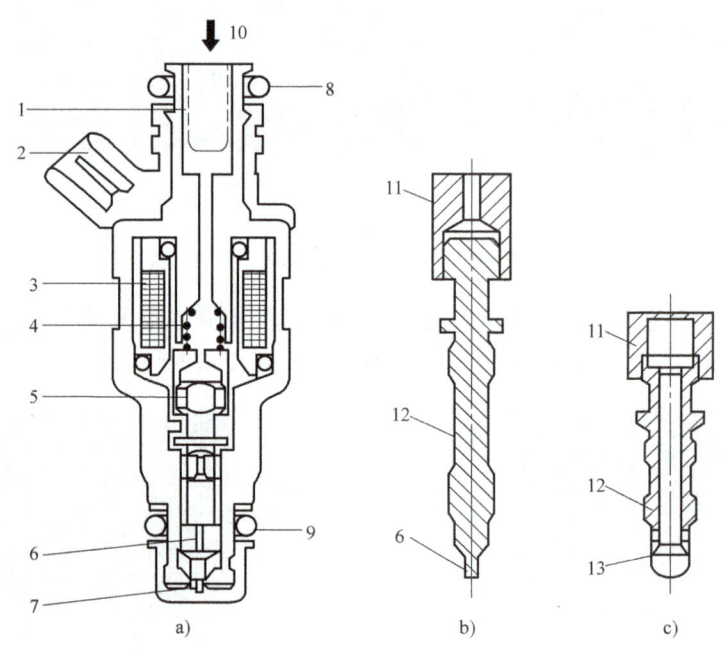

图3-47 轴针式电磁喷油器
a)轴针式电磁喷油器结构图 b)轴针式阀体 c)球阀式阀体
1—燃油滤网 2—电插头 3—电磁线圈 4—复位弹簧 5—衔铁 6—针阀 7—轴针
8、9—O形密封圈 10—进油口 11—弹簧座 12—导杆 13—球阀

2. 球阀式电磁喷油器

球阀式电磁喷油器的结构与轴针式电磁喷油器大致相同。球阀式电磁喷油器的阀体由球阀等组成,而轴针式电磁喷油器的阀体是针阀;球阀式电磁喷油器的阀体的导杆比轴针式电磁喷油器阀体的导杆短,比其质量小;球阀式电磁喷油器具有较好的密封性,如图3-47c所示。

3. 片阀式电磁喷油器

片阀式电磁喷油器的结构与轴针式电磁喷油器大致相同，如图 3-48 所示，不同的是片阀式电磁喷油器的阀体由质量较轻的片阀、导管和带孔的阀座组成，使片阀式电磁喷油器能够具有较大的流量和较强的抗堵塞能力。

四、喷油器的工作原理

电磁式喷油器的工作原理与电磁阀相同。ECU 根据各信号输入装置输入的信号，控制大功率晶体管的导通与截止，即 ECU 通过电脉冲控制喷油器的通电和断电，来控制喷油器电磁阀的开启和关闭。喷油器的工作原理如图 3-49 所示。

当喷油器不工作时，喷油器的状态如图 3-50a 所示，阀门关闭，要求喷油器喷口关闭严密，不漏油，或者在 12min 内只滴一滴油或更少。

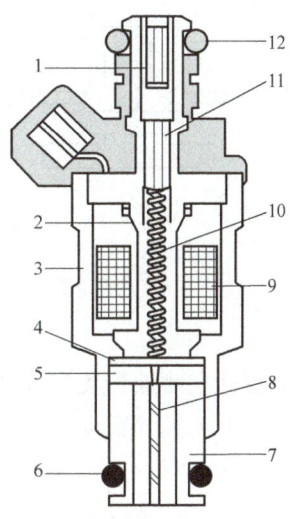

图 3-48 片阀式电磁喷油器的结构
1—燃油滤网 2—导管 3—壳体 4—片阀
5—带孔阀座 6、12—O 形密封圈 7—底座
8—油道 9—电磁线圈 10—复位弹簧
11—弹簧预紧力调节套筒

当晶体管导通时，喷油器的电磁线圈有电流通过，产生电磁吸力，吸引衔铁带动针阀一起移动，当电磁吸力大于复位弹簧的弹力时，阀体使弹簧压缩而上升，同时针阀（或球阀、片阀）随阀体一起上升，将针阀（或球阀、片阀）拉离阀门座，阀门被开启，如图 3-50b 所示，燃油在燃油压力的作用下，经过滤清器进入喷油器，从喷口喷出，进入进气道或进气管。由于燃油压力较高，燃油进入进气道或进气管时，喷出的燃油得到充分雾化。

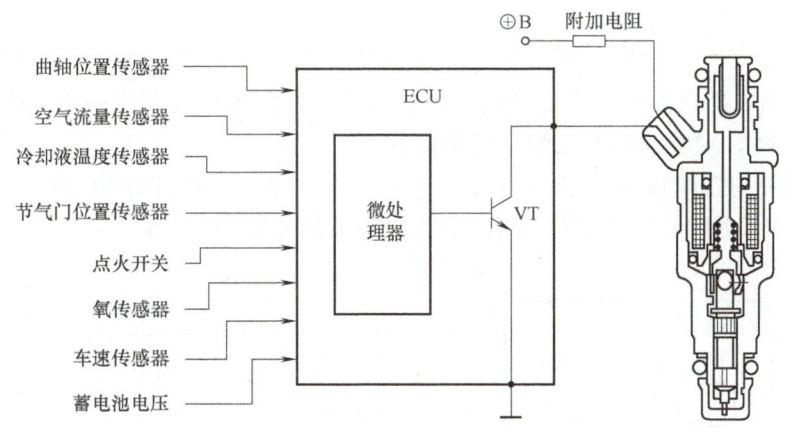

图 3-49 喷油器的工作原理

当晶体管处于截止状态时，喷油器的电磁线圈电流被切断，电磁吸力消失，衔铁回落，在复位弹簧的作用下，针阀（或球阀、片阀）回落，如图 3-50c 所示，针阀（或球阀、片阀）被压在喷油器出口处的锥形阀座上，将喷口迅速封闭，停止喷油。

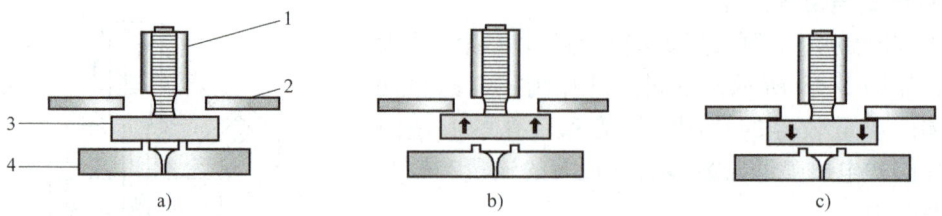

图 3-50 片阀式电磁喷油器片阀的工作过程

a) 片阀压紧在阀座上   b) 片阀离开阀座抵到挡圈   c) 片阀离开挡圈落座

1—铁心   2—挡圈   3—片阀   4—阀座

由于轴针在喷油器喷口处的往复移动，使喷油器的喷孔不易阻塞。

喷油量由电脉冲宽度决定。脉冲宽度越宽，喷油持续时间越长，喷油量就越大。一般针阀升程约为 0.1mm，而喷油持续时间在 2~10ms 范围内。

五、喷油器的控制电路

各车型喷油器的控制电路基本相同，一般都是通过点火开关和主继电器给喷油器供电，ECU 控制喷油器电磁线圈的搭铁回路。

不同的发动机喷油器的数量、喷射方式不同，使 ECU 控制端子数量不同。

1. 燃油喷射正时控制

燃油的喷射方式按燃油喷射时刻不同分为连续喷射和间歇喷射两种。间歇喷射又分为顺序喷射、同时喷射和分组喷射，见表 3-9。

表 3-9 燃油的喷射方式

连续喷射		只限于进气管喷射
间歇喷射	同时喷射	各缸喷油器同时喷射
	分组喷射	同组的各缸喷油器同时喷射，不同组的各缸喷油器按顺序喷射
	顺序喷射	各缸喷油器依次独自喷射

在现代汽油喷射系统中，广泛使用间歇喷射方式。在采用间歇喷射中，燃油喷射正时控制是指发动机 ECU 对喷油器开始喷油时刻的控制。

（1）同时喷射正时控制　以发动机最先进入做功行程的喷油器为基准，各气缸喷油器同时喷油和断油。图 3-51 所示为同时喷射式喷油器控制电路。

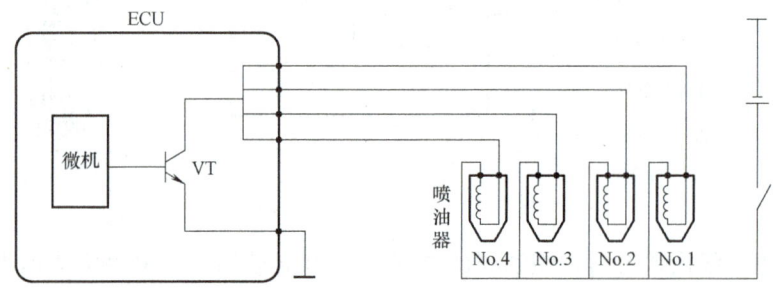

图 3-51 同时喷射式喷油器控制电路

喷油正时控制分同步喷油正时控制和异步喷油正时控制。同步喷油指在既定的曲轴转角进行喷射,发动机在稳定工况的大部分工作时间里进行同步喷射。

(2) 分组喷射正时控制　将所有的喷油器分成 2~4 组,ECU 控制同一组喷油器同时喷油、同时断油。以各缸最先进入做功行程的气缸为基准,在其进入排气行程上止点前某一位置时,ECU 发出喷油指令,使其喷油器电磁线圈的搭铁回路导通,喷油器喷油。图 3-52 所示为分组喷射式喷油器控制电路。

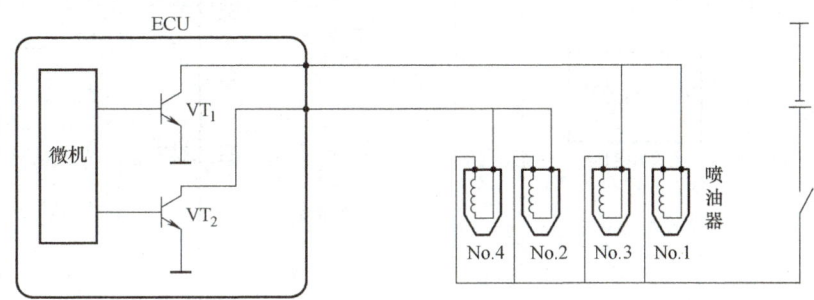

图 3-52　分组喷射式喷油器控制电路

(3) 顺序喷射正时控制　图 3-53 所示为顺序喷射式喷油器控制电路,其特点是喷油器的驱动回路数与气缸数相同。

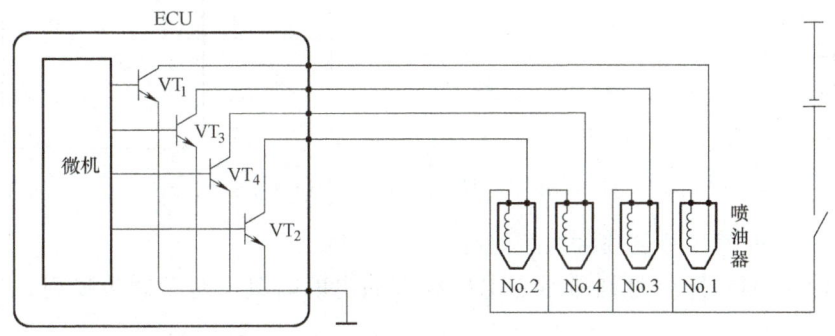

图 3-53　顺序喷射式喷油器控制电路

发动机 ECU 根据曲轴位置传感器信号(NE 信号)、凸轮轴位置传感器信号(G 信号)及发动机各缸的工作顺序,在各缸排气行程上止点前某一位置时,发出喷油指令,使喷油器电磁线圈搭铁回路导通,该喷油器开始喷油。

图 3-54 所示为丰田卡罗拉 2ZR-FE 发动机喷油器电路,即顺序式燃油喷射系统。

在系统中,ECU 为系统的控制中心,根据信号输入装置的信号确定发动机的运行工况,再根据 ECU 中已有的程序及数据,计算出喷油量的大小,经修正后,对喷油器进行控制。

主喷油器控制着电控燃油喷射系统的总电源,是 EFI 的执行器。

2. 同步喷射喷油量的控制

ECU 通过控制喷油器来控制喷油量,喷油量 = 单位时间流量 × 喷油持续时间。

单位时间流量取决于针阀的行程、喷口截面面积、燃油压力及喷油环境的压力等。喷油器两端的压力差(燃油压力及喷油环境的压力差)由燃油压力调节器控制,当喷油器的结构和喷油器两端的压力差一定时,喷油量取决于喷油持续时间的长短,ECU 通过控制喷油

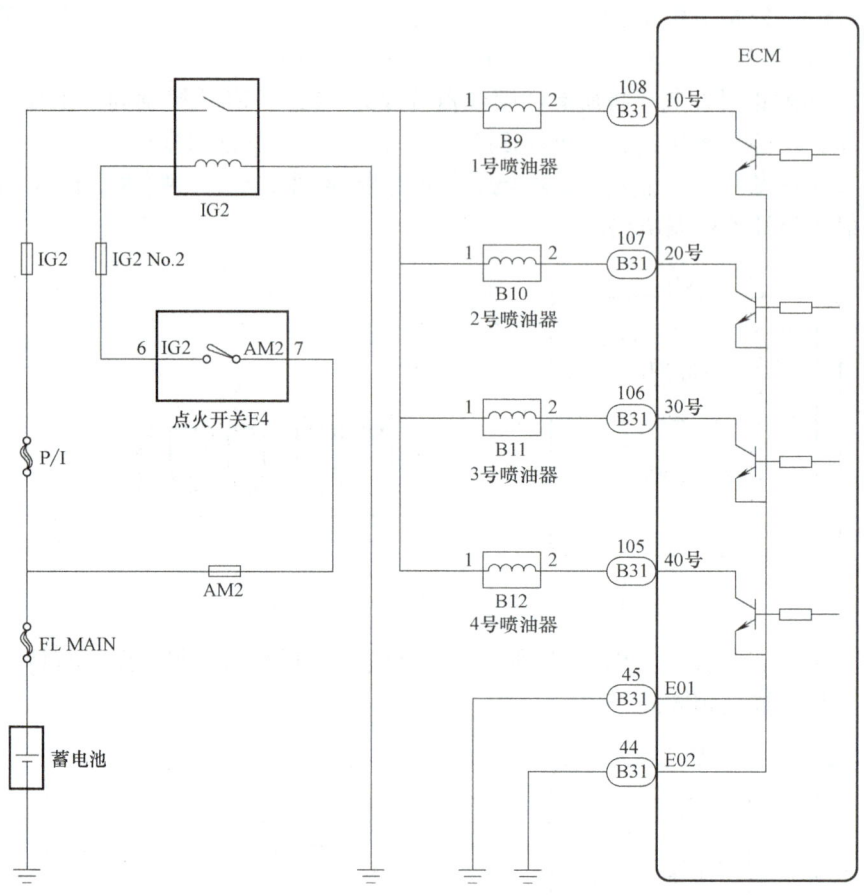

图 3-54　丰田卡罗拉 2ZR-FE 发动机喷油器电路

器电磁线圈的通电时间来控制喷油持续时间。

精确的喷油器喷油开启时刻滞后于电磁线圈通电的时刻。对于同步喷射，喷油量的控制为：

（1）起动时的喷油量控制　在发动机转速低于规定值或点火开关接通起动档时，发动机 ECU 根据冷却液温度信号确定基本喷油时间，再根据进气温度和蓄电池电压进行修正。

（2）起动后的喷油量控制　当发动机转速超过规定值时，喷油信号持续时间为

$$喷油信号持续时间 = 基本喷油持续时间 \times 喷油修正系数 + 电压修正值$$

基本喷油持续时间决定于发动机的转速及发动机的进气量。对于 D 型 EFI，ECU 根据进气歧管绝对压力传感器的信号来确定发动机进气量；对于 L 型 EFI，ECU 根据空气流量传感器的信号确定发动机进气量。同时还需根据各传感器信号对基本喷油持续时间进行修正，包括起动后加浓修正、暖机加浓修正、高温燃油增量修正、进气温度修正、大负荷加浓、过渡工况空燃比控制、怠速稳定性修正及无效喷射时间修正等。

（3）减速断油控制　在汽车高速运行下急减速时，ECU 切断喷油器控制电路，喷油器停止喷油，以减少 HC 及 CO 的排放量。

（4）限速断油控制　加速时，汽车超过安全转速或超过设定的最高车速时，ECU 将切

断喷油器控制电路，喷油器停止喷油，防止超速。

此外，当ECU连续3~5次没收到点火确认信号时，判断为点火系统有故障，发出指令，使喷油器停止喷油，以防止喷油过多，造成排气污染且不利于再次起动。

3. 异步喷射喷油量的控制

异步喷油是指发动机ECU按信号输入装置的输入信号控制喷油时间，与曲轴旋转角度无关。发动机在起动、加速等过渡工况，采用异步喷射。

起动时异步控制：在起动开关处于接通时，ECU接收到第一个凸轮轴位置传感器信号（G信号）后，接收到第一个曲轴位置传感器信号（NE信号）时，在同步喷射的基础上，向各缸增加一次固定量的喷油。

加速时异步控制：ECU根据节气门位置传感器中怠速信号从接通到断开时，增加固定量的喷油。

4. 直喷汽油机中的两次喷射控制

在直喷汽油机中，喷油器采用缸内喷射方式。

根据不同的工况可以采用不同的喷油模式，如在采用分层燃烧模式时，在进气冲程进行第一次燃油喷射，在压缩冲程点火前进行第二次燃油喷射，并利用缸内流动的气体和活塞顶部的结构产生分层的混合气体。这种分层燃烧的模式，可以提高燃油的经济性并减少爆燃的发生。

六、喷油器的驱动方式

喷油器的驱动方式有电流驱动和电压驱动两种，低阻值喷油器可以采用电流驱动方式，也可以采用电压驱动方式，而高阻值喷油器只能采用电压驱动方式。

图3-55所示为低阻值喷油器电流驱动电路。低阻值喷油器电流驱动电路中，在喷油器电磁线圈的电路上，低阻值喷油器直接与蓄电池相连，并没有串接附加电阻。

当喷油器电路接通后，喷油器线圈电流迅速达到最大值，喷油器的针阀迅速开启，减少了喷油的迟滞时间。

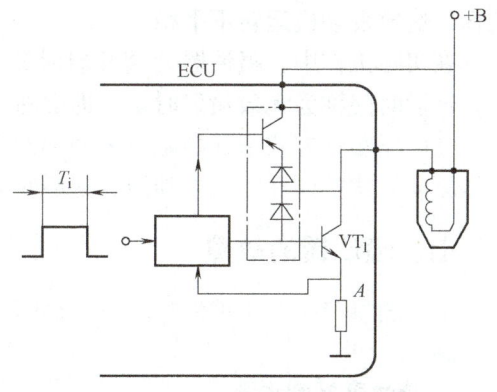

图3-55 低阻值喷油器电流驱动电路

为了保护功率晶体管及喷油器不被大电流烧坏，ECU中，在低阻值喷油器的电流驱动电路上加装了反馈电路。图中A点的电压降反馈给喷油器电流控制电路，再由喷油器电流控制电路对功率晶体管进行控制，即控制了喷油器工作电路的大小，使通过喷油器线圈的电流降低至可以使喷油器喷口保持开启状态的数值。

当低阻值喷油器采用电压驱动方式时，必须串接附加电阻，如图3-56所示，以降低流过喷油器线圈的电流，防止低阻值喷油器电路的电阻过小、流过喷油器线圈电流过大而造成喷油器发热而损坏。

高阻值喷油器常采用电压驱动方式，如图3-57所示，在喷油器电路中，不需要串接附加电阻。

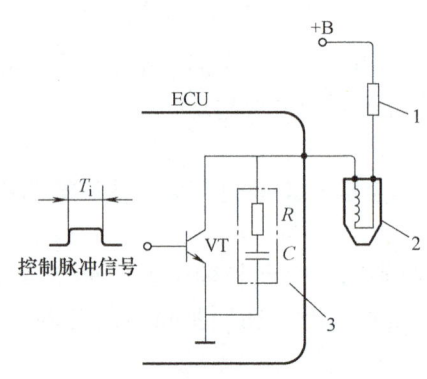 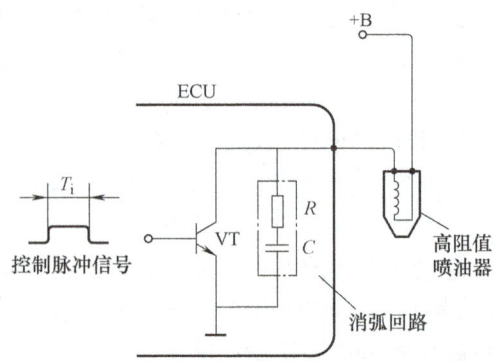

图 3-56　低阻值喷油器电压驱动电路　　　　　图 3-57　高阻值喷油器电压驱动电路
1—附加电阻　2—低阻值喷油器　3—消弧回路

在电压驱动式控制电路中，电源电路喷油器提供电源电压为 12～14V，ECU 通过脉冲信号控制功率晶体管的导通与截止，从而控制喷油器线圈电路的通断。脉冲信号的宽度，决定了喷油器线圈导通的时间，其宽度越长，喷油器线圈通电时间就越长，喷油器的喷油时间就越长，喷油量就越多。

喷油器电路中设有消弧电路，以防止当喷油器电路中断的瞬间，喷油器线圈产生的瞬间过电压烧坏喷油器。

当功率晶体管发生短路故障时，喷油器电路会失去控制，连续喷油，发动机冒黑烟，甚至使该缸火花塞被淹；当功率晶体管发生断路故障时，该气缸喷油器不喷油，致使该气缸不工作，造成发动机运转不平稳。

在实际工作中，喷油器针阀开启时刻要比喷油器电磁线圈开始导通的时刻要晚一段时间，这段时间称为无效喷射时期，即迟滞时间。

在电压驱动方式中的高阻值喷油器的电磁线圈回路中阻抗最大，使其迟滞时间最长。在电压驱动方式中的低阻值喷油器的迟滞时间次之，电流驱动方式的迟滞时间最短。

七、喷油器的故障

常见的故障包括机械故障和电路故障，其中机械故障包括喷油器针阀卡滞、喷油器阻塞及泄漏等。

1. 喷油器针阀卡滞

当喷油器发生针阀卡滞故障后，喷油器针阀动作将会发涩，从而不能正常打开，影响正常的喷油量，造成不喷油、常喷油、滴漏、雾化不良。发动机将出现起动困难、怠速不稳、加速不良等故障。产生此故障的主要原因一般是使用了劣质燃油，因为劣质燃油中的石蜡和胶质，导致喷油器针阀卡滞。

2. 喷油器阻塞

喷油器阻塞故障多是由于燃油中混入杂质和污物，阻塞喷油器针阀的运动间隙，使喷油器阀体工作异常。发动机可能出现起动困难、怠速不稳、加速不良等症状，严重时会出现发动机运转抖动的现象。

3. 喷油器泄漏

喷油器泄漏的故障原因有多种，如果是由于在使用中的磨损，造成喷油器在燃油压力的作用下，不断向进气歧管内泄漏燃油。此时，会使其喷射出的燃油雾化不好，发动机运转不平稳，排气管冒黑烟，并且耗油量增加；如果是由于喷油器和燃油分配总管连接处密封不严造成的，其将会导致发动机起动困难、怠速熄火、动力性下降、耗油量增加或加速不良等故障的发生；如果是喷油器与进气歧管连接处的密封不好，则会造成混合气过稀，易引发发动机运转异常。

八、喷油器的维护

电控发动机经过一段时间的使用后会有一定的沉积物、油污、杂质，如喷油器内部会有机械杂质、沉积物堵塞。所以，按照使用要求应定期对喷油器进行清洗和维护。

在定期清洗、维护的过程中，会去除这些杂质、异物，以保持各个部件的清洁，使各部件工作良好，延长各部件的使用寿命，实现节能的目的。

新车一般在行驶 30 000～35 000km 进行第一次维护，以后每行驶大约 20 000km（一年），就要进行下一次维护。

任务实施

一、实训准备（设备、教具、工量具、耗材）

举升机、卡罗拉型轿车、工具车和零件车、常用与专用拆装维修工具和量具、万用表、检测仪等。

二、实施步骤

喷油器及其控制电路检测及故障排除见表 3-10。

表 3-10 喷油器及其控制电路检测及故障排除

步　　骤	图　　示
1) 故障诊断。连接发动机故障诊断仪，读取并记录故障码及数据流。如有故障码，按故障码指示进行检修	
2) 听声音。当发动机怠速运转时，检测喷油器是否动作，或用智能检测仪进行执行器驱动。检查各喷油器有无工作声音。手触喷油器应有振动感，并应伴有"嗒嗒"声。对能动作的喷油器，检查其堵、漏的情况；对不能动作的喷油器检查其控制电路及喷油器针阀是否有卡滞现象	

(续)

步骤	图示
3）断缸检查。使点火开关置于OFF，拔下某气缸喷油器的电插头。接通点火开关，使发动机工作。对比该缸喷油器工作时，发动机的转速。如果发动机的转速无明显下降，说明该缸发动机不工作，或工作不良，可能是喷油器不工作，需要进一步检查。如果发动机的转速明显下降，说明该缸喷油器工作	
4）用万用表检查各缸喷油器电磁线圈电阻值。拔下每只喷油器上端子的线束插头 　检测各喷油器插座上两个端子之间的电磁线圈电阻值，应为 11.6～12.4Ω(20℃) 　如不在规定的范围内，需要更换喷油器	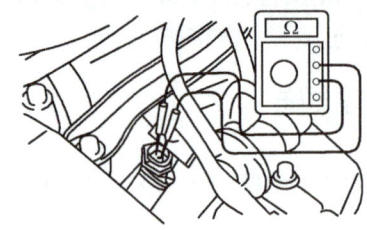
5）检测喷油器的电压。分别拔下各喷油器两端子的插头，接通点火开关，不起动发动机 　检测各缸喷油器的两个端子与发动机缸体之间的电压 　高电平标准电压应在 9～14V 范围内，低电平为 0。若均为 0，则说明喷油器供电线路有故障。需要检查电源电路	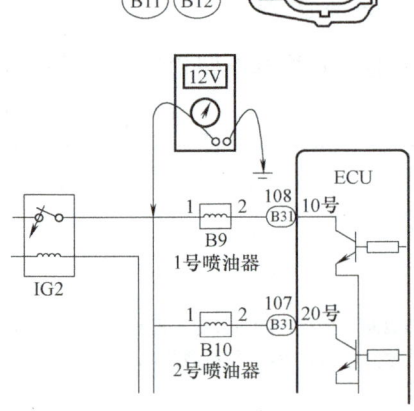
6）检测线路。用专用试灯接到插头上，起动发动机，试灯闪烁说明 ECU 控制信号和电源皆正常 　将点火开关置于 OFF 位置，连接喷油器总成的插接器	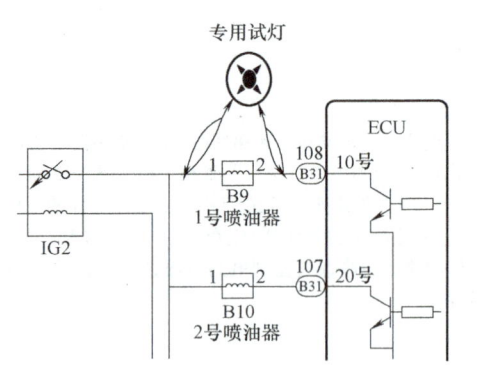

（续）

步　骤	图　示
7）超声波清洗。拆下喷油器 注意：应先卸压 将清洗液加到规定液面高度；再将喷油器插在超声波清洗槽架上；使要清洗的喷油器与脉冲输入信号线连接，并连接超声波电源线 按下超声波清洗机电源开关，再按"手动"键，即可对拆下的喷油器进行超声波清洗	
8）喷油量的检查。检测不在相同工况下、相同时间内，不同气缸的喷油器喷油量是否在规定范围内。如果喷油量有差别，差别越大，发动机运转越不平稳 一般15s的喷油量为45～55mL，各缸喷油差值不应多于5mL，如果差值不在规定范围内，应更换喷油器	
9）雾化检测。观察喷油器喷油雾化是否良好，如有直线射流现象，或者喷射歪斜，应更换喷油器	
10）密封性测试。当停止喷油时，不能有燃油泄漏发生。观测喷油器是否在1min内泄漏1滴或更少，否则需更换喷油器	

检测评价

喷油器及其控制电路检测及故障排除任务评价见表 3-11。

表 3-11 喷油器及其控制电路检测及故障排除任务评价

序号	实操活动	步骤	评分细则	分值	得分
1	准备工作	准备车轮挡块、翼子板护垫、车内四件套。全面检查车体、轮胎、玻璃有无损伤,做好检查记录	动作不规范,操作失误一次扣1分	4	
		放车轮挡块,安装尾排管		2	
		打开左前车门,安装好车内四件套		2	
		打开发动机舱盖安装翼子板护垫		2	
2	喷油器及其控制电路检测及故障排除	初步检查	连接错误扣2分,不能正确读取故障码扣2分 未清码扣2分,万用表使用不当扣2分,未正确操作扣2分	5	
		连接汽车故障诊断仪		5	
		选择相关车辆信息,读取故障码		10	
		测量蓄电池电压,断缸检查		10	
		检查各缸喷油器电磁线圈电阻值、电压		10	
		检测线路		5	
		超声波清洗、喷油量的检查、雾化检测、密封性测试		15	
		清除故障码,试车		5	
		断开故障诊断仪,收拾好仪器		5	
3	安全文明生产	收好翼子板护垫、车内四件套、车轮挡块、尾排管	清洁不及时不得分 操作中设备损伤每次扣2分;操作中受伤每次扣1分;工具、零件落地每次扣1分	3	
		关好发动机舱盖、车门		2	
		清洁工具、量具		2	
		清洁场地		1	
		操作过程中注意安全		2	
4	操作时间	时间	操作时间为30min,每超过1min扣1分	10	
		合　计		100	

说明:每项分值扣完为止

教师评价

指导教师_____
___年___月___日

 课后测评

一、填空题

1. 电控燃油喷射系统一般由_____、_____、_____三个子系统组成。
2. 多点式燃油喷射系统节气门体分为_____、_____、_____三种。

3. EFI按喷油器的数目不同可分为_____、_____；按空气量检测方式不同，电控燃油喷射系统可分为_____、_____、_____三种。

4. 电控系统由_____、_____、_____三部分组成。

5. 空气滤清器常用的有_____、_____、_____、_____等几种形式。

6. 燃油供给系统由_____、_____、_____、_____、脉动阻尼器、_____、_____、输油管（进油管）及回油管等组成。

7. 根据燃油喷射压力不同，电控燃油喷射系统又可以分为_____和_____两种。

8. 脉动阻尼器主要由_____、_____、_____和_____组成。

9. 燃油滤清器用来滤除燃油中的_____、_____等固体杂质和水分，防止燃油系统堵塞，减少机械部件磨损，提高发动机稳定运行的可靠性。

10. 电控燃油喷射系统的燃油滤清器耐压强度一般要求达到_____以上；一次性不可拆式的纸质滤芯燃油滤清器，更换周期一般为_____。

11. 电控燃油喷射系统燃油压力一般高于进气歧管压力_____，燃油泵的最高输出油压为_____。

12. 汽车的电动燃油泵主要由外壳、_____、_____、_____、_____及滤网等组成。

13. 按结构与工作原理不同燃油泵可以分成_____和_____。其中，前者有_____和_____两种，后者有_____和_____两种。

14. _____可防止燃油倒流；在油泵输出的油压为0.4MPa时，_____打开，使高压燃油回到进油室。

15. 电动燃油泵按安装位置不同有_____和_____两种。

16. 喷油器的功用是接收发动机_____发出的喷油电脉冲信号，定时喷油和断油，精确控制_____。

17. 按喷油器电磁线圈电阻值不同可分为_____和_____，按喷油器喷口形式不同可分成_____和_____。

18. 喷油器按其结构形式的不同可分为_____、_____和_____。

19. 燃油的喷射方式按燃油喷射时刻不同分为_____和_____两种。间歇喷射又分为_____、_____和_____。

20. 喷油器的故障有_____和_____。

二、选择题

1. 发动机主ECU将发动机（　　）信号作为主控信号。
A. 节气门开度　　B. 转速和负荷　　C. 进气温度　　D. 冷却液温度

2. 空气流量传感器可应用在（　　）电控燃油喷射系统中。
A. L型　　B. D型　　C. Mono型　　D. 各种

3. 英语缩略词EFI是指（　　）。
A. 电控单元　　B. 电控燃油喷射系统　　C. 单点燃油喷射　　D. 电控点火

4. 电控发动机电控系统的核心部分是（　　）。
A. ECU　　B. 传感器　　C. 执行器　　D. 继电器

5. 在配置电控汽油机的汽车上，驾驶人通过操纵加速踏板对（　　）进行直接控制。
   A. 空气量　　　　　　　　　　　　B. 燃油量
   C. 空气与燃油的混合气体　　　　　D. 进气温度
6. 能给 ECU 提供反馈信号的传感器是（　　）。
   A. 冷却液温度传感器　　　　　　　B. 氧传感器
   C. 节气门位置传感器　　　　　　　D. 进气温度传感器
7. 属于 EFI 的执行器是（　　）。
   A. 喷油器　　B. 点火控制器　　C. 点火开关　　D. 空气流量传感器
8. 发动机电控燃油系统一般由（　　）个子系统组成。
   A. 两　　　　B. 三　　　　　　C. 四　　　　　D. 五
9. 当拆蓄电池搭铁线时，点火开关应置于（　　）。
   A. ON　　　　B. OFF　　　　　C. ST　　　　　D. ACC
10. 节气门体上有怠速调整螺钉、旁通进气道及（　　）。
    A. 火花塞　　B. 燃油泵　　　　C. 节气门　　　D. 冷却液温度
11. 当进气歧管内压力升高时，燃油压力调节器将燃油压力（　　）。
    A. 提高　　　B. 降低　　　　　C. 保持不变　　D. 以上都不正确
12. 某电控燃油喷射系统的燃油压力过高，以下（　　）正确。
    A. 电动燃油泵的电插头接触不良　　B. 回油管堵塞
    C. 燃油压力调节器回油阀密封不严　D. 以上都正确
13. 当安装燃油压力表时，按正确的工序应该首先进行（　　）。
    A. 断开燃油蒸发罐管路　　　　　　B. 将燃油压力表连接到回油管路上
    C. 燃油系统卸压　　　　　　　　　D. 拆下燃油分配器上的燃油管
14. 汽车燃油压力调节器膜片损坏可能造成（　　）故障。
    A. 燃油泵不工作　　　　　　　　　B. 混合气过浓
    C. 燃油滤清器堵塞　　　　　　　　D. 混合气过稀
15. 当拆下燃油压力调节器的真空管时，燃油压力应（　　）。
    A. 上升　　　B. 下降　　　　　C. 不变　　　　D. 上下波动
16. 下列（　　）属于燃油供给系统的组成部件。
    A. 燃油压力调节器　B. 空气滤清器　C. 节气门体　D. 空调
17. 在燃油喷射系统中燃油压力调节器可以安装在（　　）上。
    A. 燃油分配器　　B. 空气滤清器　C. 输油管　　D. 节气门体
18. 当急加速时，燃油供给系统的油压应（　　）。
    A. 上升　　　B. 下降　　　　　C. 不变　　　　D. 上下波动
19. 燃油压力调节器真空管接错或漏气，则急加速时油压将（　　）。
    A. 上升　　　B. 下降　　　　　C. 不变　　　　D. 上下波动
20. 汽车燃油保持油压过低，不可能的原因是（　　）。
    A. 燃油压力调节器回油阀关闭不严　B. 电动燃油泵单向阀关闭不严
    C. 喷油器滴漏　　　　　　　　　　D. 打开空调开关
21. 在电控燃油喷射系统中，燃油泵受（　　）控制。

A. ECU　　　　　B. 进气温度　　　　C. 冷却液温度　　　D. 燃油压力调节器

22. 当发动机熄火后，（　　）阻止燃油从供油管路返回燃油箱。
A. 喷油器　　　　　　　　　　　　B. 燃油压力调节器
C. 燃油泵的单向阀　　　　　　　　D. 滤清器

23. 当燃油压力过高时，（　　）开启，使燃油回到燃油箱。
A. 燃油泵的限压阀　　　　　　　　B. 燃油泵的单向阀
C. 燃油压力调节器的回油阀　　　　D. 节气门

24. 在电控燃油喷射系统中，燃油到达气缸需经（　　）过滤。
A. 空气滤清器　　B. 燃油滤清器　　C. 进油管　　　　D. 燃油分配总管

25. 燃油泵按结构和功能分为动力泵和（　　）两种类型。
A. 侧槽泵　　　　B. 滚柱泵　　　　C. 容积泵　　　　D. 涡轮泵

26. 在电控燃油喷射系统中，电动燃油泵是由（　　）带动旋转的。
A. 燃油泵　　　　B. 电动机　　　　C. 发动机曲轴　　D. 以上都不对

27. 起动发动机前，当点火开关置于ON时，电动燃油泵（　　）。
A. 持续运转　　　　　　　　　　　B. 不运转
C. 运转10s后停止　　　　　　　　 D. 运转2s后停止

28. 电动燃油泵压过低，可能是（　　）。
A. 蓄电池电压过低　　　　　　　　B. 燃油压力调节器真空管漏气
C. 发动机曲轴故障　　　　　　　　D. 以上都不对

29. 电动燃油泵安装在燃油箱中，是为了（　　）。
A. 安装方便　　　B. 便于控制　　　C. 减少气阻　　　D. 以上都不对

30. 当怠速时，燃油压力为300kPa，可能是（　　）。
A. 蓄电池电压过低　　　　　　　　B. 燃油压力调节器真空管漏气
C. 回油管路不畅通　　　　　　　　D. 以上都不对

31. 在多点式燃油喷射系统中，每个气缸有（　　）只喷油器。
A. 一　　　　　　B. 两　　　　　　C. 零　　　　　　D. 多

32. 在单点式燃油喷射系统中，喷油器安装在（　　）。
A. 进气总管上　　B. 节气门体上　　C. 气缸燃烧室里　D. 进气歧管上

33. 当喷油器的结构确定后，电磁喷油器的喷油量主要取决于（　　）。
A. 喷油脉宽　　　B. 点火提前角　　C. 进气温度　　　D. 喷油时刻

34. 当发动机熄火后，喷油器的喷油口应该（　　）。
A. 关闭　　　　　B. 一直开启　　　C. 可以漏油　　　D. 半开启

35. 电磁式喷油器的电磁线圈电阻值，在20℃时，应为（　　）Ω。
A. 2~3　　　　　 B. 20~30　　　　 C. 11.6~12.4　　 D. 0.2~0.3

36. 高阻值喷油器只能采用（　　）驱动方式。
A. 电流　　　　　B. 电压　　　　　C. 电流和电压　　D. 以上都不对

37. 喷油器的清洗是指将喷油器（　　）清除。
A. 外面污物　　　B. 喷口处污物　　C. 内部杂质　　　D. 以上都不对

38. 当喷油器工作时，应该（　　）。

A. 没有声音　　　　　　　　　　　　B. 有阀开启、关闭的声音
C. 平稳，没有振动　　　　　　　　　D. 以上都不对

39. MPI 是指（　　）系统。
A. 多点式燃油喷射　B. 单点式燃油喷射　C. 化油器　　　　D. 以上都不对

40. 当低阻值喷油器采用电压驱动方式时，必须（　　）附加电阻。
A. 并联接入　　　　B. 串联接入　　　　C. 不接　　　　　D. 以上都不对

三、判断题

1. 怠速时所有车电控发动机的节气门一定是全关闭。（　　）
2. 电控系统中的信号输入装置就是各种传感器。（　　）
3. 电控发动机均采用的是闭环控制。（　　）
4. 当节气门内腔有积垢后，可用钢丝球将其清除。（　　）
5. 电控燃油喷射系统按有无反馈信号可分为开环控制系统和闭环控制系统。（　　）
6. 节气门过脏，会使电控发动机怠速过高。（　　）
7. 一般车上，进气歧管绝对压力传感器与空气流量传感器这两种传感器中只装一种。
（　　）
8. 多点式燃油喷射系统是指多次喷射燃油。（　　）
9. 怠速自动式节气门体即是电子节气门体。（　　）
10. D 型 EFI 采用质量流量方式测进气量。（　　）
11. 在拆卸燃油系统内任何元件时，都必须首先释放燃油系统压力。（　　）
12. 通过测试燃油系统压力，可诊断燃油系统是否有故障。（　　）
13. 在 EFI 中燃油压力调节器的作用是保持喷油系统压力和喷油环境压力压差一定。
（　　）
14. 燃油压力调节器由 ECU 控制。（　　）
15. 在电控燃油供给系统中，一般燃油滤清器都是一次性的。（　　）
16. 当燃油滤清器安装时，要注意燃油流向，不能安错。（　　）
17. 脉动阻尼器的作用是保持喷油系统压力和喷油环境压力压差一定。（　　）
18. 燃油压力调节器的进油管和真空管之间应不通。（　　）
19. 释放燃油系统压力就是直接拆下燃油管路。（　　）
20. 燃油供给系统中自带油压表。（　　）
21. 现代轿车一般都将电动燃油泵安装在燃油箱里。（　　）
22. 电动燃油泵是由小型交流电动机驱动的。（　　）
23. 内置式电动燃油泵多采用滚柱式燃油泵。（　　）
24. 内置式电动燃油泵不易产生气阻，且噪声小。（　　）
25. 不同车型的电动燃油泵电路都相同。（　　）
26. 当发动机熄火后，燃油泵立即停止工作。（　　）
27. 电动燃油泵的单向阀起到卸压的作用。（　　）
28. 当发动机停止工作后，燃油管路中应该有一定的油压。（　　）
29. 滚柱泵属于容积泵。（　　）
30. 内置式电动燃油泵需要事先在其内部充满燃油。（　　）

31. 同时喷射正时控制是以发动机最先进入做功行程的气缸为基准。（ ）
32. 喷油器的实际喷油时刻比 ECU 发出喷油指令的时刻要晚。（ ）
33. 在发动机起动后的各工况下，ECU 只确定基本喷油时间，不需要对其修正。
（ ）
34. 冷起动喷油器仅在发动机低温起动时喷油。（ ）
35. 电压升高，喷油器的无效喷油时间会减少。（ ）
36. 当发动机起动时，EFI 的基本喷油量取决于冷却液温度。（ ）
37. 电流驱动方式只适合于高阻值喷油器。（ ）
38. 多点式燃油喷射系统是指一只喷油器同时给多个气缸喷油。（ ）
39. 同时喷射正时控制是指所有喷油器由 ECU 控制同时喷油和断油。（ ）
40. 当采用顺序喷射方式时，发动机一个工作循环各喷油器都喷射燃油一次。（ ）

项目四
汽油机点火控制系统的检修

项目描述

点火系统一般存在两大故障类型:第一类为点火线圈中初级、次级线圈发生故障,第二类为火花塞缺火(由火花塞烧蚀或者积炭过多等原因造成)。为了解决这些故障案例,从知识点方面进行分类与提炼得出本项目的两个任务:任务一,点火控制器及点火线圈的检测及更换;任务二,火花塞的检测及更换。学习完这两个任务,便能掌握汽油机点火控制系统检修项目的知识与技能要求。

建议学时

8 学时。

任务一 点火控制器及点火线圈的检测及更换

任务目标

知识目标	1)掌握点火系统的作用、类型,准确描述点火系统的组成及工作原理 2)掌握计算机控制点火系统的故障检测方法及步骤 3)掌握火花塞的结构和工作原理
技能目标	1)使学生具备信息查找的能力 2)使学生具备点火系统的检测及维修能力 3)培养学生良好的安全意识和操作规范

任务描述

一辆丰田卡罗拉轿车,在其熄火后再次起动发动机,发现发动机起动后抖动严重,加速不良，高速也上不去，并且故障灯点亮。

连接故障诊断仪 KT600 读取故障码 P0353，清码，再次读取故障码发现故障码仍是 P0353，P0353 的含义为点火线圈"C"初级/次级电路。经检查发现插接件安装正常，需要更换点火线圈，要解决这一问题必须先了解点火系统的组成、类型及工作原理。

知识储备

一、有分电器计算机控制点火系统的检修

1. 计算机控制点火系统的作用和分类

（1）汽油机点火系统的作用　将汽车电源所提供的低压电转变成高压电，并按照发动机各缸做功顺序和点火时刻要求，适时准确地将高压电输送至各缸火花塞，使火花塞跳火，点燃气缸内的可燃混合气。

（2）汽油机计算机控制点火系统的分类　计算机控制点火系统在各种工况及环境条件下，都能对点火线圈初级电路的通电时间和电流进行控制，使点火线圈中存储的点火能量保持恒定，而且具有爆燃控制功能，可自动获得最佳点火提前角，从而使发动机的动力性、排放性、经济性及工作稳定性等各方面均处于最佳状态。

计算机控制点火系统按能量的存储方式分为电感储能式和电容储能式；按信号发生器的工作原理分电磁感应式、霍尔效应式和光电式；按高压电分配方式不同分为有分电器计算机控制点火系统和无分电器计算机控制点火系统，无分电器计算机控制点火系统按照高压配电方式不同又分为点火线圈配电和二极管配电两种。

2. 有分电器计算机控制点火系统的组成

有分电器计算机控制点火系统一般由电源、点火开关、传感器、ECU、点火器（点火模块）、点火线圈、分电器、高压线和火花塞等组成，如图 4-1 所示。

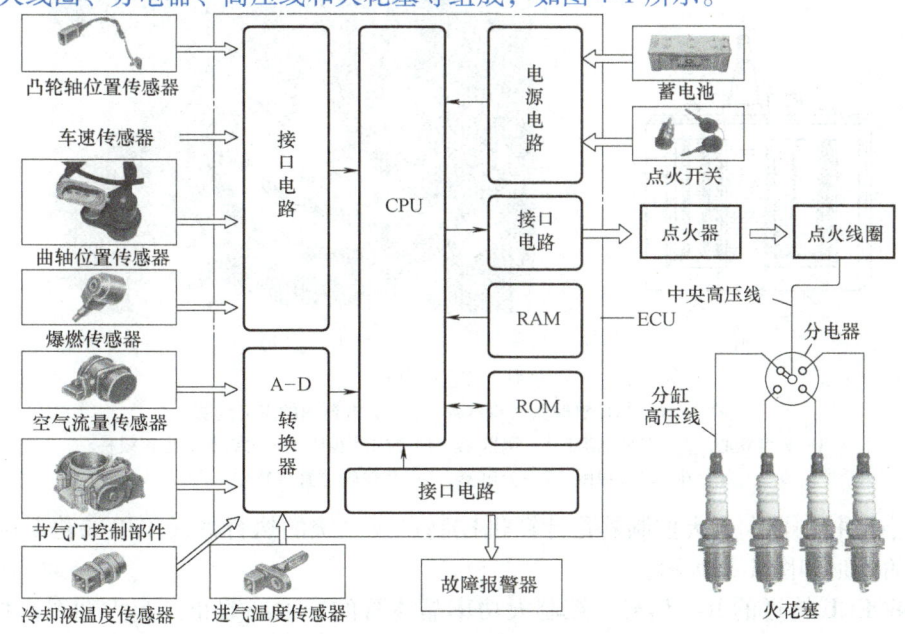

图 4-1　有分电器计算机控制点火系统的组成

（1）传感器及各种开关信号　传感器及各种开关信号用于检测发动机在各种运行工况下的参数变化，为ECU提供点火控制所需的信号。

1）凸轮轴/曲轴位置传感器。凸轮轴/曲轴位置传感器检测凸轮轴的位置和曲轴的位置及转角，并向ECU输送G信号（上止点信号）和NE信号（曲轴位置及转角），以便控制点火正时。同时ECU还根据曲轴位置传感器的信号（NE信号）确定发动机的转速，以便确定基本点火提前角。

2）空气流量传感器（或进气歧管绝对压力传感器）。空气流量传感器提供进气量信号，是ECU确定基本点火提前角的主要依据。

3）爆燃传感器。爆燃传感器判断发动机气缸内是否产生爆燃，用于修正点火提前角。

4）冷却液温度传感器。ECU根据冷却液温度传感器信号修正点火提前角。

5）节气门位置传感器。节气门位置传感器提供发动机负荷信号，ECU根据该信号对点火提前角进行修正。

6）车速传感器。车速传感器向ECU输送车速信号，用于ECU对点火提前角进行修正。

7）空调开关。空调开关检测空调系统的工作状态，用于在怠速工况下，ECU对点火提前角进行修正。

8）起动开关。当发动机起动时，起动信号是ECU对点火提前角进行控制的主信号。

（2）ECU　在发动机工作时，它不断地接收各传感器的信息，按其存储的控制程序计算出每种工况下相对应的最佳点火提前角，并向点火器提供点火正时信号（即IGT信号）。

（3）点火线圈　计算机控制点火系统中使用的是闭磁路的高能点火线圈，在有分电器计算机控制点火系统中，只有一个点火线圈，而无分电器计算机控制点火系统中有两个或多个点火线圈。

电控发动机用高能点火线圈内部结构如图4-2a所示，有些车辆点火线圈组装在分电器内，如图4-2b所示。

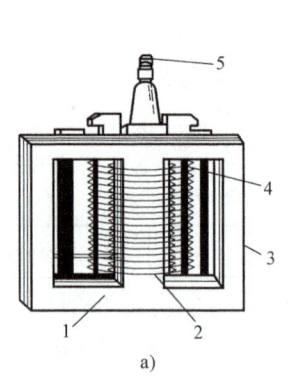 

图4-2　点火线圈
a）空气冷却环氧树脂E型线圈　b）分电器内的点火线圈
1—E型铁心　2—初级绕组　3—钢框架　4—次级绕阻　5—次级侧输出接线柱
6—点火线圈　7—分电器　8—凸轮轴位置传感器

（4）点火控制器　点火控制器是计算机控制点火系统的执行器，丰田威驰5A-FE发动机点火器的外形如图4-3所示。

它接收ECU输送的IGT信号，控制大功率晶体管的导通或截止。当大功率晶体管由导通变为截止时，点火线圈的次级绕组因互感而产生高达30～40kV的高压，在次级绕组互感产生高压的同时，初级绕组内部也产生自感电动势，被点火确认（IGF）信号产生电路识别，经滤波整形后形 IGF 信号送回至 ECU，以确认点火成功。点火器的 IGT 信号及 IGF 信号如图 4-4 所示。点火器还具有恒定电流控制、闭合角控制、停车断电保护和过电压保护等功能。

（5）分电器 在计算机控制点火系统中分电器的作用是将高压电按点火顺序分配至火花塞，主要由分电器盖和分火头等组成。丰田轿车的分电器结构如图 4-5 所示，有些车辆的曲轴位置传感器和凸轮轴位置传感器也安装在分电器内。

图 4-3 丰田威驰 5A-FE 发动机点火器的外形

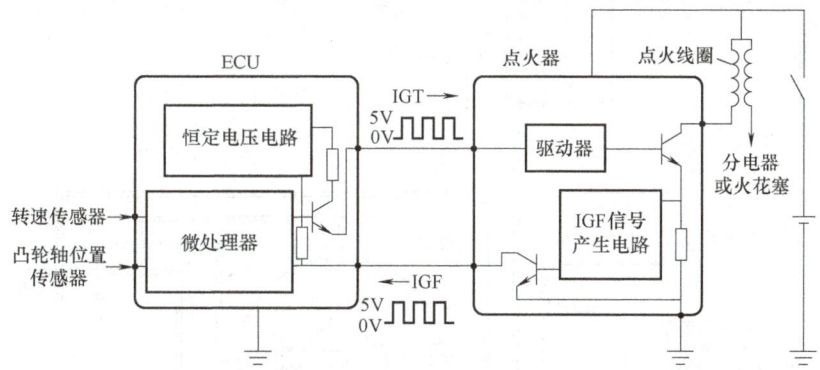

图 4-4 点火器的 IGT 信号及 IGF 信号

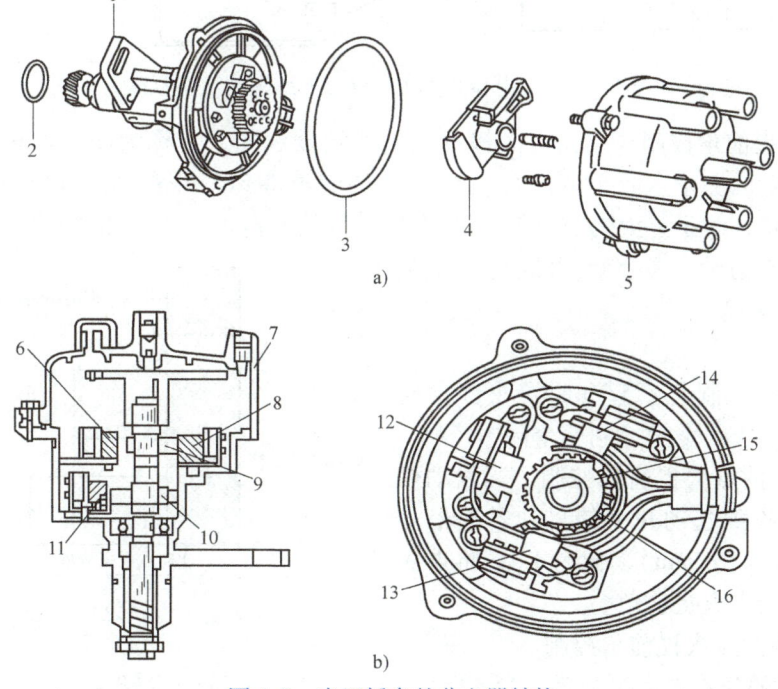

图 4-5 丰田轿车的分电器结构

a）丰田轿车的分电器分解图 b）分电器内部曲轴位置传感器和凸轮轴位置传感器
1—调整底板 2、3—O 形密封圈 4—分火头 5、7—分电器盖 6、13—G2 感应线圈
8、14—G1 感应线圈 9、15—G 信号转子 10、16—Ne 信号转子 11、12—Ne 感应线圈

3. 有分电器计算机控制点火系统的工作原理

（1）点火原理　当发动机运转时，ECU 根据曲轴位置和凸轮轴位置传感器判断出曲轴的位置及气缸的冲程，根据发动机的转速和进气量信号确定基本点火提前角，再根据其他传感器信号对点火提前角进行实时修正，最后确定出最佳点火提前角，并向点火器发出点火控制指令（IGT 信号），点火器依据 IGT 信号接通或切断点火线圈的初级电路，在次级绕组中感应出很强的高压电，通过高压线、配电器配送给各缸火花塞，使火花塞跳火，点燃可燃混合气。当点火线圈正常工作时，点火器不断向 ECU 提供 IGF 信号，同时 ECU 还利用爆燃传感器对点火提前角实施反馈控制，如图 4-6 所示。

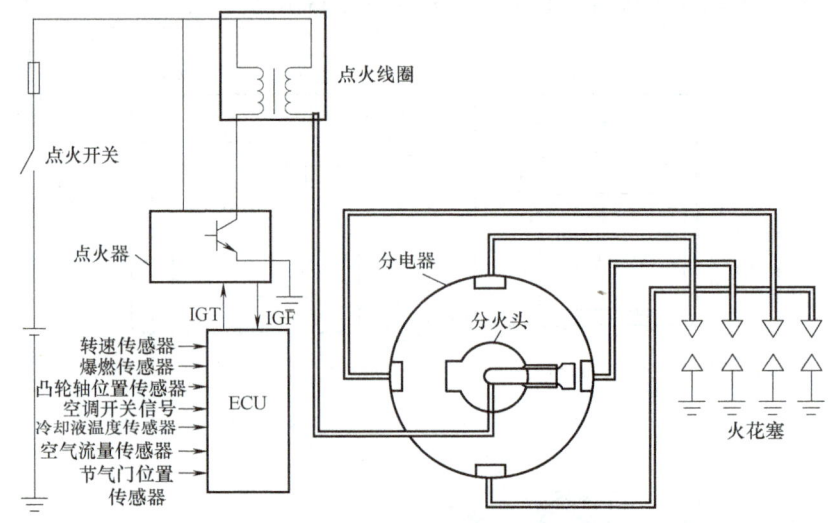

图 4-6　有分电器计算机控制点火系统的工作原理

（2）点火提前角控制　初始点火提前角是原始设定的，又称为固定点火提前角。初始点火提前角一般为上止点前 5°～10°，基本点火提前角是 ECU 根据转速和负荷等主控信号确定的点火提前角，修正点火提前角是 ECU 根据其他因素对点火提前角进行的修正。

实际点火提前角 = 初始点火提前角 + 基本点火提前角 + 修正点火提前角，如图 4-7 所示。

点火提前角控制包括起动时点火提前角控制和起动后点火提前角控制两个基本控制。

1）起动时的点火提前角控制。当发动机起动时，ECU 收到起动开关信号和转速信号（起动时转速为 500r/min），此时 ECU 将点火时间设置在初始点火提前角。

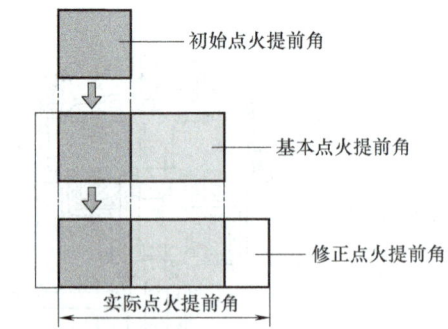

图 4-7　点火提前角的组成

2）起动后的点火提前角控制。

① 怠速时的基本点火提前角。怠速时，ECU 接收汽车发动机转速传感器及空调开关的信号，控制点火。

② 正常工况的基本点火提前角。当正常工况时，ECU 接收汽车发动机转速传感器、进气温度传感器及进气歧管绝对压力传感器的信号，控制点火。

③ 修正点火提前角的控制。点火提前角的修正内容主要包括暖机修正、怠速稳定性修正、过热修正、空燃比反馈修正和爆燃修正。

a. 暖机修正：当冷却液温度太低而要改善发动机的行车性能时，为了适合进入的空气质量而进行提前角的修正，通过该修正功能可将点火时间角度提前最大 15°。

暖机修正如图 4-8 所示。

b. 怠速稳定性修正：如果发动机怠速偏离目标怠速，发动机 ECU 将会调节点火时间以使发动机转速稳定。怠速稳定性修正如图 4-9 所示。

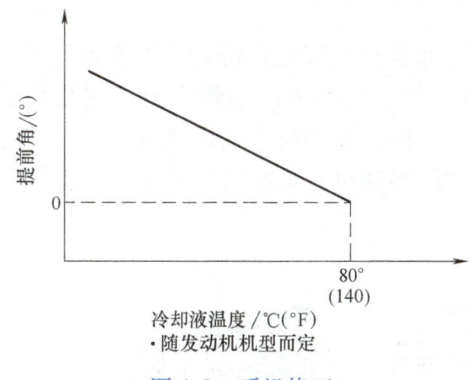

图 4-8　暖机修正

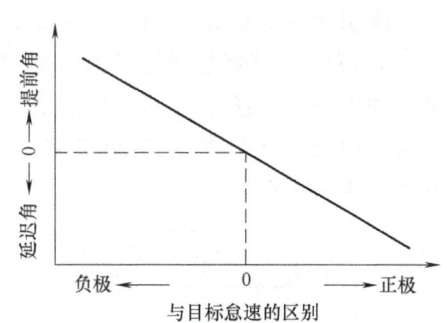

图 4-9　怠速稳定性修正

c. 过热修正：当冷却液温度过高时，点火时间将被延迟以防止爆燃或过热，这种修正使点火时间角度延迟最大 5°。过热修正如图 4-10 所示。

d. 爆燃修正：如果发动机出现爆燃，爆燃传感器产生电压信号，发动机 ECU 根据爆燃信号的强度来判断爆燃的强弱，然后通过延迟点火时间进行修正。爆燃修正如图 4-11 所示，爆燃控制过程如图 4-12 所示。

e. 空燃比反馈修正：为了保持怠速稳定，在空燃比例反馈中，要使点火时间提前以和进入的空气量相匹配。

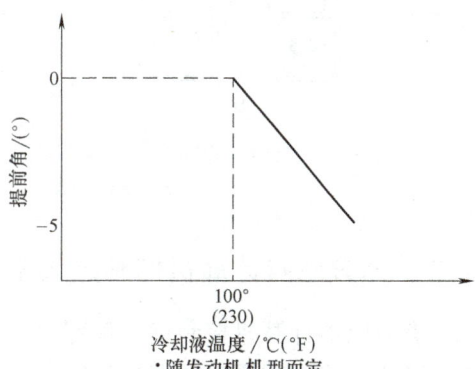

图 4-10　过热修正

此外，还有一些型号的发动机增加了以下几种修正，以便更准确有效地控制点火时间。

f. EGR 修正：当废气再循环系统工作并且节气门处于关闭状态时，要提前点火时间，

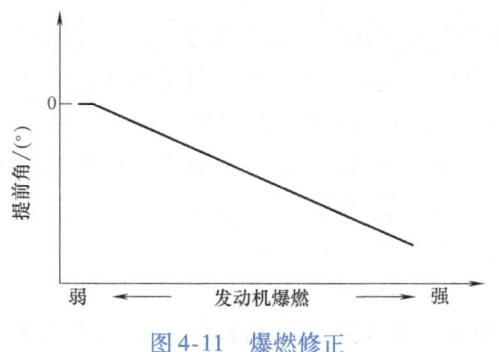

图 4-11　爆燃修正

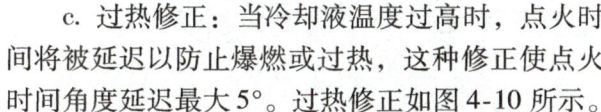

图 4-12　爆燃控制过程

以便与进入的空气质量和发动机转速相一致。

g. 转矩控制修正：由于车辆配备了自动变速器，在换档过程中将会产生振动。可通过延迟点火正时以降低发动机转矩，来减小这种振动。

h. 加速修正：当从减速转换为加速时，点火时间需要提前或者延迟以便满足加速过程的需要。

i. 巡航控制修正：当以巡航控制行驶时，在下坡行驶中，巡航控制 ECU 发出一个信号给发动机 ECU 以延迟点火正时，使得在制动过程中产生的发动机转矩变化最小，以执行平稳巡航控制。

j. 牵引力控制修正：当牵引力控制运作时，为了降低发动机转矩，将会延迟点火正时。

（3）爆燃传感器与爆燃控制　爆燃会导致冷却液过热，功率下降油耗上升。爆燃传感器是发动机电控系统中必不可少的重要部件，它的功用是检测发动机有无爆燃现象，并将信号送入发动机 ECU。桑塔纳 2000GSi、3000 型轿车爆燃传感器电路连接及插头与插座上端子位置如图 4-13 所示。

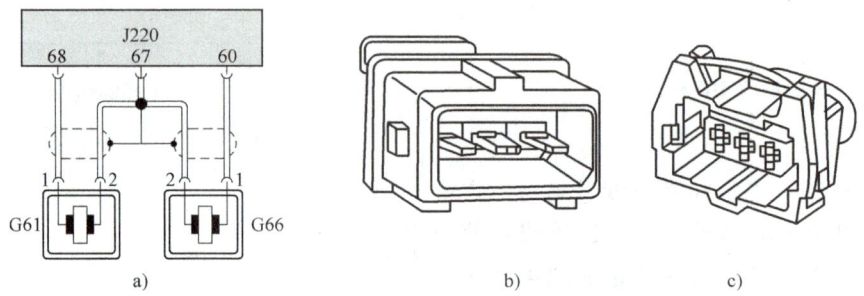

图 4-13　桑塔纳 2000GSi、3000 型轿车爆燃传感器电路连接及插头与插座上端子位置
a）电路连接　b）传感器插座　c）传感器插头

二、无分电器计算机控制点火系统

在有分电器计算机控制点火系统中，由于分电器的机械传动部分会产生磨损，加上分火头与各高压线之间的跳火间隙会产生点火能量损耗及由此产生的电磁干扰等缺陷，故无分电器计算机控制点火系统正在逐步取代有分电器计算机控制点火系统，该点火系统由点火线圈产生的高压电直接送到火花塞，因此无分电器计算机控制点火系统又称为直接点火系统，该点火系统的突出优点是无机械机构磨损、无需调整、工作可靠。无分电器计算机控制点火系统又分为同时点火方式与单独点火方式两种。

同时点火方式的特点是活塞同时到达上止点的两个气缸共用一个点火线圈，点火线圈每产生一次高压电会使配对两个气缸的火花塞同时跳火，其中压缩行程末期的气缸是有效点火，排气行程末期的气缸是无效点火，由于排气行程末期的气缸缸压较低，加之废气中导电离子较多，其火花塞电极间隙很容易被高压电击穿，消耗的能量非常少，所以不会对压缩行程气缸的点火产生影响。同时点火方式又分为二极管配电式和点火线圈配电式两种，现在常用的是点火线圈配电式。点火线圈配电式同时点火系统的特点是，点火线圈数是气缸数的一半。

1. 无分电器同时点火系统的组成

点火线圈配电式同时点火系统的组成（以桑塔纳 2000AJR 发动机同时点火系统为例）

如图 4-14 所示，由电源、点火开关 D、各种传感器（如曲轴位置传感器 G28、爆燃传感器 G61/G66、相位传感器 G40 及其他相关传感器）、ECU、点火控制组件 N152、高压线和火花塞等组成。该点火系统的主要部件点火器及两个点火线圈采用组合式结构，即点火控制组件 N152，其安装位置如图 4-15 所示，其结构示意图如图 4-16 所示，其工作原理示意图如图4-17所示。1、4 缸火花塞共用一个点火线圈，2、3 缸火花塞共用一个点火线圈。

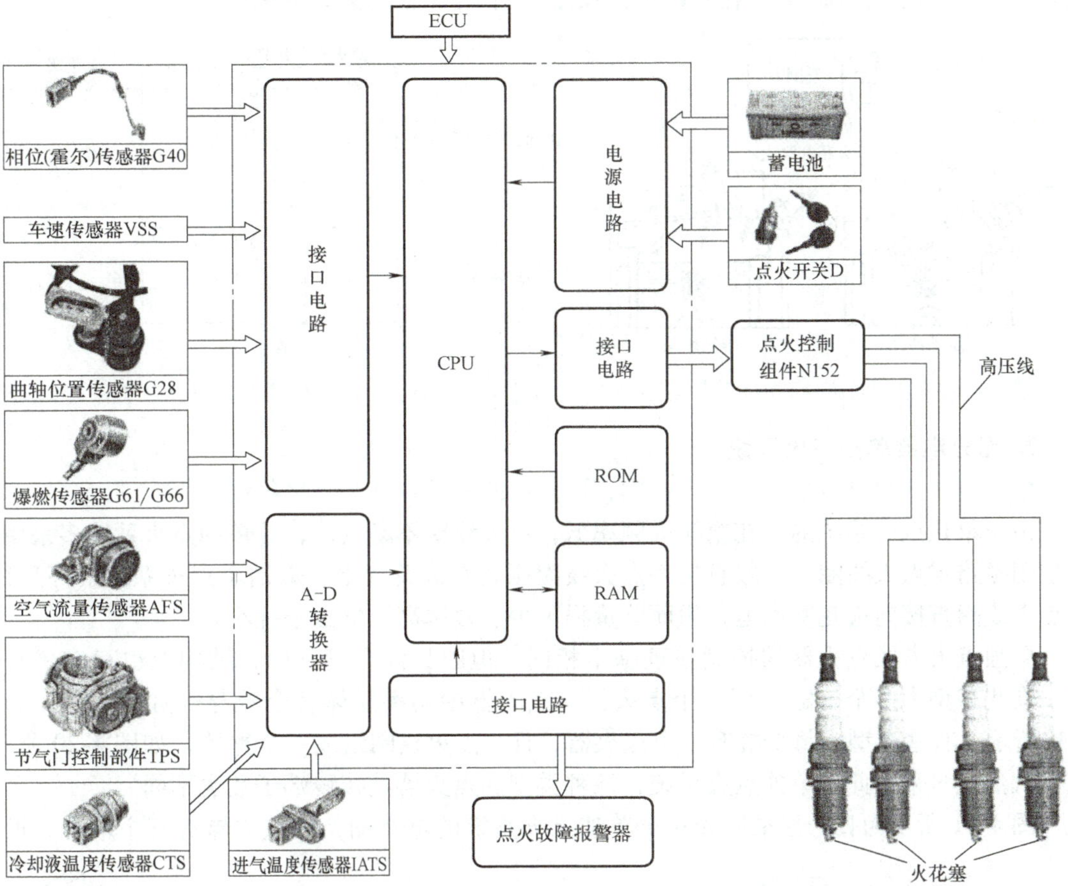

图 4-14　桑塔纳 2000AJR 发动机同时点火系统的组成

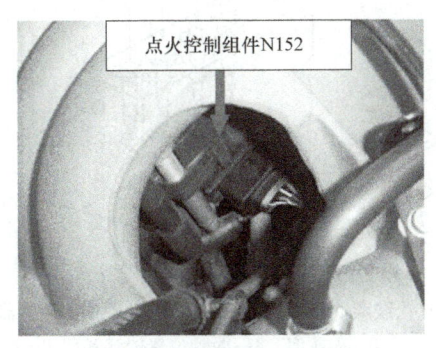

图 4-15　点火控制组件 N152 的安装位置

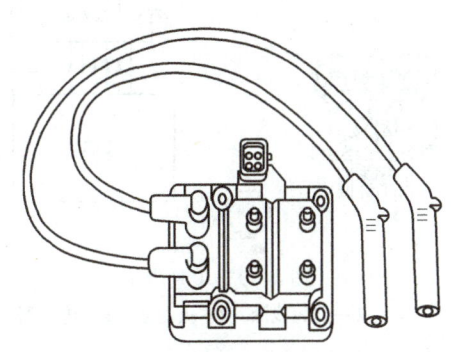

图 4-16　点火控制组件 N152 的结构示意图

2. 无分电器同时点火系统的工作原理

点火线圈配电式同时点火系统的工作原理如图 4-18 所示，当发动机运转时，ECU 根据各种传感器及开关信号提供的信息，判断出哪两个缸将要达到上止点，并确定出最佳点火提前角，然后向点火控制组件 N152 发出精确的点火控制指令，若点火控制组件 N152 接到 1、4 缸触发信号，则 VT_1 先导通再截止，使 1、4 缸对应的初级绕组先通电再断电，于是在 1、4 缸对应的次级绕组中产生高压电，1、4 缸的火花塞与其共用的点火线圈次级绕组串联，形成高压回路，使 1、4 缸的火花塞跳火。反之，则 2、3 缸的火花塞跳火。

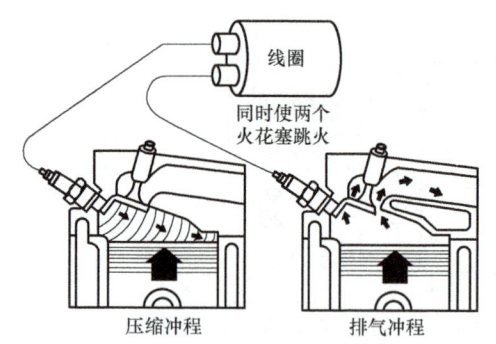

图 4-17　点火控制组件 N152 的工作原理示意图 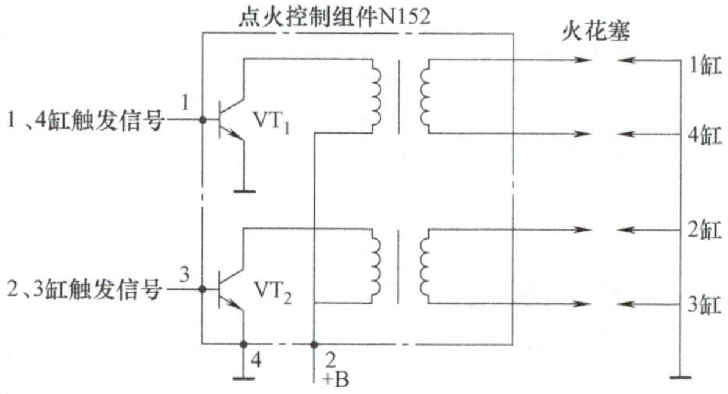　　图 4-18　点火线圈配电式同时点火系统的工作原理

3. 无分电器单独点火系统

单独点火系统是每缸一个点火线圈，即点火线圈的数量与气缸数相等。

由于单独点火系统的火花塞跳火频率低，点火线圈不易发热，故单独点火系统多采用超小型闭磁路式点火线圈，一般直接将点火线圈压装在火花塞上，取消了点火系统的高压线，由点火线圈直接向火花塞供电，因而能量损失少、效率高、电磁干扰小。

单独点火方式点火器的控制原理基本相同，但因具体车型不同，结构上也存在一些差异，有些车型为多个气缸共用一个点火器，点火器中功率晶体管个数与气缸数一致，如图 4-19 所示；有些车型为每个缸有一个点火器，且与点火线圈组成一个整体，如图 4-20 所示，现代汽油机多采用此种单独点火系统，该种类型的点火器其接线端子数也不同。

图 4-21 所示为日产尼桑阳光轿车单独点火系统的电路图，该点火器有三个端子，没有

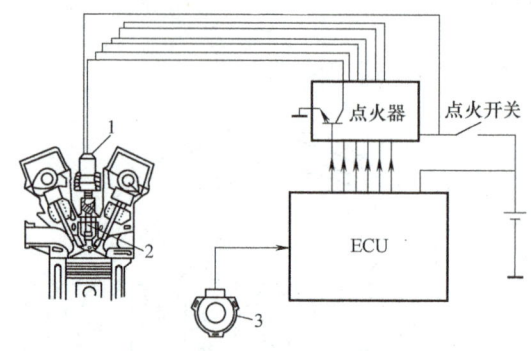

图 4-19　单独点火系统
1—点火线圈　2—火花塞　3—传感器

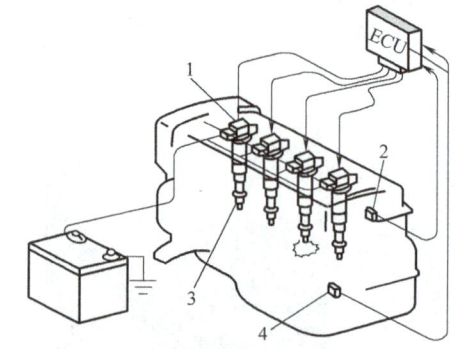

图 4-20　多个点火器的单独点火系统
1—点火线圈（带点火器）　2—凸轮轴位置传感器
3—火花塞　4—曲轴位置传感器

IGF 信号线；图 4-22 所示为上海帕萨特 ANQ 发动机单独点火系统的电路图，该点火器虽有四个端子，但没有 IGF 信号线；图 4-23 所示为丰田卡罗拉 1ZR 发动机单独点火系统的电路图，该点火器也有四个端子，且有 IGF 信号线。

以丰田卡罗拉 1ZR 发动机的单独点火系统为例，该发动机每缸的点火器与点火线圈组成一个整体安装在各自火花塞上端，取消了高压线，其安装位置如图 4-24 所示。

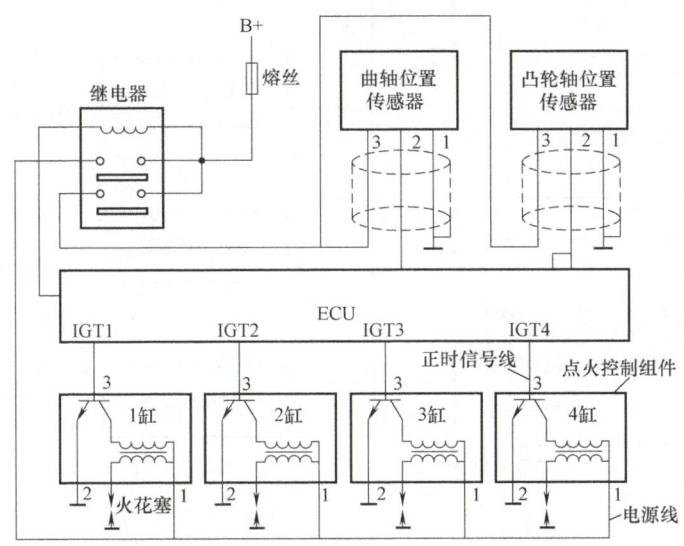

图 4-21 日产尼桑阳光轿车单独点火系统的电路图

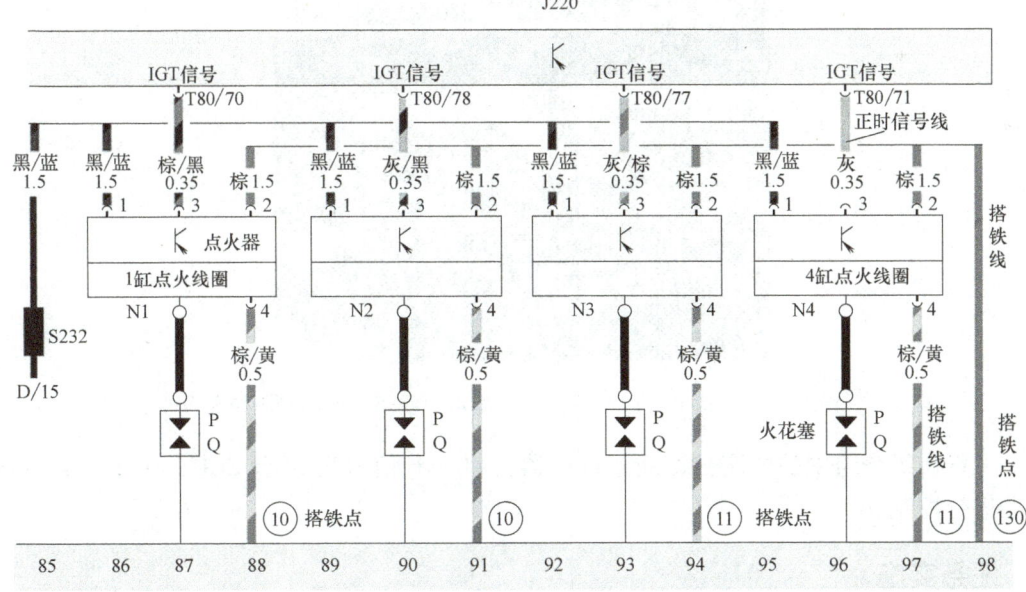

图 4-22 上海帕萨特 ANQ 发动机单独点火系统的电路图

当发动机运转时，ECU 根据各个传感器信号确定点火正时，并向每个气缸发送 IGT 信号，点火器根据 IGT 信号使其内的功率晶体管接通或截止，进而接通或切断流向初级绕组的电流，当初级绕组电流被切断时瞬间，在次级绕组中产生高压电，使火花塞跳火，点燃混

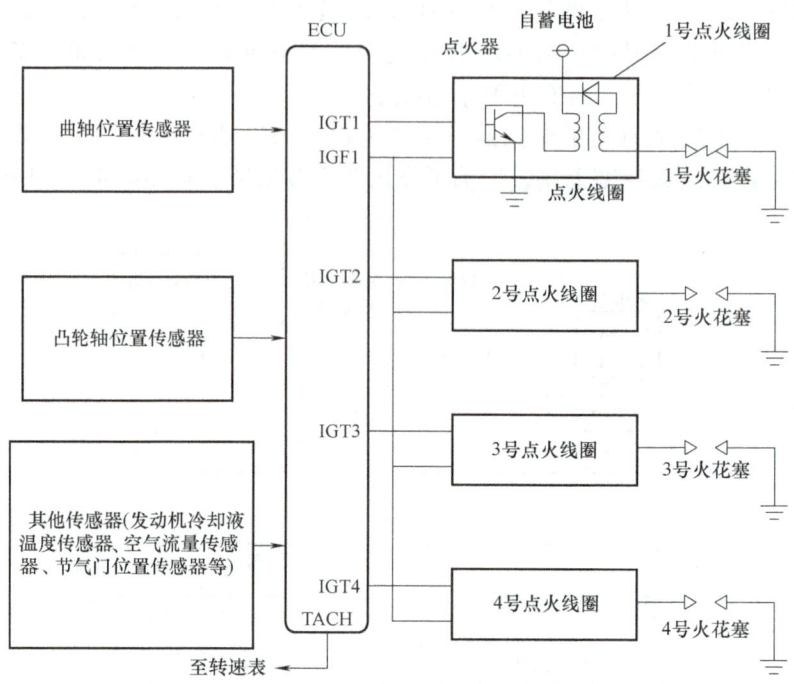

图 4-23 丰田卡罗拉 1ZR 发动机单独点火系统的电路图

图 4-24 丰田卡罗拉 1ZR 发动机的点火线圈组件的安装位置

合气。一旦初级绕组中的电流被切断,点火器会将 IGF 信号发送给 ECU,用于对各气缸的喷油器进行控制。

任务实施

一、实训准备(设备、教具、工量具、耗材)

举升机、卡罗拉型轿车、工具车和零件车、常用与专用拆装维修工具和量具、万用表等。

二、实施步骤

检查 DTC，如果存在 DTC，根据该 DTC 对应的程序进行故障排除，点火控制器及点火线圈的检测及更换见表4-1。

表4-1　点火控制器及点火线圈的检测及更换

步骤	图示
1）执行点火线圈和火花测试 ① 检查是否有火花出现 ② 拆下四个点火线圈和四个火花塞 ③ 断开四个喷油器插接器 ④ 将火花塞安装到各点火线圈上，并连接点火线圈插接器 ⑤ 将火花塞搭铁。检查并确认发动机起动过程中出现火花 注意： ① 更换任何已受物理碰撞影响的点火线圈 ② 不要使发动机起动超过2s。如果没有出现火花，执行以下程序	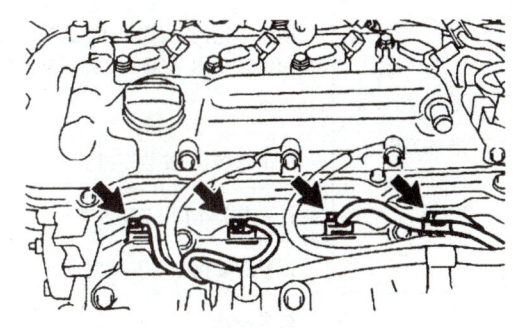
2）执行火花测试 ① 检查并确认带点火器的点火线圈的线束侧插接器连接牢固 ② 对每个带点火器的点火线圈执行火花测试 ③ 更换点火线圈，换上正常工作的带点火器的点火线圈，再次执行火花测试	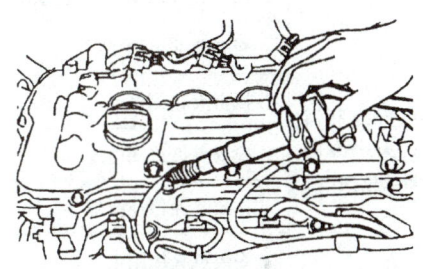
3）检查点火线圈电压 ① 检查并确认带点火器的点火线圈有电源。将点火开关置于ON位置 ② 检查并确认点火线圈 TF 极（+）端子处有蓄电池电压	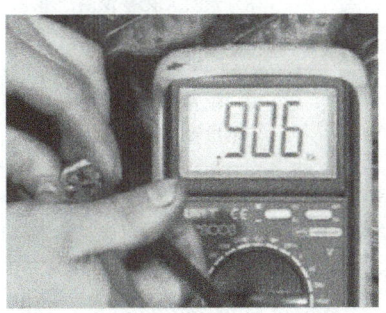
4）连接四个喷油器插接器。安装四个点火线圈和四个火花塞	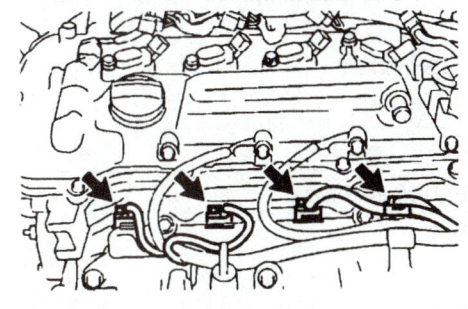

汽车发动机电控系统检修

检测评价

点火控制器及点火线圈的检测及更换任务评价见表4-2。

表4-2 点火控制器及点火线圈的检测及更换任务评价

序号	实操活动	步骤	评分细则	分值	得分
1	准备工作	准备车轮挡块、翼子板护垫、车内四件套。全面检查车体、轮胎、玻璃有无损伤,做好检查记录	动作不规范,操作失误一次扣1分	4	
		放车轮挡块,安装尾排管		2	
		打开左前车门,安装好车内四件套		2	
		打开发动机舱盖安装翼子板护垫		2	
2	点火控制器及点火线圈的检测及更换	初步检查	连接错误扣2分,不能正确读取故障码扣2分 未清码扣2分,万用表使用不当扣2分,未正确操作扣2分	5	
		执行点火线圈和火花测试		5	
		断开喷油器连接器		10	
		执行火花测试		10	
		检查点火线圈电压		10	
		连接喷油器连接器		5	
		安装点火线圈		15	
		安装火花塞及高压线		5	
		收拾好仪器		5	
3	安全文明生产	收好翼子板护垫、车内四件套、车轮挡块、尾排管	清洁不及时不得分 操作中设备损伤每次扣2分;操作中受伤每次扣1分;工具、零件落地每次扣1分	3	
		关好发动机舱盖、车门		2	
		清洁工具、量具		2	
		清洁场地		1	
		操作过程中注意安全		2	
4	操作时间	时间	操作时间为30min,每超过1min扣1分	10	
合 计				100	

说明:每项分值扣完为止

教师评价

指导教师_____
____年____月____日

任务二　火花塞的检测及更换

任务目标

知识目标	1）掌握火花塞的作用和类型 2）掌握火花塞常见故障的检测方法及步骤 3）掌握火花塞的结构和工作原理
技能目标	1）使学生具备信息查找能力 2）使学生具备点火系统的检测及维修能力 3）培养学生良好的安全意识和操作规范

任务描述

一辆丰田卡罗拉轿车，出现起动后自动熄火，熄火后不能起动，熄火前动力不足、提速无力等症状。询问车主汽车行驶里程（30000km）、维护情况（按时维护），没有对火花塞及时检查与更换，故障分析可能某缸不点火导致缺缸，连接故障诊断仪 KT600，起动发动机，读取故障码发现无故障码。根据维修手册，检查传感器插接件安装正常，需要更换火花塞。

知识储备

一、火花塞的作用

火花塞的作用是把通过高压导线送来的脉冲高压电放电，击穿火花塞两电极间的空气，产生电火花，以此引燃气缸内的混合气体。火花塞拧装在发动机气缸盖的火花塞孔内，下端电极伸入燃烧室，上端连接分缸高压线。

二、火花塞的要求

火花塞是点火系统中工作条件最恶劣、要求最高、最易损坏的部件，因此必须要满足较高的要求。

1）当混合气燃烧时，火花塞下部将承受高压燃气的冲击，要求火花塞必须有足够的机械强度。

2）火花塞承受着交变的高电压，要求它应有足够的绝缘强度，能承受 30kV 高压。

3）当混合气燃烧时，燃烧室内温度很高，可达 1500~2200℃，进气时又突然冷却至 50~60℃，因此要求火花塞不但耐高温，而且能承受温度剧变，不出现局部过冷或过热。

4）混合气的燃烧产物很复杂，含有多种活性物质，如臭氧、一氧化碳和二氧化硫等，易使电极腐蚀，因此要求火花塞要耐腐蚀。

5）火花塞要有良好的气密性，以保证燃烧室不漏气。

6）火花塞的电极间隙影响击穿电压，所以要有合适的电极间隙。火花塞电极间隙多为 0.6~0.7mm，电子点火其间隙可增大至 1.0~1.2mm。

7）火花塞的安装位置要合适，以保证有合理的着火点。

三、火花塞的结构及特性

1. 火花塞的结构

火花塞的结构如图 4-25 所示，有金属壳体和绝缘体两大组成部分，金属壳体带有螺纹，用于拧入气缸盖上，壳体的下端面焊有搭铁电极，作为旁电极；绝缘体由中心电极、线柱芯、陶瓷绝缘体、导电玻璃组成，中心电极上端有接线螺母，连接高压分缸导线。中心电极与搭铁电极之间有一定的间隙，高压电经过这个间隙入地就会迸发出火花点燃混合气。

电极一般采用耐高温、耐腐蚀的镍锰合金钢或铬锰氮、钨、镍锰硅等合金制成，也有采用镍包铜材料制成，以提高散热性能。

火花塞的关键部分是绝缘体，如果绝缘体不起作用，会导致短路，造成无火花现象。火花塞的绝缘体必须要有良好的机械性能和耐高电压、耐高温冲击、耐化学腐蚀的能力，普通火花塞多采用以氧化铝为基础的陶瓷做成。

2. 火花塞的热特性

要使火花塞能正常工作，其下部绝缘体——裙部的温度应保持在 500～700℃，这样才能使落在绝缘体上的油滴立即烧掉，不致形成积炭，通常称这个温度为火花塞的"自净温度"。如果温度低于自净温度，就可能使油雾聚积成油层，引起积炭而不能跳火；如果温度过高，例如超过 850℃，会形成炽热点，发生表面点火，使发动机燃烧恶化。

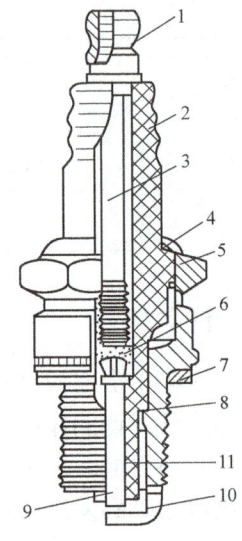

图 4-25　火花塞的结构
1—接线螺母　2—绝缘体
3—金属杆　4、8—内垫圈
5—壳体　6—导电玻璃
7—密封垫圈　9—中心电极
10—旁电极　11—绝缘体裙部

四、火花塞的类型

1. 按热值分类

热值是个重要的参数，它表示火花塞自身的散热能力，不同厂家对于火花塞热值的命名规则有所不同，所以不能归纳为热值"高"或"低"。火花塞可以简单地分为散热能力好的冷型火花塞和适用于低转速发动机的热型火花塞，如图 4-26 所示。散热快可防止在低速运转下由于过冷而失火，散热慢可防止在高功率输出时由于过热而烧熔。

比如冠军火花塞就是数值越大表示火花塞越偏向于热型，而 NGK 火花塞是数值越大表示越偏向于冷型。在选购火花塞的时候一定要根据与车辆匹配的热值来选择，如果选择不当，则会影响发动机的性能。

一般而言，轿车行驶速度快，气缸内压缩比高，需用热值高（散热快）的火花塞；货

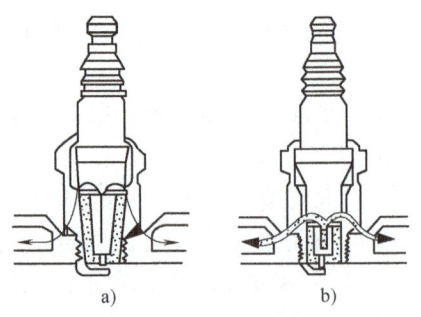

图 4-26　火花塞
a）热型火花塞　b）冷型火花塞

车、客车一般行驶速度慢，一般用热值低（散热慢）的火花塞。

散热过快，易使火花塞温度过低，点火头部产生积炭，引起漏电，使火花塞无法正常跳火；而散热不够，使火花塞温度过高，会导致爆燃，易使火花塞头部陶瓷烧损，电极熔解。

2. 按中心电极材料分类

电极通过火花放电从容易放电的地方消耗电量，尤其是中心电极达到更高的温度时，被酸化消耗掉。电极消耗量是根据电极材质的熔点、强度和硬度而变化的。

就中心电极的材料而言，为了减少该消耗量，电极中使用普通（铜芯）、镍合金、铂金、双铂金、铱金等材质，这些材料本身都有良好的导电性。大多经济型车常采用镍合金火花塞，只有中高档车才会使用铂金火花塞。

3. 按火花塞旁电极结构分类

火花塞的旁电极主要有单极、双极、三极、四极，如图4-27所示。

旁电极一般为两个或两个以上，优点是点火可靠，间隙不需经常调整，在电极容易烧蚀和火花塞间隙不能经常调节的一些汽油机上常采用，缺点是后期容易形成积炭，寿命短。

为了抑制汽车点火系统对无线电的干扰，又生产了电阻型和屏蔽型火花塞。电阻型火花塞是在火花塞内装有 $5\sim10k\Omega$ 的电阻，屏蔽型火花塞是利用

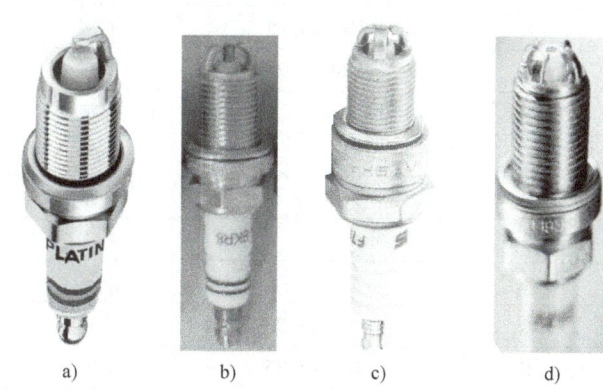

图4-27 旁电极形状不同的火花塞
a) 单极 b) 双极 c) 三极 d) 四极

金属壳体把整个火花塞屏蔽密封起来。屏蔽型火花塞不仅可以防止无线电干扰，还可用于防水、防爆的场合。

五、火花塞型号

每一款发动机采用何种规格的火花塞，其型号都印在火花塞的外壳上，不要随意更换火花塞型号，以免带来副作用甚至是反作用。

我国目前执行的是《道路车辆 火花塞产品型号编制方法》（QC/T 430—2014）。国产火花塞的型号由三部分数字或字母组成：首位用单字母或双字母表示火花塞结构类型和安装尺寸，见表4-3；第二位是一个阿拉伯数字，表示的是火花塞热值，由热及冷，分别以1~9表示，数字越小越"热"，数字越大越"冷"，一般1~3为热型，5、6为中型，7以上为冷型；末尾由若干字母和数字组成，表示火花塞的产品结构、发火端特性以及技术要求，见表4-4。

表4-3 火花塞结构类型和安装尺寸

代表字母	螺纹规格	安装座形式	螺纹旋合长度/mm	壳体六角对边/mm
A	M10×1	平座	12.7	16
B	M10×1	平座	19	16
C	M10×1.25	平座	12.7	17.5
D	M10×1.25	平座	19	17.5

（续）

代表字母	螺纹规格	安装座形式	螺纹旋合长度/mm	壳体六角对边/mm
CZ	M12×1.25	锥座	11.2	16
DZ	M12×1.25	锥座	17.5	16
CH	M12×1.25	平座	26.5	17.5
DE	M12×1.25	平座	12.7	16
DF/DK	M12×1.25	平座	19	16
DH	M12×1.25	平座	26.5	16
VH	M12×1.25	平座	26.5	14
E	M14×1.25	平座	12.7	20.8
F	M14×1.25	平座	19	20.8
P		锥座	11.2	16
Q		锥座	17.5	16
R	M18×1.5	平座	12	20.8
S		平座	19	22
T		锥座	10.9	20.8
G	M14×1.25	平座	9.5	20.8
H	M14×1.25	平座	11	20.8
K	M14×1.25	平座	19	16
L	M14×1.25	矮型平座	9.5	19
M	M14×1.25	矮型平座	11	19
N	M14×1.25	矮型平座	7.8	19
P	M14×1.25	锥座	11.2	16
Q	M14×1.25	锥座	17.5	16
Z	M14×1.25	平座	11	19
FH	M14×1.25	平座	26.5	20.8
KE	M14×1.25	平座	12.7	16
KH	M14×1.25	平座	26.5	16
GL	M14×1.25	矮型平座	9.5	20.8
QH	M14×1.25	锥座	25	16
R	M18×1.5	平座	12	26
S	M18×1.5	平座	19	20.8
T	M18×1.5	锥座	10.9	20.8
RF	M18×1.5	平座	19	26
RH	M18×1.5	平座	26.5	26
SE	M18×1.5	平座	12.7	20.8
SH	M18×1.5	平座	26.5	20.8
TF	M18×1.5	锥座	17.5	20.8
TH	M18×1.5	锥座	25	20.8

表 4-4　火花塞的产品结构、发火端特性以及技术要求

代号	内容	代号	内容
B	半导体型火花塞	3	瓷绝缘体涂硅胶
H	环状电极火花塞	4	整体接线螺杆
Y	沿面放电型火花塞	0	加强的中心电极
F	半螺纹（非标准火花塞）	C	镍-铜复合电极
E	绝缘体突出性点火位置 3mm	D	三侧极
L	绝缘体突出性点火位置 4mm	J	三侧极
K	绝缘体突出性点火位置 5mm	Q	四侧极
Z	绝缘体突出性点火位置 7mm	S	银电极
T	绝缘体突出性点火位置 3mm 以下	P	铂金电极
X	点火间隙 1.1mm 以上	G	钇金电极
R	电阻性火花塞	N	铱金电极
1	细电极	V	V 形槽中心电极
2	快热结构	U	U 形槽旁电极（电极缩入）

比如，某个火花塞的型号为 DF7REC2，意思是，该火花塞螺纹旋合长度是 19mm，壳体六角对边是 16mm，热值为 7，螺纹规格是 M12×1.25，带电阻，镍-铜材质的中心电极，快热结构，绝缘体突出型，点火位置是 3mm，平座型火花塞。

六、火花塞的故障判断

火花塞是否正常，对汽车的动力性和经济性均有很大的影响。诊断火花塞故障的方法有如下几种：

1. 仪器检查

磁体裂缝轻微，将仅在重负荷时才有断火现象的火花塞装在火花塞检查器上，向检查器内充入 748kPa 的压缩空气，模拟燃烧室在压缩行程的工况，向火花塞通高压电，使其电极间形成火花（可由玻璃窗口观察）。火花连续而明亮的火花塞良好，否则有故障。

2. 触摸法

发动机刚起动不久，可直接用手触摸火花塞壳体比较其温度来诊断，温度较高的工作正常，反之有故障。工作一段时间后的发动机瓷体表面温度很高，不要用手触摸，可使发动机保持怠速运转，用拇指和食指依次触摸各缸高压分线数秒钟，根据手感判断哪个缸的火花塞有故障。正常工作的高压分线，用手触摸明显感到有脉动，有故障的高压分线感觉脉动不明显、无脉动或脉动时断时续。确定某缸工作不良后，应进一步检查，若无其他原因，则为火花塞有故障。

3. 观察鉴别

拆下火花塞观察，如为赤灰白色，表明火花塞正常；如为渍油状，表明火花塞间隙失调或供油过多，高压线短路或断路；如为烟熏的黑色，表明火花塞冷热型选错或混合气浓，润滑油上窜；如顶端与电极间有沉积物，当为油性沉积物时，说明气缸窜润滑油与火花塞无关，当为黑色沉积物时，说明火花塞积炭而短路，当为灰色沉积物时，则是汽油中添加剂覆

盖电极导致缺火；若严重烧蚀，如顶端起疤、有黑色花纹破裂、电极熔化，表明火花塞损坏，如图 4-28 所示。

　　　正常燃烧　　　　　　积炭严重　　　　　　黑色油迹　　　　　　呈白色

图 4-28　火花塞表面颜色

七、火花塞的更换

火花塞属易消耗件，一般行驶 20000～30000km 即应更换。火花塞更换的标志是不跳火，或电极放电部分因烧蚀而呈圆形。另外，如在使用中发现火花塞经常积炭、断火，一般是因为火花塞太冷，需换用热型火花塞；若有炽热点火现象或气缸中发出冲击声，则需选用冷型火花塞。

1. 火花塞拆卸

将火花塞上的高压分线依次拆下，并在原始位置做上标记，以免安装错位。在拆卸中注意事先清除火花塞孔处的灰尘及杂物，以防止杂物落入气缸。拆卸时用火花塞套筒套牢火花塞，转动套筒将其卸下，并依次排好。

2. 火花塞清洁

火花塞存有油污或积炭应及时予以清洗，但不要用火焰烧烤。如瓷芯损坏、破裂，则应进行更换。

3. 火花塞检查

火花塞的电极正常颜色为灰白色，如电极烧黑并附有积炭，则说明存在故障。检查时可将火花塞与缸体导通，用中央高压线触接火花塞的接线柱，然后打开点火开关，观察高压电跳火位置。如果跳火位置在火花塞间隙，则说明火花塞作用良好，否则，即需换新。

4. 火花塞电极间隙的调整

各种车型的火花塞间隙均有差异，一般应在 0.7～0.9mm 范围内，检查间隙大小，可用火花塞量规或薄的金属片进行。如间隙过大，可用螺钉旋具柄轻轻敲打外电极，使其间隙正常；当间隙过小时，则可利用螺钉旋具或金属片插入电极向外扳动。

任务实施

一、实训准备（场地、设备、教具、工量具、耗材）

举升机、卡罗拉型轿车、工具车和零件车、常用与专用拆装维修工具和量具、磁力棒、万用表、检测仪等。

二、实施步骤

火花塞的检测及更换见表 4-5。

项目四　汽油机点火控制系统的检修

表 4-5　火花塞的检测及更换

步　　骤	图　　示
1）拆卸发动机上的防护罩	
2）拆卸点火线圈。拆卸点火线圈的接线端子，拆下固定点火线圈的联接螺栓，拔出点火线圈	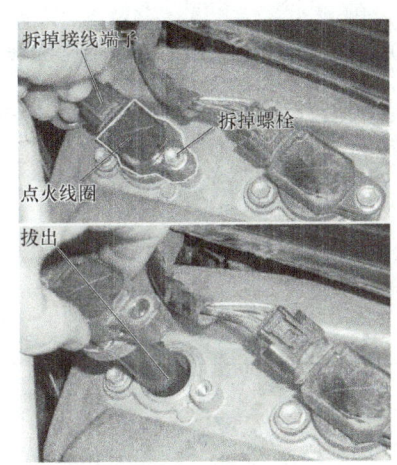
3）拆卸火花塞。用棘轮扳手、长接杆、16mm 六角套筒拆卸火花塞	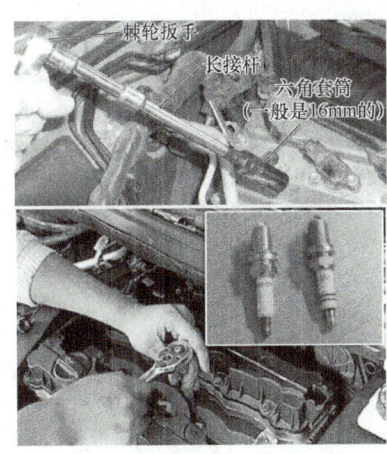

139

(续)

步　　骤	图　　示
4）用带磁性的套筒取出火花塞	
5）清洁、检查火花塞。检查螺纹是否完好，陶瓷是否有裂纹，火花塞与点火线圈套接部位是否锈蚀烧蚀 　　根据火花塞电极烧蚀情况，确定火花塞是否可以继续使用，若严重需更换	
6）安装火花塞。在螺纹部位涂上螺纹防卡剂 　　先装长接杆，必要时使用转换接头 　　将火花塞正确插入火花塞套筒，握住工具，连同火花塞正确放入安装位置，并用手正确旋入螺纹 　　使用扭力扳手，按规定力矩拧紧火花塞，标准为30N·m	

检测评价

火花塞的检测及更换任务评价见表4-6。

表4-6 火花塞的检测及更换任务评价

序号	实操活动	步　骤	评分细则	分值	得分
1	准备工作	准备车轮挡块、翼子板护垫、车内四件套。全面检查车体、轮胎、玻璃有无损伤,做好检查记录	动作不规范,操作失误一次扣1分	4	
		放车轮挡块,安装尾排管		2	
		打开左前车门,安装好车内四件套		2	
		打开发动机舱盖安装翼子板护垫		2	
2	火花塞的检测及更换	初步检查	连接错误扣2分,不能正确读取故障码扣2分 未清码扣2分,万用表使用不当扣2分,未正确操作扣2分	5	
		连接汽车故障诊断仪		5	
		选择相关车辆信息,读取故障码		10	
		测量蓄电池电压		10	
		拆卸发动机上的防护罩		10	
		拆卸点火线圈的接线端子		5	
		拆卸、清洁、检查火花塞		15	
		清除故障码,试车		5	
		断开故障诊断仪,收拾好仪器		5	
3	安全文明生产	收好翼子板护垫、车内四件套、车轮挡块、尾排管	清洁不及时不得分 操作中设备损伤每次扣2分; 操作中受伤每次扣1分;工具、零件落地每次扣1分	3	
		关好发动机舱盖、车门		2	
		清洁工具、量具		2	
		清洁场地		1	
		操作过程中注意安全		2	
4	操作时间	时间	操作时间为30min,每超过1min扣1分	10	
		合　　计		100	

说明:每项分值扣完为止

教师评价

指导教师＿＿＿＿＿＿＿
　　　年　　月　　日

课后测评

一、填空题

1. 电控点火系统一般由＿＿＿＿、＿＿＿＿＿＿、＿＿＿＿＿＿、＿＿＿＿＿＿、＿＿＿＿＿＿、点火线圈、分电器、高压线、火花塞等组成。

2. 对应发动机每一工况都存在一个_____点火提前角。
3. 辛烷值较低的汽油抗爆性较_____，点火提前角则应_____。
4. 在日本丰田车系中，实际的点火提前角等于_____、_____和_____之和。
5. 点火提前角的主要修正项目有_____、_____、_____、_____、_____。
6. 爆燃传感器一般安装在_____。
7. 火花塞的结构有_____和_____两大组成部分。
8. 中心电极与搭铁电极之间有_____mm的间隙。
9. 火花塞的关键部分是_____，如果_____不起作用，高压电就会"抄小路"而不经两极入地，造成无火花现象。
10. 火花塞表面如为渍油状，表明火花塞_____。
11. 按旁电极形状不同分为_____、_____、_____、_____。

二、选择题

1. 传统点火系统与电子点火系统最大的区别是（   ）。
   A. 点火能量的提高   B. 断电器触点被点火控制器取代
   C. 曲轴位置传感器的应用   D. 点火线圈的改进
2. 电控点火系统由（   ）直接驱动点火线圈进行点火。
   A. ECU   B. 点火控制器   C. 分电器   D. 转速信号
3. 一般来说，缺少了（   ）信号，电子点火系统将不能点火。
   A. 进气量   B. 冷却液温度   C. 转速   D. 上止点
4. 点火闭合角主要是通过（   ）加以控制的。
   A. 通电电流   B. 通电时间   C. 通电电压   D. 通电速度
5. 混合气在气缸内燃烧，当最高压力出现在上止点（   ）左右时，发动机输出功率最大。
   A. 前10°   B. 后10°   C. 前5°   D. 后5°
6. 在装有（   ）系统的发动机上，发生爆燃的可能性增大，更需要采用爆燃控制。
   A. 废气再循环   B. 涡轮增压   C. 可变配气相位   D. 排气制动
7. 火花塞电极间隙多为（   ），电子点火其间隙可增大至（   ）。
   A. 0.6~0.7mm   1.0~1.2mm   B. 0.6~0.7mm   0.8~0.9mm
   C. 0.8~0.9mm   1.0~1.2mm   D. 0.4~0.5mm   0.6~0.7mm
8. 要使火花塞能正常工作，其裙部的温度应保持在（   ）。
   A. 300~500℃   B. 500~700℃   C. 700~900℃   D. 900~1100℃
9. 大多经济型车常采用（   ）火花塞，只有中高档车才会使用（   ）火花塞。
   A. 铂金   镍合金   B. 镍合金   铱金
   C. 镍合金   铱金   D. 铂金   镍合金
10. 电阻型火花塞是在火花塞内装有（   ）的电阻。
    A. 1~3kΩ   B. 3~5kΩ   C. 5~7kΩ   D. 5~10kΩ
11. 火花塞属易消耗件，一般行驶（   ）km即应更换。
    A. 10000~20000 B. 20000~30000   C. 30000~40000   D. 40000~50000

三、判断题

1. 点火提前角过大，会造成发动机温度升高。（　）
2. 当发动机工作时，随冷却液温度的提高，爆燃倾向逐渐增大。（　）
3. 轻微的爆燃可使发动机功率上升，油耗下降。（　）
4. 增大点火提前角是消除爆燃的最有效措施。（　）
5. 当发动机的负荷减小时，气缸内的温度和压力均降低。（　）
6. 在不同的发动机控制系统中，对点火提前角的修正项目和修正方法都是相同的。（　）
7. 当发动机工作时，随冷却液温度的提高，爆燃倾向逐渐减小。（　）
8. 当冷却液温度过高后必须修正点火提前角。（　）
9. 火花塞热值，由热及冷，分别以 1~9 表示，数字越小越"热"，数字越大越"冷"。（　）
10. 火花塞电极烧黑并附有积炭，则说明存在故障。（　）
11. 在使用中发现火花塞经常积炭、断火，一般是因为火花塞太热，需换用冷型火花塞；若有炽热点火现象或气缸中发出冲击声，则需选用热型火花塞。（　）
12. 火花塞为赤褐色或铁锈色，表明火花塞正常。（　）
13. 火花塞拧装在发动机气缸盖的火花塞孔内，上端电极伸入燃烧室，下端连接分缸高压线。（　）

项目五

汽油机辅助控制系统的检修

项目描述

汽油机辅助控制系统主要由怠速控制系统、进气控制系统、排放控制系统和巡航控制及电控节气门系统等部分组成。通过本项目的学习，学会怠速控制系统的检修以及完成对进气控制系统、排放控制系统、巡航控制及电控节气门系统的认知。

建议学时

14 学时。

任务一 怠速控制系统的检测及部件更换

任务目标

知识目标	1）了解怠速控制系统的概况 2）掌握怠速控制系统的功能和组成
技能目标	1）熟悉主要怠速控制阀的功能 2）掌握主要功能元件的位置、检测及部件更换的方法

任务描述

怠速是发动机重要的运行工况之一，常见的故障现象有怠速不稳、怠速过低、怠速过高、怠速时开空调熄火等。因此，诊断和排除怠速控制系统的故障是发动机故障诊断与排除的一项重要内容。

知识储备

一、怠速概况

怠速是指发动机不向外输出功率，燃料燃烧所做的功仅仅用于发动机的内部摩擦和带动相关的附属设备。此时，节气门处于关闭状态，发动机只吸入极少量的空气，喷油器也只喷入极少量的燃油，相应的转速也维持较低。

1. 正常怠速或低怠速

冷却液温度正常，且空调、前照灯等附属设备关闭时，怠速一般应为750～850r/min，称为正常怠速或低怠速。

2. 起动、暖机怠速

当起动、暖机时，由于冷却液温度较低、发动机内部摩擦力较大，低怠速下容易造成运转不稳，且长时间低温运行会增大发动机的磨损，因此，要求怠速适当提高（提高的幅度与当时的冷却液温度有关，冷却液温度越低，提高的幅度越大），这样，既利于运转平稳，又利于快速暖机。

随着冷却液温度的升高，要求转速逐步向正常怠速或低怠速过渡，如图 5-1 所示。

3. 高怠速

打开空调、前照灯等附属设备，动力转向投入工作或自动变速器换上行驶档位时，发动机的负载增大，转速有下降的趋势，此时要求怠速转速自动提高，一般要求达到 1000～1200r/min，称为高怠速（或快怠速）。

汽油机在正常运行工况下，是由驾驶人通过加速踏板控制节气门开度以调节进气量的方法来控制发动机输出功率的。怠速时，节气门处于全关闭状态，空气通过节气门缝隙及旁通节气门的怠速调节通路进入发动机，由空气流量传感器（或进气歧管压力传感器）检测该进气量，并根据转速及其他修正信号控制喷油量，使输出转矩与发动机本身内部阻力矩相平衡，保证发动机在怠速下稳定运转。当发动机的内部阻力矩发生变化时，怠速运转转速将会发生变化。

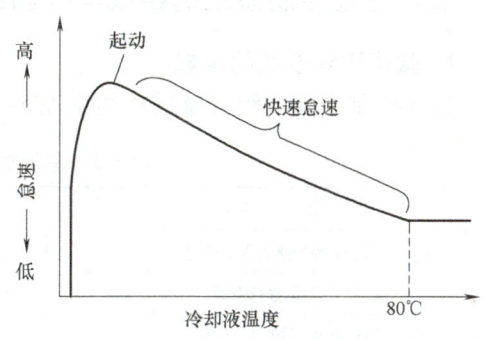

图 5-1 怠速转速与冷却液温度变化关系

二、怠速控制系统的作用

怠速转速过高，会增加燃油消耗量。因此，怠速转速应尽可能低。但考虑到减少有害物的排放，怠速转速又不能过低。另外，考虑所有怠速使用条件下，如冷车运转与电器负荷、空调装置、自动变速器、动力转向伺服机构的接入等情况，它们都会引起怠速转速的变化，发动机怠速控制系统的功能就是自动维持发动机怠速稳定运转。

1. 稳定怠速控制

怠速控制系统以设定的发动机转速为怠速控制目标，当发动机的转速偏离目标转速时，电子控制器便输出怠速调整信号，通过怠速控制执行器将发动机怠速调整到设定的目标范围之内。设定的目标转速是发动机各种状态下的能保持稳定运转的最理想怠速，因此电子怠速稳定控制可使发动机在各种状态下都可在最佳的稳定怠速下运转。

2. 快速暖机控制

在冷机起动后，怠速控制系统可以使发动机在较高的怠速下稳定运行，并可加速发动机的暖机过程。

3. 高怠速控制

在怠速工况下，当发动机负荷增加时，为保持发动机的稳定运转或使发动机向外能输出一定的功率，电子控制器输出控制信号，通过执行器将发动机调整至设定的高怠速下稳定运转。

4. 其他控制

当发动机起动时，电子怠速控制系统使怠速辅助空气通道自动开启至最大，以使发动机起动容易。在活性炭罐控制阀、废气再循环控制阀等工作时，调整怠速控制阀以稳定怠速。因发动机部件磨损、老化等原因而使发动机的怠速偏离正常范围时，电子怠速控制系统能自动将怠速修正到正常值。

三、怠速控制系统的组成与控制原理

1. 怠速控制系统的组成

怠速控制系统的组成及其功用见表5-1。

表5-1　怠速控制系统的组成及其功用

组件		功能
传感器	转速传感器（NE信号）	检测发动机转速
	节气门位置传感器	检测发动机处于怠速状态
	冷却液温度传感器	检测发动机冷却液温度
	起动开关信号	检测发动机正在起动中
	空调开关（A/C）	检测空调的工作状态（ON、OFF）
	车速传感器	检测车速
	空档起动开关信号（P/N）	检测换档手柄位置
	液力变矩器负荷信号	检测液力变矩器负荷变化
	动力转向开关信号	检测动力转向工作状态
	发电机负荷信号	检测发电机负荷的变化
执行器	怠速控制阀（ISCV）	控制节气门旁通空气通道
ECU		根据从各传感器输入的信号，把发动机的实际转速与各传感器输入的信号所决定的目标转速进行比较。根据比较得出的差值，确定相当于目标转速的控制量，驱动控制空气量的执行机构，使怠速转速保持在目标转速上

2. 怠速控制原理

ECU将各传感器的目标转速与发动机的实际转速进行比较，根据比较得出的差值，确定相当于目标转速的控制量，据此驱动控制空气量的执行机构。在驾驶人控制加速踏板的行

驶过程中，如果进行怠速反馈控制，就会和控制加速踏板引起的空气量调节发生干涉。因此，需要用节气门全关闭信号、车速信号等来检测怠速状态，并且只能在这种状态下才实施反馈控制。

四、怠速控制系统的分类

怠速控制（ISC）是通过调节空气通道面积以控制进气流量的方法来实现的，如图5-2所示。

早期的汽油喷射式采用了温控辅助空气阀来控制怠速时辅助怠速空气通道的空气流量，用以实现冷起动后的低温怠速稳定和快速暖机控制。常见的辅助空气阀有双金属型和石蜡型。

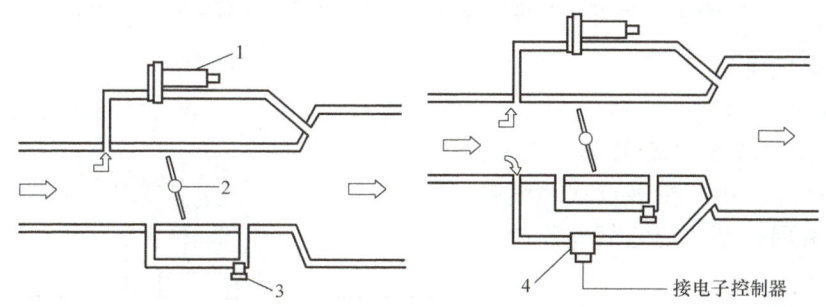

图5-2 发动机怠速的控制

1—辅助空气阀 2—节气门 3—怠速调节螺钉 4—怠速控制阀

在低温下，辅助空气阀打开，一部分空气经辅助怠速空气通道进入气缸，使发动机在低温怠速工况下有较大的供气量，发动机可在较高的怠速下稳定运转，实现快速暖机过程。随着发动机温度的上升，辅助空气阀慢慢关闭，使发动机在正常的怠速下运转。这种温控辅助空气阀其控制功能有限，不能满足现代汽车发动机使用全过程的怠速控制要求。随后出现的由微机控制怠速控制阀的怠速控制系统具有多项控制功能，可使发动机的怠速控制能适应电控发动机性能进一步提高的要求。现代汽车电子怠速控制系统一般都覆盖了温控辅助空气阀的功能，因此温控式的辅助空气阀在现代电控发动机上已很少使用。

按进气量的调节方式分为控制节气门最小开度的节气门直动式和控制节气门旁通通路中空气流量的旁通空气式。

1. 节气门直动式

节气门直动式没有怠速空气旁通道，电子控制器通过控制执行机构直接控制节气门开启程度，调节空气流通的面积，达到控制进气量，实现怠速控制，如图5-3所示。

该怠速执行器主要由直流电动机、减速齿轮、丝杠等部件组成。执行器的输出是传动轴的前后运动，它与节气门操纵臂的全闭限位器相接触，决定了节气门的最小开度。当微处理器控制直流电动机通电时，电动机产生旋转力矩，通过减速齿轮减速时，增大了旋转力矩，然后又通过丝杠变转动为传动轴的前后直线运动。通过传动轴的运动，使节气门最小开度随之变化，达到调节节气门处的空气通道面积，进而实现怠速的控制。

这种控制方式工作可靠性好，控制位置的稳定性也好。但动态响应性较差，执行机构较为复杂且体积较大。桑塔纳2000GSi，捷达AT、GTX型轿车均采用节气门直接控制方式。

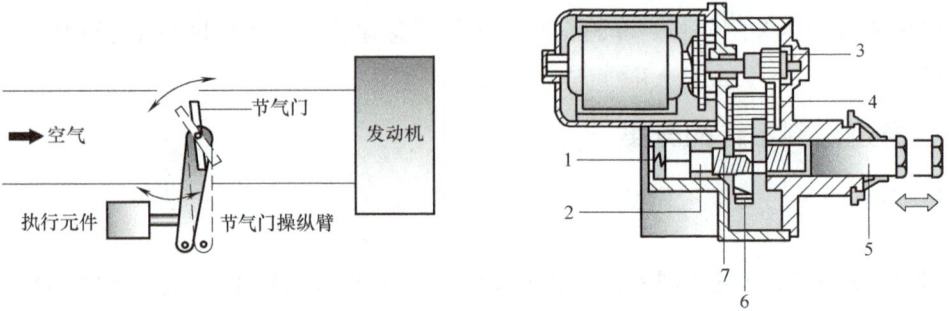

图 5-3　节气门直动式

1—弹簧　2—防转动六角孔　3、4、6—减速齿轮　5—传动轴　7—丝杠

2. 旁通空气式

电子控制器通过怠速控制阀改变怠速辅助空气通道的空气流量来实现怠速的控制（见图 5-4）。这种控制方式动态响应性好，结构简单且尺寸较小，在多点式燃油喷射系统中多采用控制旁通空气通路的执行机构。

按怠速控制阀的结构与原理，怠速控制系统可分为步进电动机式、平动电磁阀式、旋转滑阀式和开关电磁阀式。

（1）步进电动机式　如图 5-5 所示，步进电动机与怠速控制阀做成一体，装在进气总管内，电动机可顺时针或逆时针旋转，使阀沿轴向移动，改变阀与阀座之间的间隙，调节流过节气门旁通通道的空气量。该阀有 125 种不同的开启位置。该种怠速控制阀还可用来控制发动机的快怠速，而不需要辅助空气阀。图 5-6 所示为旁通空气量的变化曲线。

为了控制发动机怠速运转的速度，根据来自发动机 ECU 的信号，怠速控制阀增加或减少流过节气门旁通通道的空气量。

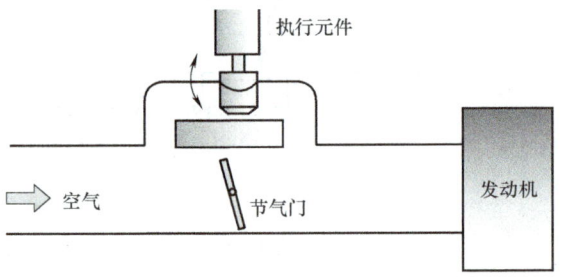

图 5-4　旁通空气式

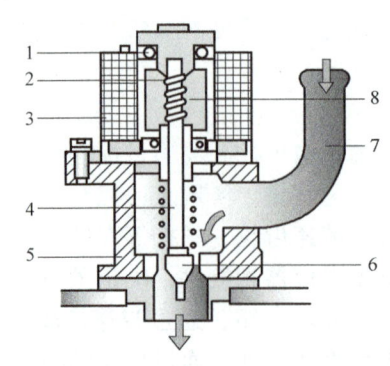
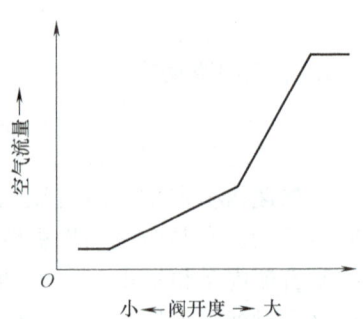

图 5-5　步进电动机式

1—轴承　2—进给丝杠　3—定子线圈　4—阀轴　5—阀座
6—阀芯　7—旁通空气道　8—转子

图 5-6　旁通空气量的变化曲线

当发动机怠速负荷变化时，在怠速转速变化之前，ECU 将按照一定顺序，控制驱动电路中的晶体管 VT_1、VT_2、VT_3、VT_4 适时导通，分别接通步进电动机定子绕组电流，使电动机转子旋转，带动控制阀的阀芯移动，从而调节进气量，使发动机怠速转速达到目标转速，如图 5-7 所示。

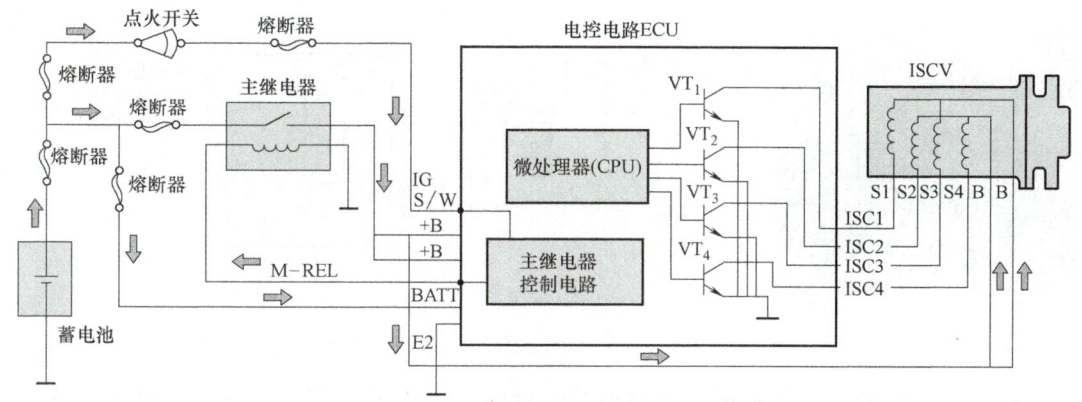

图 5-7　步进电动机式控制电路

（2）平动电磁阀式　平动电磁阀式怠速控制系统是以电磁阀通电产生的电磁力来驱动空气阀的开度。根据空气阀的运动方式不同，平动电磁阀又可分为直动式和转动式两种。

平动电磁阀式怠速控制执行机构如图 5-8 所示。平动电磁阀式怠速执行器由电磁线圈、阀轴和阀等组成。当 ECU 加大 PWM（脉宽调制）信号的脉宽（占空比）时，电磁力加大，阀轴上移而阀门开度加大，从而导致旁通空气量的加大与怠速的提高；当 PWM 信号脉宽减小时，旁通空气量减少而怠速下降。图中波纹管的作用是为了消除阀门上下两侧压差对开启位置的影响，便于 ECU 计算决定 PWM 信号，同时也减小了阀上的作用力。

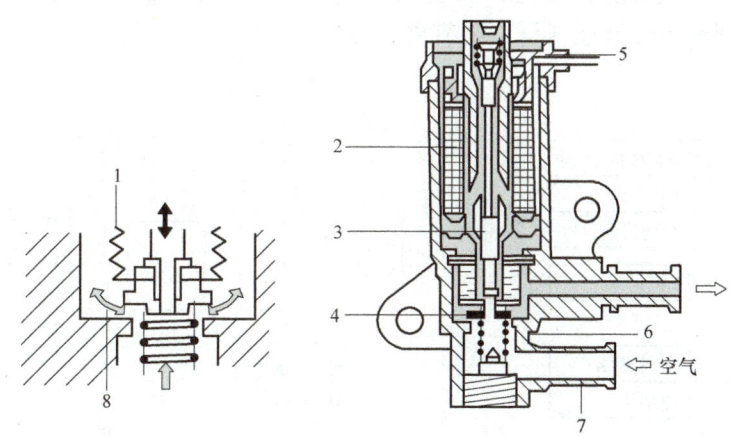

图 5-8　平动电磁阀式、怠速控制执行机构

1—波纹管　2—电磁线圈　3—阀轴　4、8—阀　5—弹簧　6—壳体　7—吸入口

（3）旋转滑阀式　旋转滑阀式怠速控制系统的怠速控制阀装在节气门体上，按 ECU 的控制信号，控制节气门旁通通道进气量，如图 5-9 所示。

当给线圈通电时，就会产生磁场从而使电枢轴带动旋转滑阀转动，控制通过旁通空气道的空气，如图 5-10 所示。

旋转滑阀根据控制脉冲信号的占空比偏转，占空比的范围约为 18%（旋转滑阀关闭）~ 82%（旋转滑阀打开）之间。滑阀的偏转角度限定在 90°内。这种怠速控制阀体积小、质量轻，可控制快怠速，故不需辅助空气阀。

图 5-9　旋转滑阀式　　　　　　　　图 5-10　旋转滑阀式控制电路

（4）开关电磁阀式　电磁阀部分与平动电磁阀并无大的差别，主要的不同点是其工作方式。开关式电磁阀只有打开和关闭两种状态，工作时阀以一定的频率开闭，通过阀的开闭比来控制怠速空气流量。

由发动机 ECU 信号控制的电流通过线圈，使线圈励磁，线圈将阀打开，从而增加怠速约为 100r/min（快怠速转速由其他空气阀控制）。

五、怠速控制过程

当发动机负荷增大，需要发动机快怠速运转，目标转速高于实际转速时，ECU 将控制怠速控制阀（增大比例电磁阀式怠速控制阀的占空比，或增加步进电动机步进的步数）增大旁通进气量来实现快怠速；反之，当发动机负荷减小，目标转速低于实际转速时，ECU 将控制怠速控制阀减小旁通进气量来调节怠速转速，如图 5-11 所示。

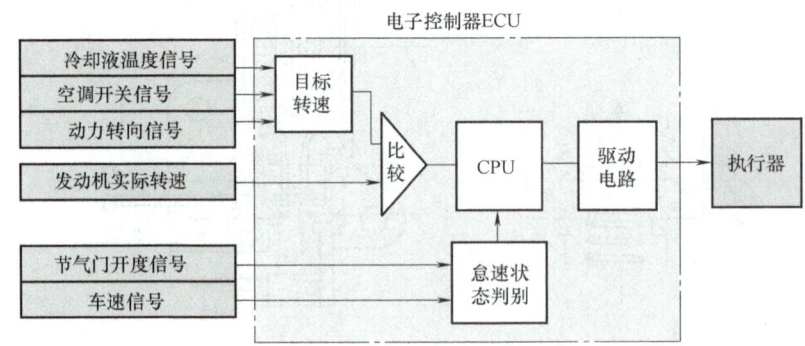

图 5-11　怠速控制过程

怠速控制系统的种类不同，故障检测的方法也有所不同，在实际操作中，往往需要根据其结构特点，利用万用表等工具，对相关的部件及电路进行检测，再根据检测的结果来判断故障的位置。

任务实施

一、实训准备（场地、设备、教具、工量具、耗材）

举升机、卡罗拉型轿车、工具车和零件车、常用与专用拆装维修工具和量具、万用表等。

二、实施步骤

怠速控制系统的检测及部件更换见表5-2。

表5-2 怠速控制系统的检测及部件更换

检测内容	图示
1）步进电动机式怠速控制阀的检测 ①拆开怠速控制阀线束插接器，将点火开关转至ON但不起动发动机，在线束侧分别测量B1和B2端子与搭铁之间的电压，均应为蓄电池电压（9~14V），否则说明怠速控制阀电源电路有故障 ②当发动机起动后再熄火时，2~3s内在怠速控制阀附近应能听到内部发出的"嚓嚓"响声，否则应进一步检查怠速控制阀、控制电路及ECU ③拆开怠速控制阀线束插接器，在控制阀侧分别测量端子B1与S1和S3、B2与S2和S4之间的电阻，阻值均应为10~30Ω，否则应更换怠速控制阀 ④当拆下怠速控制阀后，将蓄电池正极接至B1和B2端子，当负极按顺序依次接通S1—S2—S3—S4端子时，随步进电动机的旋转，控制阀应向外伸出；当蓄电池负极按相反顺序依次接通S4—S3—S2—S1时，则控制阀应向内缩回。若工作情况不符合上述要求，应更换怠速控制阀	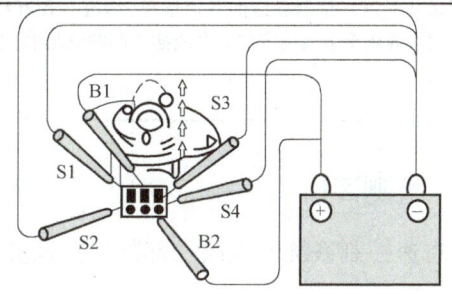 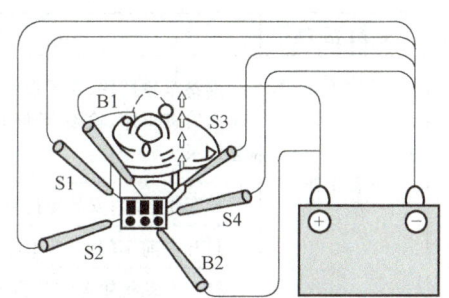
2）节气门直动式怠速控制执行机构的检测 ①测量节气门位置传感器（节气门电位计）。测量节气门电位计的供电电压：拔下节气门控制部件的插头，用数字式万用表测量插头上4和7端子之间的电压值，打开点火开关，此电压值应接近5V（发动机ECU提供） 测量节气门电位计导线的导通情况：用数字式万用表测量插头上的4、5和7端子分别至ECU线束插座端子62、75和67之间的电阻值，测得电阻值应小于1Ω 测量节气门电位计的信号电压（万用表）：插上节气门控制部件的插头，用数字式万用表测量插头上5和7端子（端子5和7分别对应ECU插座上的端子75和67）之间的电压值，打开点火开关，使节气门开度变化，此电压值应在0.5~4.9V范围内变化 ②检查怠速开关。测量怠速开关的电阻：将万用表两根表棒接触ECU插座上的69和67端子，当打开节气门时，测到的电阻值应为无穷大；当节气门关闭时，测得的电阻值应小于1Ω	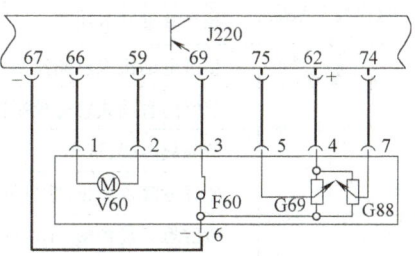 1、2—节气门电动机控制 3—怠速信号开关 4—5V电源 5、7—节气门位置信号 6—搭铁端

(续)

测量怠速开关导线的导通情况：拔下节气门控制部件的插头，用数字式万用表测量节气门控制部件插头上的 3 和 7 端子至 ECU 线束插座 69 和 67 端子之间的电阻值，测得的电阻值应小于 1Ω。

测量怠速开关信号：可用故障诊断仪检测进入 08 功能读数据块。选择 98 显示组，屏幕显示及检查见"节气门电位计检查"

③检查节气门定位器（怠速电动机）。测量节气门定位器的供电电压：打开点火开关，用数字式万用表测量 ECU 上的 66 和 59 端子的电压值，66 号端子的电压值应为蓄电池电压值（12V 左右），59 号端子的电压值为 10V 左右

测量节气门定位器导线的导通情况：用数字式万用表测量 ECU 线束插座至节气门定位器电线插头间的电阻值，电阻值应小于 1Ω

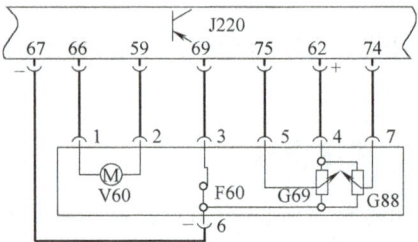

1、2—节气门电动机控制 3—怠速信号开关
4—5V 电源 5、7—节气门位置信号 6—搭铁端

检测评价

怠速控制系统的检测及部件更换任务评价见表 5-3。

表 5-3 怠速控制系统的检测及部件更换任务评价

序号	实操活动	步骤	评分细则	分值	得分
1	准备工作	准备车轮挡块、翼子板护垫、车内四件套。全面检查车体、轮胎、玻璃有无损伤，做好检查记录	动作不规范，操作失误一次扣 1 分	4	
		放车轮挡块，安装尾排管		2	
		打开左前车门，安装好车内四件套		2	
		打开发动机舱盖安装翼子板护垫		2	
2	怠速控制系统的检测及部件更换	初步检查	连接错误扣 2 分，不能正确读取故障码扣 2 分，未清码扣 2 分，万用表使用不当扣 2 分，未正确操作扣 2 分	5	
		连接汽车故障诊断仪		5	
		选择相关车辆信息，读取故障码		10	
		测量蓄电池电压		10	
		步进电动机式怠速控制阀的检测		15	
		节气门直动式怠速控制执行机构的检测		15	
		清除故障码，试车		5	
		断开故障诊断仪，收拾好仪器		5	
3	安全文明生产	收好翼子板护垫、车内四件套、车轮挡块、尾排管	清洁不及时不得分 操作中设备损伤每次扣 2 分；操作中受伤每次扣 1 分；工具、零件落地每次扣 1 分	3	
		关好发动机舱盖、车门		2	
		清洁工具、量具		2	
		清洁场地		1	
		操作过程中注意安全		2	

(续)

序号	实操活动	步骤	评分细则	分值	得分
4	操作时间	时间	操作时间为30min，每超过1min扣1分	10	
		合　　计		100	

说明：每项分值扣完为止

教师评价

指导教师_____
____年____月____日

任务二　进气控制系统的认知

任务目标

知识目标	1）了解进气系统的类型及组成 2）掌握废气涡轮增压控制系统、动力阀控制系统、谐波进气增压系统（ACIS）的工作过程
技能目标	1）熟悉进气系统组成部件的功能 2）掌握废气涡轮增压控制系统、动力阀控制系统、ACIS部件的安装位置

任务描述

进气控制系统是发动机的辅助控制系统，其功能是根据发动机转速和负荷的变化，对发动机的进气量进行控制，以提高发动机的充气效率，从而改善发动机的动力性。主要组成有废气涡轮增压控制系统、动力阀控制系统、ACIS等多种。如果进气控制系统出现故障，发动机会出现怠速不稳，引起抖动、发动机运转无力、爆燃。

知识储备

根据增压装置使用的动力源不同，增压装置分为废气涡轮增压和动力增压两种，目前多采用废气涡轮增压。

一、废气涡轮增压控制系统的认知

1. 废气涡轮增压控制系统的功能

废气涡轮增压控制系统主要根据发动机负荷的情况，利用废气能量同涡轮增压器提高进气效率，如图5-12所示。

2. 废气涡轮增压控制系统的组成

废气涡轮增压控制系统主要由涡轮增压器、中冷器、相关管路、润滑机构及控制机构组成，如图5-13所示。

图5-12　废气涡轮增压控制系统在车上的安装位置

涡轮增压器由涡轮叶轮和涡轮壳构成，包括用公共轴连接的废气涡轮和进气涡轮，公共轴用润滑机构润滑，如图5-14所示。

中冷器安装在增压后的进气管路上，位于汽车保险杠下面，中冷器一般由铝合金材料制成，如图5-15所示。

发动机排出的废气的温度非常高，通过增压器的热传导会提高进气的温度。另外，空气在被压缩的过程中密度会升高，这必然也会导致空气温度的升高，从而影响发动机的充气效率。如果想要进一步提高充气效率，就要降低进气温度。有数据表明，在相同的空燃比条件下，增压空气的温度每下降10℃，发动机功率就能提高3%～5%。中冷器就是一个高效的散热器，主要作用就是在新鲜空气进入发动机之前对其进行冷却，提高发动机的换气效率。按照冷却介质的不同，常见的中冷器可以分为风冷式和水冷式两种。

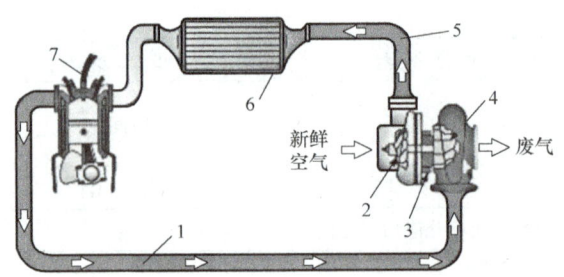

图5-13　废气涡轮增压控制系统的组成

1—发动机排气　2—进气涡轮　3—润滑机构　4—废气涡轮　5—压缩空气　6—中冷器　7—发动机

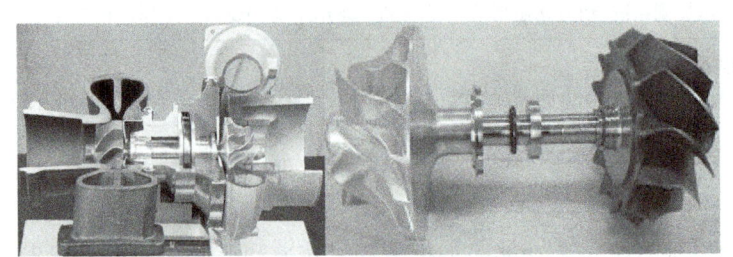

图5-14　涡轮增压器涡轮壳及叶轮

图5-15　中冷器

控制机构根据发动机进气压力的大小，控制增压装置的工作，以达到控制进气压力，提高发动机动力性和经济性的目的。

3. 废气涡轮增压控制系统的工作过程

废气驱动废气涡轮，将气压能转换成机械能，给同轴的进气涡轮提供动力，将空气吸入，压缩后提供给发动机，如图5-16所示。空气由于受涡轮流量截面面积的限制，在进口和出口处产生压力差和温度差。

当发动机负荷小时，进气管中气的压力低，充气量小，此时系统工作，增加进气量，控制排气流动线

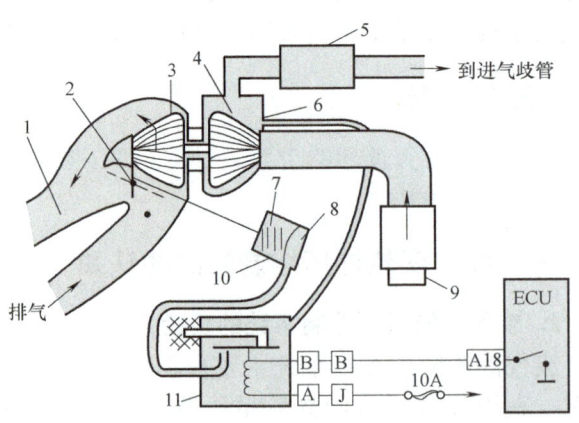

图5-16　废气涡轮增压控制系统的工作过程

1—排气旁通道　2—切换阀　3—泵轮　4—涡轮　5—空气冷却器　6—废气涡轮增压器出口　7—气室弹簧　8—驱动气室　9—空气滤清器　10—切换阀控制装置　11—释压电磁阀

路。控制排气流动线路的切换阀受驱动气室的控制。在涡轮增压器的出口与驱动气室之间的管路中装有受 ECU 控制的释压电磁阀，释压电磁阀控制进入驱动气室的气体压力。

当 ECU 检测到的进气压力低于 0.098MPa 时，受 ECU 控制的释压电磁阀的搭铁回路断开，释压电磁阀关闭。此时，由涡轮增压器出口引入的进气压力，经释压电磁阀进入驱动气室，克服气室弹簧的弹力推动切换阀，将废气进入涡轮室的通道打开，同时将排气旁通道关闭，这样排入的废气流经涡轮室，涡轮增压器工作，使进气增压。

当 ECU 检测到的进气压力高于 0.098MPa 时，将释压电磁阀搭铁回路接通，释压电磁阀打开，通往驱动气室的压力空气被切断，驱动气室在弹簧力的作用下，驱动切换阀，关闭排气进入涡轮室的通道。同时，将排气旁通道打开，排入的废气不经涡轮室而是经旁通阀直接排出，涡轮增压器停止工作，进气压力下降。直到进气压力降到规定的压力时，ECU 又将释压电磁阀关闭，切换阀将废气进入涡轮室的通道打开，增压器开始工作，使进气增压。

在有些增压控制系统中，通过控制增压器的转速来控制增压压力。ECU 根据发动机的运行工况（加速、爆燃、冷却液温度、进气量等信号），确定增压压力的目标值，并通过进气歧管绝对压力传感器来检测发动机的实际增压压力值。

二、动力阀控制系统的认知

1. 动力阀控制系统的功能

动力阀控制系统主要是控制发动机进气道的空气流通截面大小，以适应发动机不同转速和负荷时的进气量需求，从而改善发动机的动力性。

2. 动力阀控制系统的组成

动力阀控制系统主要由动力阀、膜片真空气室、真空罐和真空电磁阀等元件组成。真空电磁阀受控于 ECU，控制通往膜片真空气室的真空度。

3. 动力阀控制系统的控制过程

ECU 控制的动力阀控制系统如图 5-17 所示，进气道中控制空气流通截面大小的动力阀安装在进气管上，动力阀的开闭由膜片真空气室控制，ECU 根据各传感器信号通过真空电磁阀（VSV 阀）控制真空罐与真空气室的真空通道。

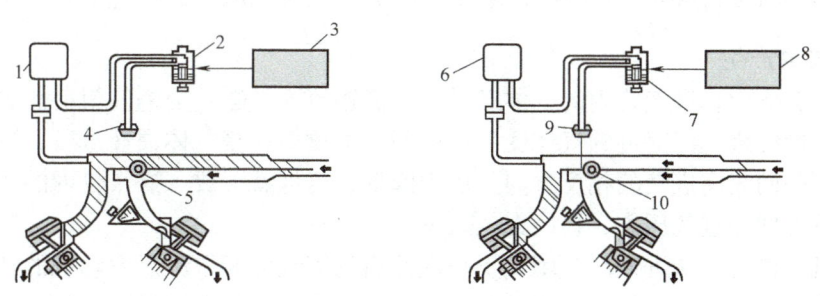

图 5-17 ECU 控制的动力阀控制系统
1、6—真空罐 2、7—真空电磁阀 3、8—ECU 4、9—膜片真空气室 5、10—动力阀

当发动机处在进气量较小的小负荷、低速工况时，ECU 断开真空电磁阀搭铁回路，真空罐中的真空度不能进入膜片真空气室，动力阀处于关闭位置，使进气道流通截面减小，可

提高进气流速,增大进气流惯性,以提高发动机充气率;且随进气流速提高,也可增加气缸内的涡流强度,有利于低速小负荷工况下的燃烧和热效率的提高。

当发动机高速和大负荷工况下,进气量较多,ECU 接通真空电磁阀搭铁回路,真空罐中的真空度经真空电磁阀进入膜片真空气室,动力阀开启,进气通道变大,减小了进气阻力,抑制因进气流速过高而导致的燃烧室内气流扰动现象,有助于改善发动机高速性能。动力阀控制系统的主要控制信号有发动机转速、温度、空气流量等信号。

三、谐波增压控制系统(ACIS)的认知

1. 谐波增压进气系统(ACIS)的功能

ACIS 又称为进气惯性增压控制系统,根据发动机转速的变化,改变进气管内压力波的传播距离,利用进气流惯性产生的压力波提高进气效率,改善发动机性能。

2. ACIS 的组成

ACIS 主要由进气增压控制阀、真空控制阀、真空电磁阀、真空罐和 ECU 组成,如图 5-18 所示。进气增压控制阀位于节气门后方的进气管路上,真空控制阀里面用膜片隔开,一端与进气增压控制阀相连,一端是真空气室,与真空电磁阀相通,真空电磁阀受控于 ECU,控制由真空罐进入真空气室的真空。

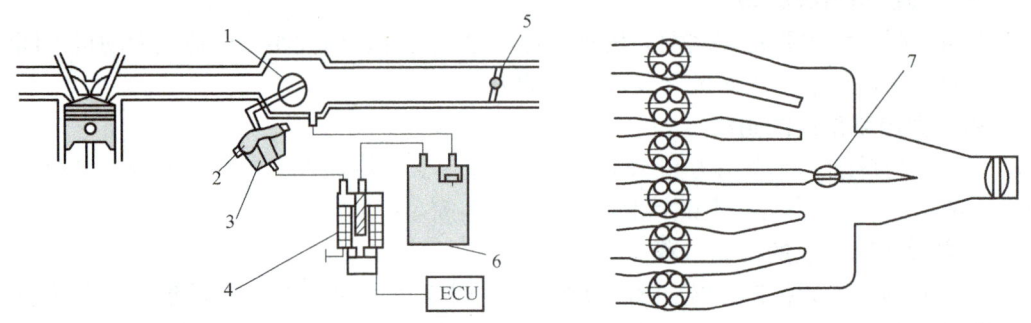

图 5-18 ACIS

1、7—进气增压控制阀 2—真空控制阀 3—真空室 4—真空电磁阀 5—节气门 6—真空罐

3. 压力波的产生

在发动机工作中,进气管内的气体经进气门高速流入气缸,当进气门突然关闭时,由于气体的流动惯性使进气门附近的气体受到压缩而压力增高;当气体惯性过后,进气门附近被压缩的气体膨胀而流向进气的相反方向,压力降低,这样就形成了进气管内的压力波,利用好这一压力波可增加进气压力,提高充气效率。

当发动机工作时,从进气门关闭到下一次开启的间隔时间取决于发动机的转速,而进气管内的压力波反射回到进气门处所需的时间,取决于压力波传播路线的长度。当进气管较长时,压力波传播距离长,发动机低速性能较好;当进气管较短时,压力波传播距离短,发动机高速性能较好。

4. 压力波的利用

如果进气管的长度可以改变,则可兼顾发动机低速和高速时的性能要求,但发动机进气管的长度一般是不能改变的,其长度一般都是按最大转矩对应的转速区域(低速区域)设

计。ACIS 就是根据发动机转速的变化，改变进气管内压力波的传播距离，以提高充气效率，改善发动机性能。

5. ACIS 的工作过程

当发动机转速较低时，ECU 根据转速信号控制电磁真空阀断电，真空通道阀关闭，真空罐的真空度不能进入真空气室，受真空控制阀控制的进气增压阀处于关闭状态，进气管内的脉动压力波传递长度为从空气滤清器到进气门的距离，此距离较长，以适应低速区域形成气体动力增压要求，如图 5-19 所示。

当发动机转速较高时，ECU 根据转速信号控制电磁真空阀通电，真空通道阀打开，真空罐的真空度进入真空气室，吸动真空膜片，打开增压控制阀，由于大容量空气室参与，在控制阀处形成气帘，进气管内的脉动压力波传递长度为从空气室出口到进气门的距离，此距离较短，使发动机在高速区也能得到较好的气体动力增压效果。

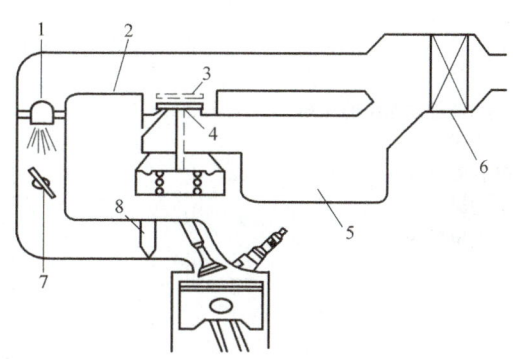

图 5-19　ACIS 的工作原理

1—喷油器　2—进气道　3—高速运转时　4—控制阀　5—大容量空气室　6—空气滤清器　7—节气门　8—涡流控制气门

任务实施

一、实训准备（场地、设备、教具、工量具、耗材）

举升机、卡罗拉型轿车、工具车和零件车、常用与专用拆装维修工具和量具等。

二、实施步骤

进气控制系统的认知见表 5-4。

表 5-4　进气控制系统的认知

步　骤	图　示
1）废气涡轮增压控制系统的认知 ①涡轮增压器 ②中冷器 ③相关管路 ④润滑机构 ⑤控制机构	

（续）

步 骤	图 示
2）动力阀控制系统的认知 ①动力阀 ②膜片真空气室 ③真空罐 ④真空电磁阀	
3）ACIS 的认知 ①进气增压控制阀 ②真空控制阀 ③真空电磁阀 ④真空罐 ⑤ECU	

检测评价

进气控制系统认知任务评价见表5-5。

表5-5　进气控制系统认知任务评价

序号	实操活动	步　骤	评分细则	分值	得　分
1	准备工作	准备车轮挡块、翼子板护垫、车内四件套。全面检查车体、轮胎、玻璃有无损伤，做好检查记录	动作不规范，操作失误一次扣1分	4	
		放车轮挡块，安装尾排管		2	
		打开左前车门，安装好车内四件套		2	
		打开发动机舱盖安装翼子板护垫		2	
2	进气控制系统认识	初步检查	元件认识错误扣2分，未正确操作扣2分	10	
		认识废气涡轮增压控制系统		20	
		认识动力阀控制系统		20	
		认识ACIS		20	

(续)

序号	实操活动	步骤	评分细则	分值	得分
3	安全文明生产	收好翼子板护垫、车内四件套、车轮挡块、尾排管	清洁不及时不得分 操作中设备损伤每次扣2分;操作中受伤每次扣1分;工具、零件落地每次扣1分	3	
		关好发动机舱盖、车门		2	
		清洁工具、量具		2	
		清洁场地		1	
		操作过程中注意安全		2	
4	操作时间	时间	操作时间为30min,每超过1min扣1分	10	
		合 计		100	

说明:每项分值扣完为止

教师评价

指导教师_____
____年____月____日

任务三　排气控制系统的认知

任务目标

知识目标	1)了解汽车排放污染的主要来源及主要成分 2)了解排放控制系统的类型及组成部件
技能目标	1)熟悉曲轴箱通风、燃油蒸气排放控制系统、废气再循环控制系统中的传感器、执行器的安装位置 2)了解三元催化转化系统、二次空气供给系统各元件的安装位置,掌握相应的检修方法

任务描述

汽车的排放污染主要来源于发动机排出的废气（约占65%以上）、曲轴箱窜气（约占20%,主要为HC和CO）和燃料供给系统中蒸发的燃油蒸气（占10%～20%,主要为HC）。汽油机的主要排放污染物是一氧化碳（CO）、碳氢化合物（HC）和氮氧化合物（NO_x）,柴油机的主要排放污染物是HC、NO_x和碳烟。近年来,在汽车上装用了多种排放控制系统,主要包括曲轴箱强制通风（PCV）系统、汽油蒸气排放（EVAP）控制系统、废气再循环（EGR）系统、三元催化转换（TWC）系统、二次空气供给系统和热空气供给系统等。

知识储备

一、曲轴箱通风阀（PCV阀）

发动机燃烧室内的混合气和燃烧后的废气会沿着活塞和气缸体间的缝隙漏入曲轴箱内,

必须将这些污染物从曲轴箱内排出。考虑环保因素，不能将这些混合气直接排入大气，所以在现代的汽车上一般都采用 PCV 系统，将这些进入曲轴箱的气体导入进气歧管，使其重新燃烧。

在发动机曲轴箱和进气歧管间安装一根管子和一个 PCV 阀，如图 5-20 所示。利用进气歧管真空度将窜入曲轴箱的气体经进气管吸入气缸内燃烧，通过 PCV 阀改变进入气缸重新燃烧的窜缸混合气量，降低有害污染，延长润滑油寿命。

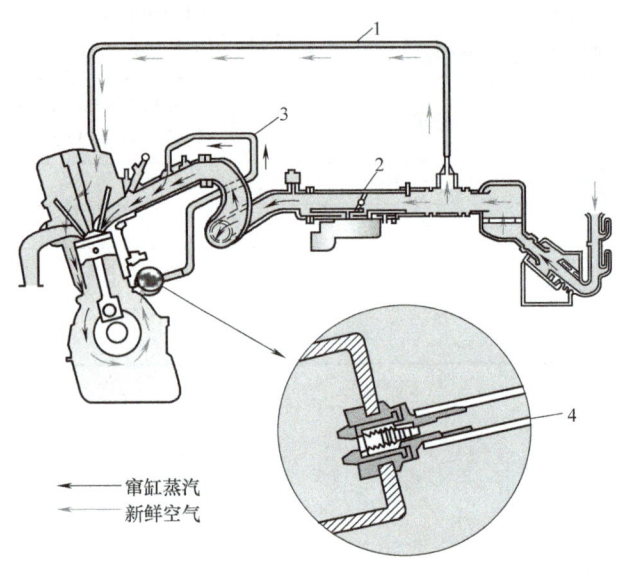

图 5-20　PCV 阀
1—通气管　2—进气歧管　3—PCV 软管　4—PCV 阀

1. PCV 阀

PCV 阀是曲轴箱强制通风系统中的重要部件，一般由阀体、阀门、阀盖和弹簧组成，不可分解。PCV 阀的主要作用是将曲轴箱内的气体（从燃烧室窜入曲轴箱的混合气与润滑油蒸气）导入进气歧管，这就避免了排放恶化等现象。另外，防止润滑油蒸气直接进入大气，同时防止润滑油变质。当发动机做功燃烧过程的末端，一些未燃混合气在高压下从活塞环漏入曲轴箱内，混合气会从曲轴箱内排入大气中造成污染。不排除这些混合气，还会稀释曲轴箱内的润滑油，使润滑油变质造成发动机机件过早磨损。现在 PCV 阀已经成为汽车的标准配置。

PCV 阀是一个计量控制阀，由真空度来控制，调节曲轴箱通风系统产生的油烟进入进气系统的流量，如图 5-21 所示。新上市汽车的 PCV 阀一般安装在气门摇臂盖和进气歧管之间。

当发动机工作时，进气管的真空度作用在 PCV 阀上，它吸引新鲜空气从滤清器经空气软管进入气门室盖，再经过气门盖孔进

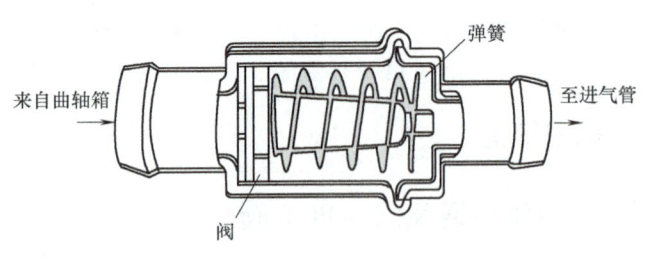

图 5-21　PCV 阀

入曲轴箱，并在曲轴箱中与从燃烧室泄漏的气体混合。最终在进气歧管的吸引下，向上经气缸盖孔流经气门室盖及 PCV 阀，进入进气歧管，然后再经进气门进入燃烧室燃烧。

2. 不同工况下的工作情况

PCV 阀的工作是有条件的，当发动机熄火停机后，PCV 阀全关；当发动机怠速或减速运转时，PCV 阀在真空吸力的作用下阀开度很小，真空通道小；在正常行驶时，阀开度增大，真空通道也增大，通风流量增大；在大负荷下工作时，阀完全开启，真空度减小，通风流量最大；当发动机回火时，火焰传播到进气管进入 PCV 阀体内，火焰的压力压紧 PCV 阀使其关闭，以防止火焰传到曲轴箱中，如果系统中没有 PCV 阀，当发动机回火时，曲轴箱中的蒸气就有可能发生爆炸。

3. 系统测试

如果曲轴箱通风系统工作不正常，则有可能使有害的窜气留在发动机中引起腐蚀、加快磨损，因而缩短发动机的寿命。此外，还会引起发动机不易起动、怠速不稳、加速无力或润滑油损耗过大等故障。所以出现这些故障时，应该考虑是否由曲轴箱通风系统工作不良引起的。

（1）转速下降测试法　先使发动机达到正常工作温度，在怠速情况下，夹住 PCV 阀与真空源之间的管路，发动机转速应下降 50r/min 或更多。否则，要检查 PCV 阀和管路是否堵塞，必要时进行清洗或更换。

（2）真空测试法　使发动机在正常工作温度下怠速运转，将 PCV 阀从气门室盖上拔下。拔下 PCV 阀后，应能听到空气流过时产生的"咝咝"声。手指放在 PCV 阀的进气口上，应能感到很强的真空吸力。

装好 PCV 阀，将润滑油加油口盖取下。在发动机处于怠速运转时，将一张薄的硬纸轻轻放在开口上，在 60s 内，应能感到真空将纸吸附在开口上。

熄灭发动机，取下 PCV 阀，摇动 PCV 阀时应能听到"咔咔"声。否则，应该更换该 PCV 阀。

如果上述测试结果正确，则说明曲轴箱通风系统工作正常。如果有一项测试结果不正确，则说明需要更换相应元件并重新测试。

PCV 阀的一个常见故障就是堵塞。如果 PCV 阀堵塞，可能会使曲轴箱窜气逆向流入空气滤清器，污染滤芯，使空气滤清器过滤能力降低，导致燃料消耗增大，发动机磨损加大，甚至损坏发动机。因此，需定期维护曲轴箱通风系统，清除 PCV 阀周围的污染物。

二、EVAP 控制系统

1. EVAP 控制系统的功用

EVAP 控制系统是收集燃油箱内蒸发的汽油蒸气，并将汽油蒸气导入气缸参加燃烧，防止汽油箱内的汽油蒸气排入大气产生污染。同时，还必须根据发动机工况，控制导入气缸参加燃烧的汽油蒸气量。采用燃油蒸气排放控制系统可减少 HC 排放，节约燃料。

2. 燃油蒸气排放控制系统（EVAP）的组成

燃油蒸气排放控制系统主要由真空控制阀、电磁阀、单向阀和活性炭罐组成，如图5-22所示。在装有燃油蒸气排放控制系统的汽车上，油箱盖上只有空气阀，而不设蒸气放出阀。油箱的汽油蒸气通过单向阀进入活性炭罐上部，空气从炭罐下部进入清洗活性炭。在炭罐右上方有一定量排放小孔及受真空控制的排放控制阀，排放控制阀上部的真空度由炭罐控制电磁阀控制，而炭罐控制电磁阀受 ECU 控制。

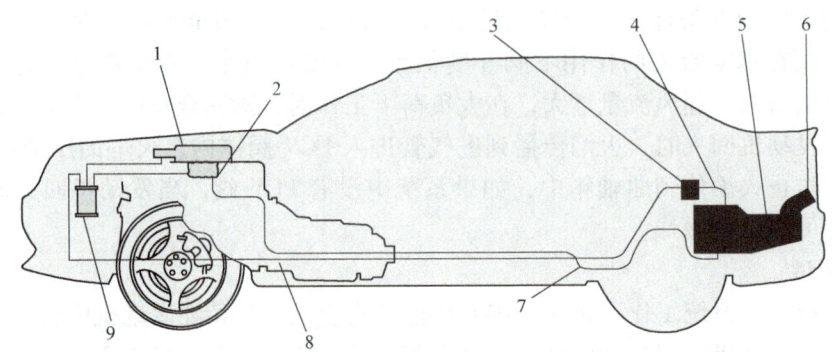

图 5-22　燃油蒸气排放控制系统在车上的位置

1—空气滤清器　2—喷油器和进气歧管　3—水汽分离器　4、8—蒸气管
5—燃油箱　6—燃油箱盖　7—燃油管路　9—活性炭罐

3. 燃油蒸气排放控制系统的工作原理

当发动机工作时，ECU 根据发动机转速、温度、空气流量等信号，控制炭罐电磁阀的开闭来控制真空控制阀上部的真空度，从而控制真空控制阀的开度，如图 5-23 所示。当真空控制阀打开时，燃油蒸气通过真空控制阀被吸入进气歧管。

当发动机怠速或温度较低时，ECU 使电磁阀断电，关闭吸气通道，活性炭罐内的燃油蒸气不能被吸入进气歧管。

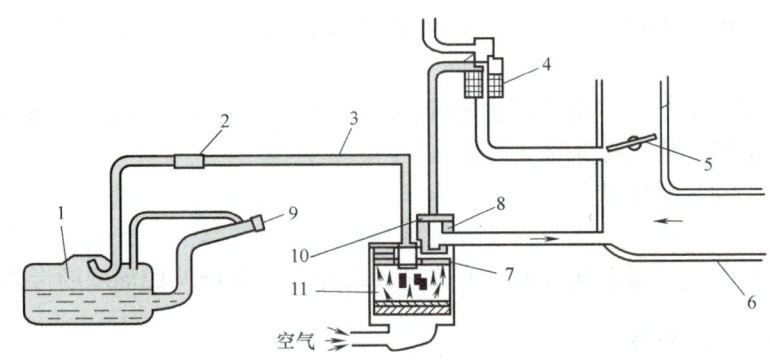

图 5-23　燃油蒸气排放控制系统

1—油箱　2—单向阀　3—排气管　4—电磁阀　5—节气门　6—进气管　7—定量排放孔
8—真空控制阀　9—油箱盖　10—真空室　11—活性炭罐

在部分燃油蒸气排放控制系统中，活性炭罐上不设真空控制阀，而将受 ECU 控制的电磁阀直接装在活性炭罐与进气管之间的吸气管中。

如韩国现代轿车装用燃油蒸气排放控制系统，其控制方式为 ECU 控制清洗电磁阀的开关，从而控制被吸入进气歧管的燃油蒸气量，如图 5-24 所示。

通常，当发动机处于停机、起动、暖机以及急速等工况时，不将燃油蒸气送至进气管。

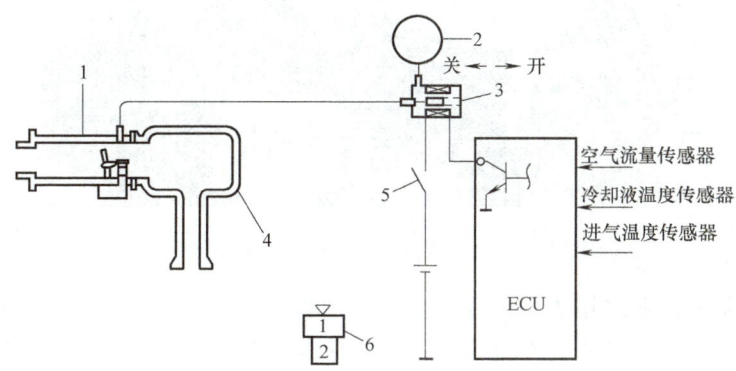

图 5-24 燃油蒸气排放控制系统典型布置

1—节气门体 2—EVAP 炭罐 3—炭罐清洗电磁阀 4—进气缓冲室 5—MPI 控制继电器 6—电磁阀侧线束插接器

4. 燃油蒸气排放控制系统的检修

（1）一般维护 经常检查管路是否漏气，滤芯是否堵塞，炭罐壳体有无裂纹，每行驶 20000km 应更换活性炭罐底部的进气滤芯。

（2）检查活性炭罐 检查活性炭罐是否有开裂或损坏现象，如果发现上述情况或活性炭罐内部被燃油浸泡，就必须更换活性炭罐，如图 5-25 所示。

按图 5-26 所示方法吹入压缩空气（294kPa）后，压缩空气应能从图中箭头所示方向流出。

图 5-25 检查活性炭罐

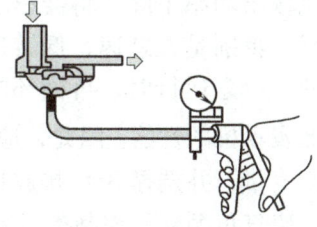

图 5-26 真空控制阀的检查

（3）真空控制阀的检查 拆下真空控制阀，用手动真空泵对真空控制阀施加 5kPa 的真空度，从活性炭罐侧孔吹入空气应畅通；不施加真空度，吹入空气则不通。

（4）电磁阀的检查 拆下电磁阀进气管一侧的软管，用手动真空泵由软管接头给控制电磁阀施加一真空度，电磁阀不通电时应能保持真空度；若电磁阀通以蓄电池电压，真空度应释放。

拆开电磁阀线束插接器，电磁阀工作电压在 12V 左右，测量电磁阀两端子间电阻应为 36~44Ω，如图 5-27 所示。

三、废气再循环控制系统（EGR）的认知

废气中的主要成分是 CO、HC 和 NO_x 等，这三种气体的热容量较高。当新混合气和部分

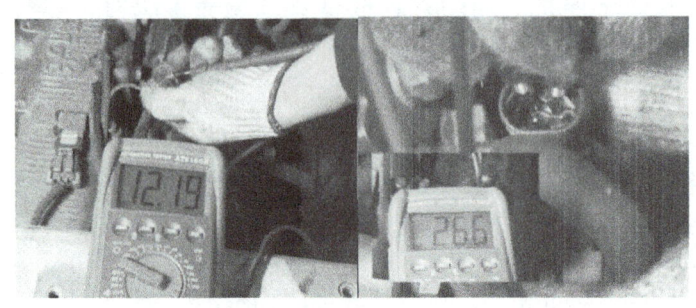

图 5-27　炭罐电磁阀电压、电阻的检测

排气混合后，热容量也随之增大。NO_x是空气中的氮气（N_2）与氧气在高温、高压条件下形成的，发动机排出的NO_x量主要与气缸内的最高温度有关，气缸内最高温度越高，排出的NO_x量越多。

1. 废气再循环控制系统的功能

废气再循环简称为 EGR（Exhaust Gas Recirculation）系统，是目前广泛采用的，用于降低NO_x排放的一种有效措施，如图 5-28 所示。它是将发动机排出的一部分废气引入进气管与新混合气混合后进入气缸燃烧，以抑制NO_x的生成，从而实现再循环，并对送入进气系统的排气进行最佳的控制。

过度的废气再循环，使混合气的着火性能和发动机输出功率下降，将会影响发动机的正常运行，特别是在怠速、低转速小负荷及发动机处于冷态运行时，再循环的废气将

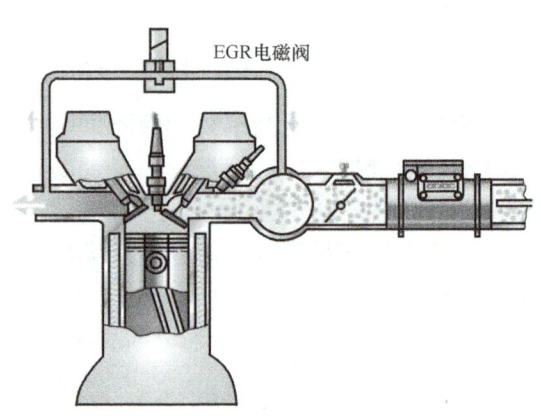

图 5-28　废气再循环控制系统

会明显降低发动机的性能。因此，应根据发动机结构、工况及工作条件的变化自动调整参与再循环的废气量，并选择NO_x排放量多的发动机运转范围，进行适量的 EGR 控制。

通常，废气再循环的控制指标采用废气再循环率表示，其定义为

废气再循环率=[废气再循环气体流量/(吸入空气量+废气再循环气体流量)]×100%

在发动机工作时，ECU 根据各传感器的信号，如曲轴位置传感器、冷却液温度传感器、节气门位置传感器、点火开关等送来的信号，确定发动机目前在哪一种工况下工作，以输出指令，控制废气再循环电磁阀打开或关闭，从而控制废气再循环控制阀打开或关闭，使废气再循环进行或停止。系统只在发动机中小负荷工况下工作，在怠速和全负荷工况不工作。

当怠速和低负荷时，NO_x排放含量低，为了保证稳定燃烧，不进行废气再循环，只有热态下进行废气再循环。当发动机温度低时，NO_x排放含量也较低，为了保证正常燃烧，冷机时不进行废气再循环。当大负荷、高速时，为了保证发动机有较好的动力性，此时混合气较浓，NO_x排放生成物较少，可不进行废气再循环或减少废气再循环率。废气再循环量对NO_x排放和油耗的影响还受到空燃比、点火提前角等因素的影响。因此，在废气再循环率进行控制时，同时对点火等进行综合控制，就能得到较好的发动机性能。

2. 废气再循环控制系统部件

废气再循环控制系统主要部件有 EGR 阀、EGR 枢轴位置传感器和 EGR 真空调节器等，其中 EGR 阀是最关键的部件。根据控制方式的不同，EGR 阀可分为进气歧管真空度控制和发动机控制模块控制两种类型。

（1）进气歧管真空度控制的真空膜片式 EGR 阀　进气歧管真空度控制的真空膜片式 EGR 阀主要有气道式 EGR 阀（图 5-29）、正背压 EGR 阀（图 5-30）、负背压 EGR 阀（图 5-31）。当 EGR 阀开启时，废气进入进气歧管。

（2）发动机控制模块控制的电磁式 EGR 阀　发动机控制模块控制的电磁式 EGR 阀主要有数字式 EGR 阀（图 5-32 和图 5-33）、线性 EGR 阀（图 5-34 和图 5-35）。

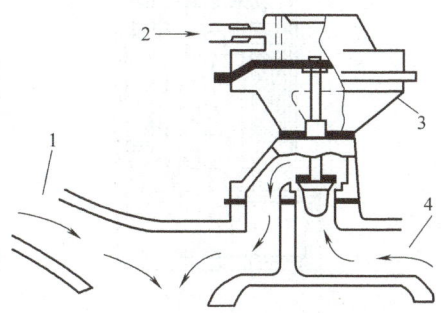

图 5-29　气道式 EGR 阀

1—进气　2—EGR 真空入口　3—EGR 阀　4—废气

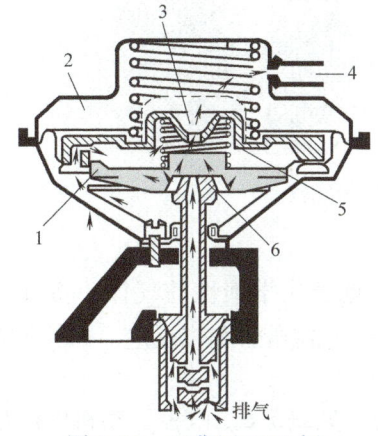

图 5-30　正背压 EGR 阀

1—膜片　2—真空室　3—当停机时控制阀开启
4—控制真空　5—控制阀弹簧　6—减压器

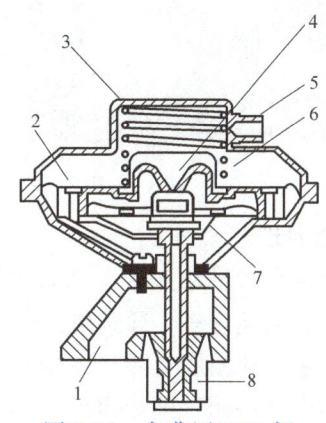

图 5-31　负背压 EGR 阀

1—进气　2—膜片　3—EGR 阀　4—放气孔　5—真空入口
6—大弹簧　7—小弹簧　8—锥形阀

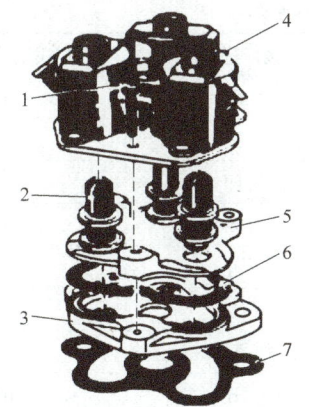

图 5-32　数字式 EGR 阀的结构

1—螺钉　2—可动铁心　3—底座　4—电磁线圈及安装板组件　5—底板　6—衬垫　7—绝缘垫

图 5-33　数字式 EGR 阀在车上的安装

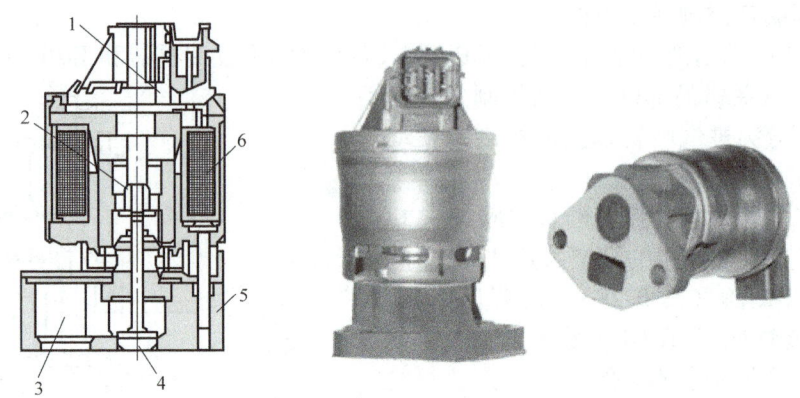

图 5-34 本田奥德赛线性 EGR 阀

1—位置感应器 2—电枢 3—排气进入 4—通往进气歧管 5—阀座 6—线圈组

图 5-35 别克线性电磁阀及位置传感器

3. 工作原理

废气中含有大量的 CO_2（二氧化碳）和水蒸气等接近于化学惰性的气体，将其导入气缸后会稀释缸内混合气，导致氧浓度相应降低，从而缓解了激烈的燃烧反应。CO_2 不能燃烧但能吸收热量，使温度下降，减少 NO_x 的生成。

不同的废气再循环率是通过 EGR 阀的调节来实现的，见表 5-6。电控发动机中广泛采用电子控制 EGR 阀方法。有的废气再循环控制系统将 EGR 电磁阀与机械阀合二为一，直接由发动机控制单元控制。

表 5-6 数字 EGR 阀不同的 EGR 率

	第一孔口	第二孔口	第三孔口	EGR 流量/（%）
0	闭	闭	闭	0
1	开	闭	闭	14
2	闭	开	闭	29
3	开	开	闭	43
4	闭	闭	开	57
5	开	闭	开	71
6	闭	开	开	86
7	开	开	开	100

直线型 EGR 阀是由 ECU 控制针阀位置，调节从排气进入进气歧管孔口的大小，精确地控制废气再循环率。废气再循环控制系统工作期间通过监测针阀位置反馈信号控制针阀位

置,并根据冷却液温度、节气门位置和进气流量控制 EGR 针阀的位置。

根据发动机台架试验确定的废气再循环率与发动机转速、进气量的对应关系,将有关数据存入发动机 ECU 内的 ROM(只读存储器)中。当发动机工作时,ECU 根据各种传感器送来的信号,确定发动机在哪一种工况工作,经过查表和计算修正,输出适当的指令,控制电磁阀的开度,以调节废气再循环率。

新鲜空气经节气门进入稳压箱,发动机排气中的一部分经控制阀进入稳压箱,稳压箱中设置有废气再循环率传感器,它对稳压箱中新鲜空气与废气所形成的混合气中的氧气浓度不断地进行检测,并将检测结果输入 ECU。ECU 经过分析计算后向控制阀输出控制信息,不断地调整废气再循环率,使废气再循环率时刻在 ECU 的控制下保持理想状态,从而有效地减少 NO_x 的排放量。

4. 废气再循环控制系统的类型

(1)开环控制 废气再循环开环控制系统主要有 EGR 阀、EGR 电磁阀等构件。EGR 阀安装在废气再循环通道中,用以控制废气再循环量。EGR 电磁阀安装在通向 EGR 真空通道中,如图 5-36 所示。

ECU 根据发动机冷却液温度、节气门开度、转速和起动等信号来控制 EGR 电磁阀的通电或断电。当 ECU 不给 EGR 电磁阀通电时,控制 EGR 阀的真空通道接通,EGR 阀开启,进行废气再循环;ECU 给 EGR 电磁阀通电时,控制 EGR 阀的真空度通道被切断,EGR 阀关闭,停止废气再循环。

EGR 阀
用来控制进入气缸的废气量

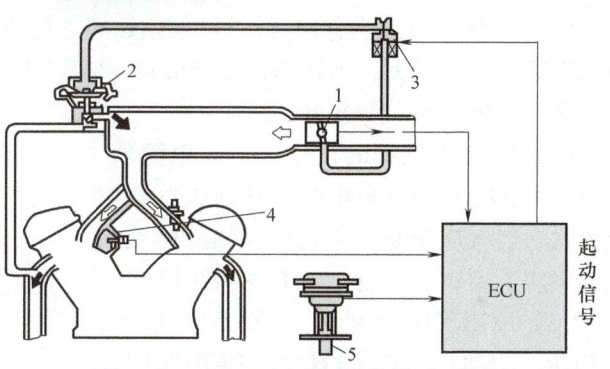

图 5-36 废气再循环控制系统开环控制
1—节气门 2—EGR 阀 3—EGR 电磁阀 4—冷却液温度传感器 5—曲轴位置传感器

(2)闭环控制 废气再循环闭环控制系统通过检测实际的废气再循环率或 EGR 阀开度,作为反馈控制信号来控制废气再循环系统,这种控制精度更高,如图 5-37 所示。

与开环相比只是在 EGR 阀上增设一个 EGR 阀开度传感器,控制原理如图 5-37 所示,废气再循环率传感器安装在进气总管中的稳压箱上,新鲜空气经节气门进入稳压箱,参与再循环的废气经 EGR 电磁阀进入稳压箱,传感器检测稳压箱内气体中的氧浓度,并转换成电信号送给 ECU,ECU 根据此反馈信号修正 EGR 电磁阀的开度,使废气再循环率保持在最佳值。

增加废气再循环率可以使 NO_x 排出物降低,但同时会使 HC 排出物和燃油消耗增加。因此,在各种工况采用的废气再循环率必须是对动力性、经济性和排放性能的综合考虑。

当废气再循环率小于 10% 时,燃油消耗量基本上不增加;当废气再循环率大于 20% 时,发动机燃烧不稳定,工作粗暴,HC 排放物将增加 10%。因此通常将废气再循环率控制在 10%~20% 范围内较合适。

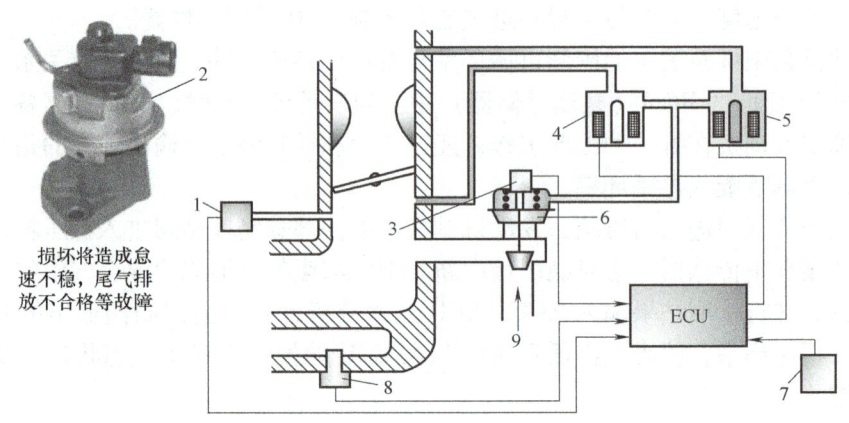

图 5-37　废气再循环控制闭环控制系统

1—压力传感器　2、3—EGR 位置传感器　4、5—ON-OFF 电磁阀　6—EGR 阀
7—冷却液温度开关　8—冷却液温度传感器　9—废气

5. 废气再循环控制系统的检修

（1）一般检查　当怠速时，拆下 EGR 阀上的真空软管，发动机转速应无变化，用手触摸真空管口应无吸力；当转速达 2500r/min 以上时，同样拆下此真空软管，发动机转速应明显升高（中断了废气再循环）。

（2）EGR 电磁阀的检查　测量电阻值，应为 33～39Ω；当不通电时，从通进气管侧接头吹入空气应畅通，从通大气的滤网处吹入空气应不通；通电时，与上述刚好相反。

（3）EGR 阀的检查　如图 5-38 所示，给 EGR 阀施加 15kPa 的真空，EGR 阀应能开启；当不施加真空时，EGR 阀应能完全关闭。

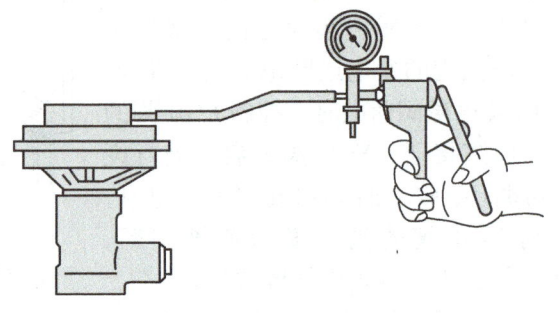

图 5-38　EGR 阀的检查

四、三元催化转化器（TWC）的认知

1. 三元催化转化器的功用

三元催化转换器也称为触媒转换器，简称触媒，安装在排气管中部、排气系统消声器前后，其功能是利用转换器中的三元催化剂，将发动机排出废气中的有害气体 CO、HC 和 NO_x 转变为无害气体，进行催化反应，生成 CO_2（二氧化碳）、H_2O（水）和 N_2（氮气）排出车外，降低了尾气对环境的污染，从而实现排气净化。

2. 三元催化转化器的结构

三元催化转化器由壳体、减振垫、绝热层、载体和催化剂涂层这几部分构成，如图5-39所示。

壳体材料一般要选取不锈钢和耐热钢，其中三元催化剂是铂和铑的混合物。铂能促使排气中的有害成分 CO、HC 氧化成 CO_2 和 H_2O，铑能加速有害气体 NO 还原成 N_2 和 O_2，从而起到净化排气的作用。

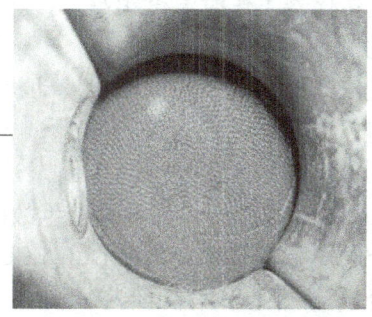

图 5-39 三元催化转化器

载体可采用金属和稀土陶瓷两种，如图 5-40 所示。金属载体升温快，凉车起动尾气达标快，和排出气体的几何接触面积大，有利于催化反应；流通阻力小，对发动机的性能影响小；载体的热传导好，可以延缓催化剂的热老化。但耐热性差，抗过载能力低；成本高，现在使用的金属材质为铬铝钇不锈钢金属波纹板，价格较昂贵；高温后金属材质极性变大，容易吸附燃油中的杂质。

稀土陶瓷载体优点是成本低，抗过载、抗高温能力较好；缺点是升温慢，流动阻力比金属的高，对发动机性能影响比金属的大，净化效率比金属的

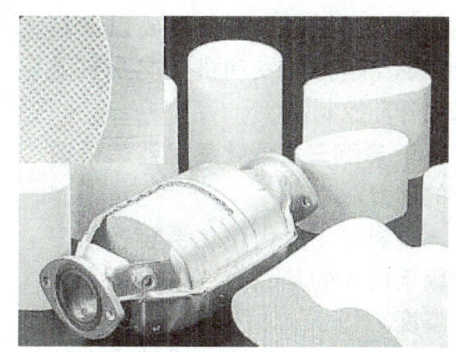

图 5-40 TWC 载体

低。现在 90% 的车辆使用稀土陶瓷载体的三元催化转化器。

载体的形状可分为颗粒型和蜂巢型两种类型，前者将催化剂沉积在颗粒状氧化铝载体表面，后者将催化剂沉积在蜂巢状氧化铝载体表面，氧化铝表面有形状复杂的表层，可增大催化剂与废气的实际接触面积。

三元催化转化器常用蜂窝状陶瓷作为承载催化剂的载体，在陶瓷载体上浸渍铂（或钯）与铑贵重金属的混合物作为催化剂。损坏后将造成因堵塞不易起动和排放不合格等故障。

3. 三元催化转化器的工作原理

当发动机排出的废气流经三元催化转化器时，三元催化剂使废气中的 HC 和 CO 有害气体进一步氧化，生成无害气体 CO_2 和 H_2O，并促使废气中的 NO_x 与 CO 反应生成无害的 N_2 和 CO_2 气体，如图 5-41 所示。

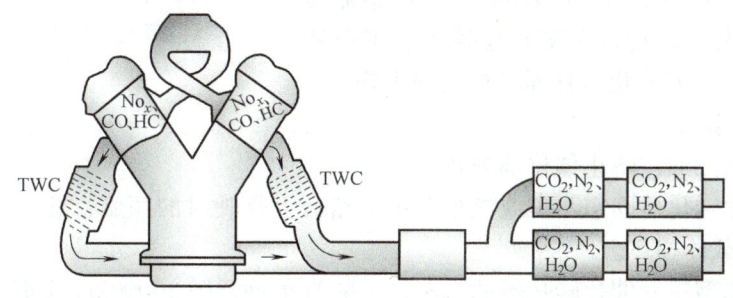

图 5-41 三元催化转化器（TWC）的工作原理

三元催化转化器工作时温度很高，排气系统周围的部件应特别注意，作业时防止烫伤。

4. 控制方式

在装有氧传感器的电控燃油喷射发动机上，电控燃油喷射（EFI）系统并不是在所有工况下都进行闭环控制，在发动机起动、怠速、暖机、加速、全负荷及减速断油等工况下，发动机不可能以理论空燃比工作，仍采用开环控制方式，如图5-42所示。此外，氧传感器温度在400℃以下，氧传感器或其电路发生故障时，也只能采用开环控制。电控燃油喷射系统是进行开环控制还是进行闭环控制，由ECU根据相关输入信号确定。

当对混合气空燃比采用反馈控制时，混合气的浓度基本上在理论空燃比附近，但并不是所有工况都能进行闭环控制。任何需要以非理论空燃比运行的发动机工况都只能采用开环控制。

5. 影响三元催化转化器转换效率的因素

影响三元催化转化器转换效率的因素最大的是混合气的浓度和排气温度。

三元催化剂是铂（或钯）和锗

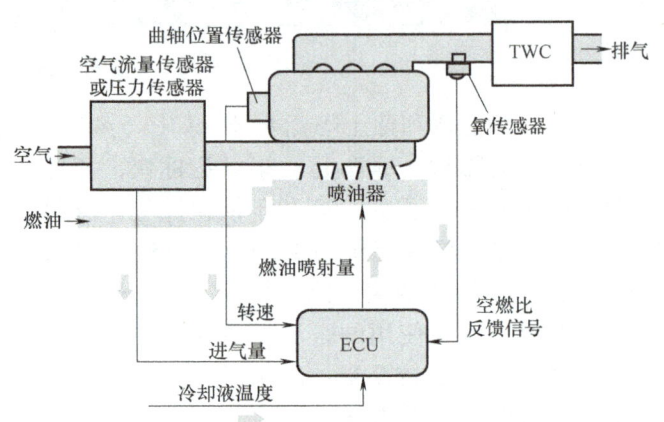

图5-42 控制方式

的混合物，它与HC、CO和NO发生反应。但是只有当空燃比保持稳定时，其转换效率才能得到精确控制。图5-43所示为三元催化转化器转换效率与空燃比的关系曲线，从图中可看出，只有当发动机在标准的理论空燃比14.7运转时，对废气中的有害气体CO、HC和NO_x的转换效率才最佳。三元催化转化器的转化效率最佳，为此必须对空燃比进行精确地控制，把空燃比保持在理论空燃比附近很窄的范围内。

在装用三元催化转化器的汽车，一般装用氧传感器检测废气中的氧含量，并将此信号送给ECU后，对空燃比进行反馈闭环控制。

当装用三元催化转化器后，发动机的排气温度需在300~815℃范围内。低于300℃，氧传感器将不能产生正确信号，因此部分氧传感器内有加热线圈；高于815℃，三元催化转化器转换效率下降。

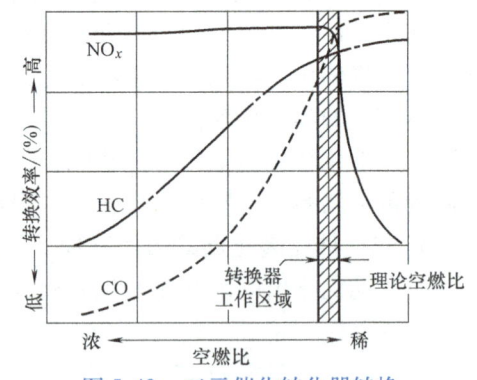

图5-43 三元催化转化器转换效率与空燃比的关系曲线

6. 使用注意事项

1）禁用含铅汽油，防止催化剂失效。

2）三元催化转化器固定不牢或汽车在不平路面上行驶时的颠簸，容易导致三元催化转化器中的催化剂载体损坏。

3）装用蜂窝型三元催化转化器的汽车，一般汽车每行驶80000km应更换三元催化转化器芯体。装用颗粒形三元催化转化器的汽车，其颗粒形催化剂的重量低于规定值时，应全部更换。

燃烧所产生的热量有很大可能将使三元催化转化器温度超过工作上限，从而伤害到催化剂，使三元催化转化器损坏。在车辆使用过程中要注意以下几种情况：过久的怠速空转，点火时间过迟，个别缸失火不工作，喷油正常但起动困难，混合气过浓，发动机烧润滑油等。

7. 三元催化转化器的工作条件

（1）燃油要求　汽油中铅的含量导致三元催化转化器的转换效率严重下降，也是导致其烧缩、烧结的主要原因之一。对硫、磷等杂质的含量也有要求。

（2）使用要求　三元催化转化器必须和闭环电喷控制发动机同时使用，才能保持比较高的转换效率，即发动机理论空燃比为 14.7:1。

（3）温度要求　工作温度为 350~850℃，低于或高于正常的工作温度就会导致三元催化转化器的转换效率和使用寿命的降低。

8. 三元催化转化器的损坏形式

（1）高温失活　活性成分在高温烧结后，涂层中的成分会发生变化。它只是导致三元催化转化器中催化剂的失效，并不影响排气阻力，所以有很多时候车主不会发现，只有在测量尾气或车检时才会发现。

（2）载体发生高温烧结　载体发生高温烧结的主要原因是车辆长期使用燃油不当，使三元催化转化器工作温度超过正常工作温度，金属载体的极性发生变化，再加上高速气流的冲击，就会导致载体高温烧结，载体的通气管路不能流通空气，车辆动力明显下降，甚至无法着车。

（3）化学中毒、结焦与堵塞　化学中毒、结焦与堵塞主要是由于燃油中的可逆吸附物质或含碳的沉积物导致催化剂发生载体孔堵塞，程度不一，对车辆动力性能影响较大。

（4）机械损伤　热冲击和物理性破碎导致三元催化转化器机械损伤。

9. 检修

1）用数字式高温检测计检测三元催化转化器入口和出口的温差不得小于 38℃。

2）尾气分析仪检测排气流中的有害物质是否超标，若超标说明三元催化转化器转换效率降低，必要时应更换。

3）检查三元催化转化器是否有破裂、破损。

4）用手电筒检查三元催化转化器排气口应无积炭与脏堵（不允许使用含铅汽油）。

五、二次空气供给系统的认知

1. 二次空气供给系统的功用

二次空气供给系统是降低尾气排放的机外净化装置之一，二次空气供给系统是在发动机特定工况下，由 ECU 根据发动机温度，将新鲜空气（又叫作二次空气）喷射到排气门的背后排气管，使高温废气中的 HC 和 CO 在这里与空气中的氧气接触而进一步燃烧，以控制废气中 HC 和 CO 的排放量，同时加快三元催化转化器的升温过程。

二次空气供给系统只是部分时间内起作用，具体在以下两种工况下工作：冷起动后/热起动后怠速自诊断。

冷起动后，当冷却液温度在 5~33℃，二次空气供给系统工作 100s；在热起动后怠速工况，冷却液温度直到最高 96℃时，二次空气供给系统只工作 10s。

2. 二次空气供给方法

二次空气供给方法有两种，一种是空气泵系统，利用空气泵将压缩空气导入排气系统；另一种是脉冲空气系统，利用排气压力将空气导入排气系统。

（1）二次空气供给系统-空气泵系统的组成　二次空气供给系统-空气泵系统主要由冷却液温度传感器、进气温度传感器、二次空气泵、二次空气继电器、二次空气控制阀、二次空气机械阀和发动机控制单元组成，如图5-44所示。

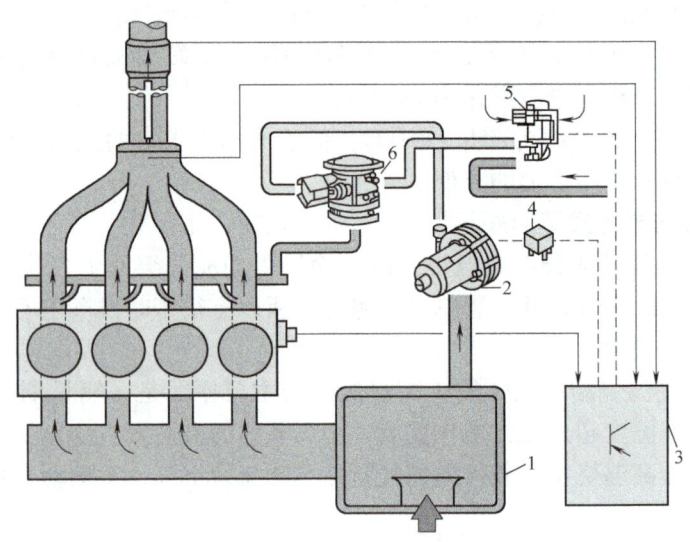

图5-44　二次空气供给系统空气泵系统的组成

1—空气滤清器　2—二次空气泵　3—发动机控制单元　4—继电器　5—电磁阀　6—机械阀

在具备工作条件时，通过发动机ECU激活二次空气供给系统开始工作，当发动机起动后经过滤清器的空气通过二次空气泵直接被吹到排气阀后。二次空气泵的电源通过继电器得到。同时，由发动机ECU控制二次空气进气阀，并通过压力驱动组合阀门开始工作。二次空气泵的作用是在很短时间内将空气压进排气阀后面的废气中。

在二次空气供给系统未工作状态下，热的废气将停止在组合阀门处，阻止废气进入二次空气泵。在控制过程中，自诊断系统同时进行着检测。由于废气中所含氧气量的增加导致氧传感器电压降低，所以氧传感器必须处于工作状态。当二次空气供给系统正常工作时，氧传感器将检测到极稀的混合气。

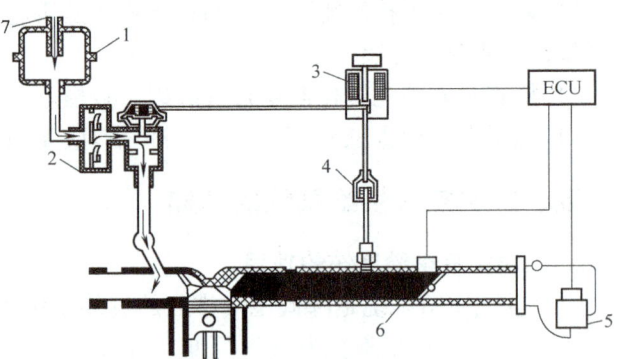

图5-45　二次空气供给系统-脉冲空气系统的组成

1—消声器　2—脉冲空气阀　3—真空转换阀　4—检查阀　5—空气流量传感器　6—节气门位置传感器　7—来自空气滤清器

（2）二次空气供给系统-脉冲空气系统的组成　二次空气供给系统-脉冲空气系统主要

由脉冲空气阀、真空转换阀和检查阀等构件组成，如图 5-45 所示。

3. 二次空气供给系统的检修

1）当发动机低温起动时，拆下空气滤清器盖应能听到舌簧阀发出的"嗡嗡"声。

2）从空气滤清器上拆下二次空气供给软管，用手指盖住软管口检查，应符合下列要求：

当发动机温度在 18～63℃ 范围内怠速运转时，有真空吸力；发动机温度在 63℃ 以上，起动后 70s 内应有真空吸力，起动 70s 后应无真空吸力；当发动机转速从 4000r/min 急减速时，应有真空吸力。

拆下二次空气控制阀，从空气滤清器侧软管接头吹入空气应不漏气；用手动真空泵从真空管接头施加 20kPa 真空度，从空气滤清器侧软管接头吹入空气应通畅；若不符合上述要求，说明膜片阀工作不良，应检修或更换。用手动真空泵从真空管接头施加 20kPa 真空度，从排气管接头吹入空气应不漏气，否则说明舌簧阀密封不良，应更换。

3）测量电磁阀电阻。电磁阀电阻一般应为 36～44Ω；拆开二次空气电磁阀上的软管，电磁阀不通电时，从进气管侧软管接头吹入空气应不通，从通大气的滤网处吹入空气应畅通。当给电磁阀接通蓄电池电源电压时，吹气通畅情况应与上述相反。若不符合上述要求，应更换电磁阀。

二次空气供给系统自诊断检测是依靠氧传感器的信号来识别的，二次空气泵工作时将空气压缩，当空气压力达到一定值的时候打开二次空气组合阀进入排气管，氧传感器测量进入排气管内的空气量，发动机根据氧传感器的反馈信号来确定二次空气供给系统是否工作正常。

任务实施

一、实训准备（设备、教具、工量具、耗材）

举升机、卡罗拉型轿车、工具车和零件车、常用与专用拆装维修工具和量具等。

二、实施步骤

排气控制系统的认知见表 5-7。

表 5-7　排气控制系统的认知

步　骤	图　示
1）PCV 阀的认知 ①通风管路 ②通风阀	

（续）

步　骤	图　示
2）燃油蒸气排放控制系统的认知 ①活性炭罐 ②炭罐电磁阀	
3）废气再循环控制系统的认知 ①EGR 管路 ②EGR 阀	
4）三元催化转化器的认知	
5）二次空气供给系统的认知	

检测评价

排气控制系统认知任务评价见表 5-8。

表5-8 排气控制系统认知任务评价

序号	实操活动	步骤	评分细则	分值	得分
1	准备工作	准备车轮挡块、翼子板护垫、车内四件套。全面检查车体、轮胎、玻璃有无损伤,做好检查记录	动作不规范,操作失误一次扣1分	4	
		放车轮挡块,安装尾排管		2	
		打开左前车门,安装好车内四件套		2	
		打开发动机舱盖安装翼子板护垫		2	
2	排气控制系统的认知	初步检查	元件认识错误扣2分,未正确操作扣2分	10	
		认识曲轴箱通风阀		10	
		认识EVAP控制系统		20	
		认识废气再循环的控制系统		10	
		认识三元催化转化器		10	
		认识二次空气供给系统		10	
3	安全文明生产	收好翼子板护垫、车内四件套、车轮挡块、尾排管	清洁不及时不得分 操作中设备损伤每次扣2分;操作中受伤每次扣1分;工具、零件落地每次扣1分	3	
		关好发动机舱盖、车门		2	
		清洁工具、量具		2	
		清洁场地		1	
		操作过程中注意安全		2	
4	操作时间	时间	操作时间为30min,每超过1min扣1分	10	
		合 计		100	

说明:每项分值扣完为止

教师评价

指导教师_____
___年___月___日

任务四　巡航控制系统的认知

任务目标

知识目标	1)了解巡航控制系统的结构组成 2)掌握巡航控制系统的功能原理
技能目标	1)熟悉巡航控制系统主要传感器、执行器和ECU的功能 2)掌握巡航控制系统主要功能元件的位置和查找方法

任务描述

巡航控制系统也称为自动驾驶系统,开启后再驾驶时无须操控加速踏板,自动保持恒定车速，减轻疲劳。同时，可以节约燃料，提高驾驶便利性、舒适性和安全性。当汽车一旦被设定为巡航状态时，发动机的供油量便由 ECU 控制，ECU 会根据道路状况和汽车的行驶阻力不断地调整供油量，使汽车始终保持在所设定的车速下行驶，而无须操纵加速踏板。目前，巡航控制系统已成为中高级轿车的标准装备。

知识储备

一、巡航控制系统的发展

巡航控制系统经历了机械巡航控制系统、晶体管巡航控制系统、模拟微型计算机巡航控制系统和数字微型计算机巡航控制系统四个发展阶段。新型汽车基本上都采用了微机控制的汽车巡航控制系统。

汽车巡航控制系统也称为速度控制系统或自动驾驶系统，汽车巡航控制系统实质上就是为减轻驾驶人劳动强度，提高行驶舒适性，保证汽车和发动机都能在有利速度范围内运行的自动控制装置。

巡航控制系统在飞机上的应用，显示出了它的无可比拟的优点。20 世纪 50 年代末开始在汽车上引用后，巡航控制系统很快就受到青睐，所以目前在美、日、德、法、意等汽车大国发展、普及很快，尤其是近几年来世界各国高速公路的通车里程增多，扩大了汽车巡航控制系统大显身手的空间，因此巡航控制系统在汽车上的应用也越来越多。

二、汽车巡航控制系统的功能及特点

巡航控制系统可以减轻驾驶人的疲劳，使发动机的运行工况变化平稳，改善了汽车的燃料经济性和发动机的排放性能。同时，改善了汽车的行驶平顺性，提高了汽车的舒适性。

1. 汽车巡航控制系统的功能

汽车巡航控制系统主要有车速设定功能、消除功能、恢复功能、滑行功能、加速功能、低速自动消除功能。

（1）车速设定功能 当在高速公路上行驶时，路面质量好，没有人流，分道行车，无逆向车流，适宜较长时间的稳定行驶时，可按下"设定"开关，设定一个稳定行驶的车速，使驾驶人不用再踩加速踏板和换档，汽车一直以这一车速稳定行驶。

（2）消除功能 当驾驶人根据运行情况需要踩下制动踏板时，则上述的车速设定功能立即消失，驾驶人要用常规方法操作驾驶，直到再按另外的功能开关为止，但其行驶速度大于 48km/h 时所设定的车速值仍然存储在系统中，供随时通过开关调用。

（3）恢复功能 当驾驶人处理好情况后，根据路面车流情况又可稳定运行时，可按"恢复"功能开关，这样汽车又自动按上述设定的车速稳定均匀运行。若不按"恢复"功能开关，也可在驾驶人认为最有利车速时按"设定"开关，汽车就又自动按新选择的设定车速稳定运行。

（4）滑行功能 滑行功能也称为减速功能。当按下"滑行"开关时，则汽车在原设定车速基础上减速行驶，开关一直按下不放，则车速一直在减低。当一放松"滑行"开关，则汽车就自动以放松"滑行"开关瞬间的车速稳定行驶。

（5）加速功能 当按下"加速"开关时，则汽车在原设定的车速基础上加速行驶，开

关一直按下不放，则车速一直在增加。当一放松"加速"开关时，则汽车就自动以放松"加速"开关瞬间的车速稳定行驶。

（6）低速自动消除功能　当车速低于已输入的低速极限时（一般为48km/h），巡航控制不起作用，也不能存储低于这一速度的信息。

（7）有关开关消除功能　除了踩制动踏板有低速的消除功能外，当按驻车制动开关、离合器控制开关、变速器档位开关时，都有自动消除巡航控制的功能。

2. 巡航控制系统的优点

巡航控制系统提高了汽车行驶的稳定性和舒适性，提高了汽车行驶的安全性，可降低油耗和排气污染，减少磨损延长寿命。

三、巡航控制系统的基本组成

电控巡航控制系统的基本组成主要有巡航控制开关、传感器、巡航控制 ECU 和执行器等。

1. 巡航控制开关

巡航控制开关主要包括主开关、控制开关、制动灯开关、驻车制动开关、离合器开关和空档起动开关。

（1）主开关（MAIN）　主开关是巡航控制系统的主电源开关，位于巡航控制开关的端部，为按键式开关。

（2）控制开关　如图 5-46 所示，当向下推控制开关，设定/减速（SET/COAST）开关接通；当向上推控制开关，恢复/加速（RES/ACC）开关接通；当向后拉控制开关，取消开关（CANCEL）接通。

（3）制动灯开关　如图 5-47 所示，开关 B 为常闭开关，当踏下制动踏板时，开关 B 断开，直接切断巡航控制 ECU 对巡航控制执行器的控制电路，确保巡航系统停止工作。

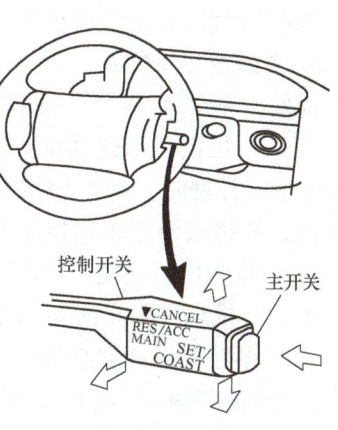

图 5-46　控制开关

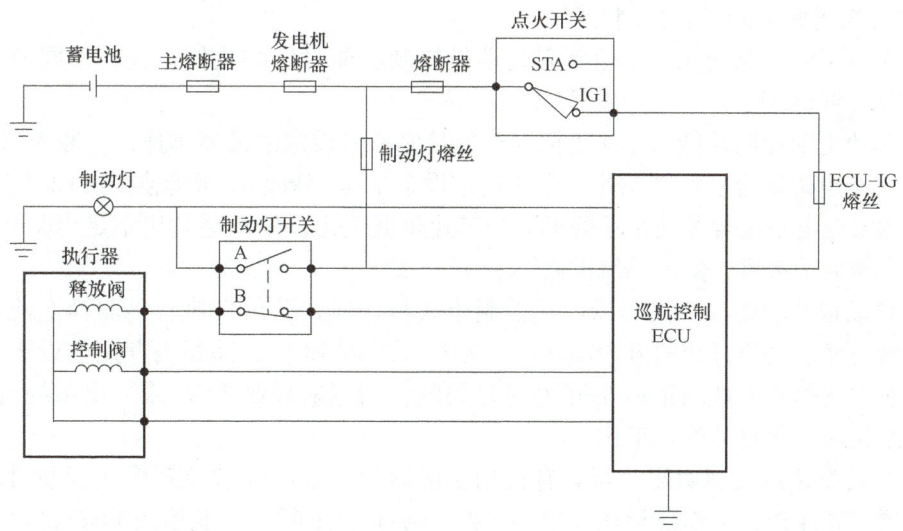

图 5-47　丰田 Cressida 真空驱动执行器

（4）驻车制动开关　当使用驻车制动器时，将驻车制动信号送至巡航控制 ECU，巡航控制 ECU 将取消巡航系统的工作。

（5）离合器开关　当踏下离合器踏板时（手动变速器），离合器开关接通，将取消信号送至巡航控制 ECU，巡航控制 ECU 将取消巡航控制系统的工作。

（6）空档起动开关　当将变速杆移至 N（空档）位时（自动变速器），空档起动开关接通，将取消信号送至巡航控制 ECU，巡航控制 ECU 将取消巡航控制系统的工作。

2. 传感器

（1）车速传感器　车速传感器信号的作用是巡航控制 ECU 用于巡航车速的设定及将实际车速与设定车速进行比较，以便实现等速控制。

（2）节气门位置传感器　节气门位置传感器信号的作用是巡航控制 ECU 用于计算输出与节气门开度的关系，以确定输出量的大小。

（3）节气门控制摇臂传感器　对巡航控制 ECU 提供节气门摇臂位置信号，巡航控制 ECU 根据节气门摇臂位置信号对节气门进行控制。

3. 巡航控制 ECU

巡航控制 ECU 有以下控制功能：

（1）记忆设定车速功能　当主开关接通，车辆在巡航控制车速范围内（一般为 40～200km/h）行驶时，操作 SET/COAST 开关可以设定巡航车速。ECU 将设定的车速存储在存储器内，并将按设定车速控制汽车等速行驶。

（2）等速控制功能　ECU 将实际车速与设定车速进行比较，确定节气门是否应该开大或关小，并根据实际车速与设定车速的差值，计算出节气门开大或关小的量。

（3）设定车速调整功能　只要操作 RES/ACC 或 SET/COAST 开关，就可以使设定车速改变，巡航控制 ECU 将记忆改变后的设定车速。

（4）取消和恢复功能　当汽车以巡航控制模式行驶时，如果接通取消开关或接通任何一个其他的退出巡航控制开关，巡航控制 ECU 将控制执行器使巡航控制取消。

取消巡航控制以后，要想重新按巡航控制模式行驶，只要操作 RES/ACC 开关，巡航控制 ECU 即可恢复原来的巡航控制行驶。

（5）车速下限控制功能　车速下限是巡航控制所能设定的最低车速，不同的车型稍有不同，一般为 40km/h。

（6）车速上限控制功能　车速上限是巡航控制所能设定的最高车速，一般为 200km/h。

（7）安全电磁离合器控制功能　车速高于设定车速 15km/h，巡航控制 ECU 将切断巡航控制系统的安全电磁离合器使车速降低。当车速降低至比设定车速高出不足 10km/h 时，安全电磁离合器再次接通，恢复巡航控制。

（8）自动取消功能　当汽车以巡航控制模式行驶时，若出现执行器驱动电流过大，伺服电动机始终朝节气门打开的方向旋转时，则巡航控制 ECU 存储器内存储的设定车速将被清除，巡航控制模式将被取消，主开关同时关闭。当巡航控制 ECU 诊断出系统有故障时，将会使巡航控制系统自动停止工作。

（9）自动变速器控制功能　当具有自动变速器的汽车以巡航控制模式行驶时，如果上坡时变速器在超速档，车速降至比设定车速低 4km/h 以上时，巡航控制 ECU 将超速档取消信号送至自动变速器 ECU，取消自动变速器超速档；当车速升至比设定车速低 2km/h 时，巡航控制 ECU 将超速档恢复信号送至自动变速器 ECU，恢复自动变速器超速档。

（10）诊断功能 仪表板上的 CRUISE 指示灯的闪烁情况可以指示巡航控制系统的状态。当接通点火开关、接通巡航控制主开关，巡航指示灯应点亮；关闭巡航控制主开关，巡航控制指示灯应熄灭。若指示灯不亮，应检查指示灯和指示灯电路。

如果巡航控制 ECU 诊断出系统有故障时，巡航指示灯将闪烁 5 次，每次闪烁指示灯亮 0.5s，灭 1.5s，并且 ECU 将故障码存储在存储器内。

4. 执行器

巡航控制系统执行器主要是节气门执行器，其主要的控制方式有真空驱动型和电动机驱动型两种，如图 5-48 所示。

（1）真空驱动型执行器 真空源有两种取得方式，一种是仅从发动机进气歧管取得；另一种是从发动机进气歧管和真空泵取得。

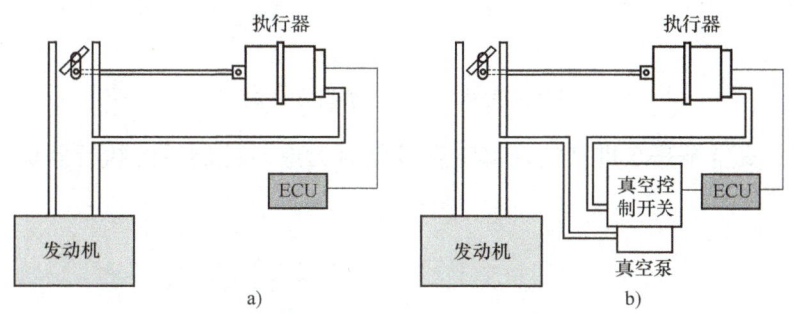

图 5-48 真空驱动型执行机构控制方法

a）仅从发动机进气歧管施加负压 b）用真空泵提高负压

真空驱动型执行器主要由控制阀、释放阀、两个电磁线圈、膜片、复位弹簧和空气滤清器组成。

① 控制阀。ECU 通过占空比信号控制电磁线圈的通电与断电，通过改变占空比控制执行器内的真空度，从而控制节气门的开度，如图 5-49 所示。

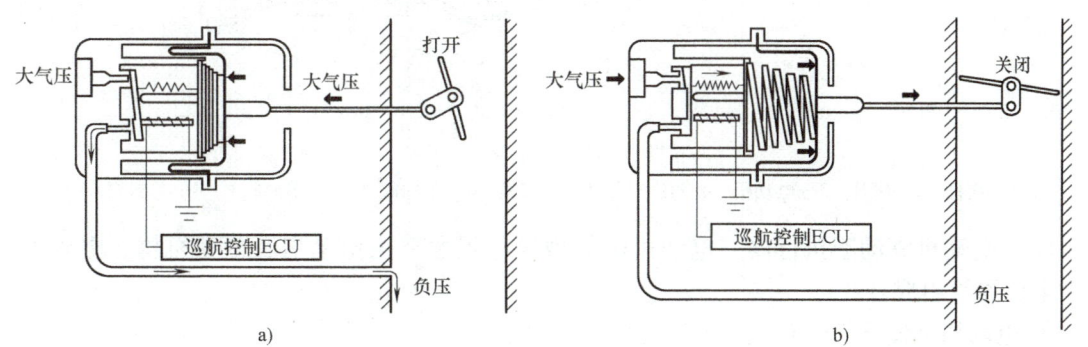

图 5-49 控制阀

a）控制线圈通电 b）控制线圈断电

② 释放阀。如图 5-50 所示，释放阀的主要作用是取消巡航控制时，使空气迅速进入执行器将巡航控制立即取消。

当取消巡航控制时，巡航控制 ECU 使控制阀电磁线圈断电，控制阀与大气相通的空气通道打开，释放阀电磁线圈也断电，与大气相通的空气通道也打开，让空气迅速进入执行器，使巡航控制立即取消。

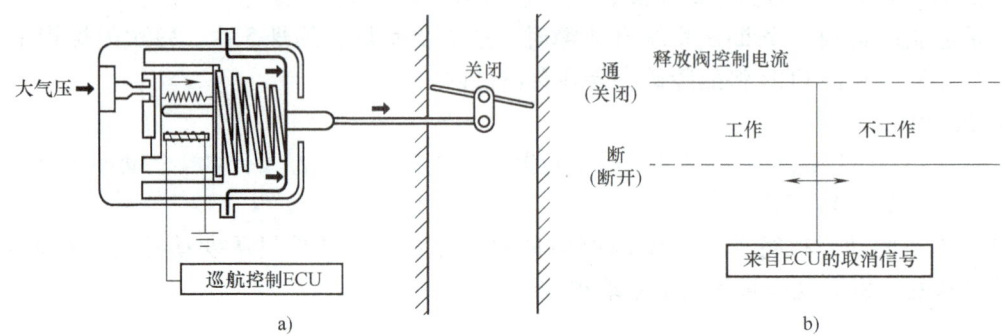

图 5-50　释放阀
a）释放阀的结构　b）释放阀的工作原理

③ 真空泵。真空泵是在进气歧管真空度较低时为巡航控制系统执行器提供真空源，如图 5-51 所示。

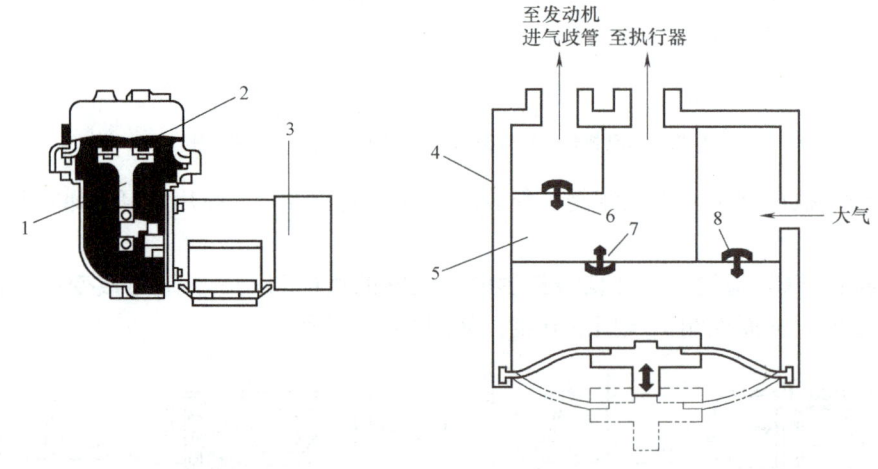

图 5-51　真空泵
1—连杆　2—膜片　3—电动机　4—真空泵　5—进气室　6—单向阀 A　7—单向阀 B　8—单向阀 C

（2）电动机驱动型执行器　电动机驱动型执行器主要由电动机、传动机构、电磁离合器和电位器等组成。

① 电动机如图 5-52 所示。

② 电磁离合器及其控制电路。如图 5-53 所示，当巡航控制 ECU 给执行器发出控制信号时，电磁离合器和接合；若取消巡航控制，则 ECU 使电磁离合器断电分离，节气门不受电动机控制。

③ 电位器及其电路。电位器将节气门开度转变成电信号送入 ECU，ECU 据此控制节气门开度，如图 5-54 所示。

项目五　汽油机辅助控制系统的检修

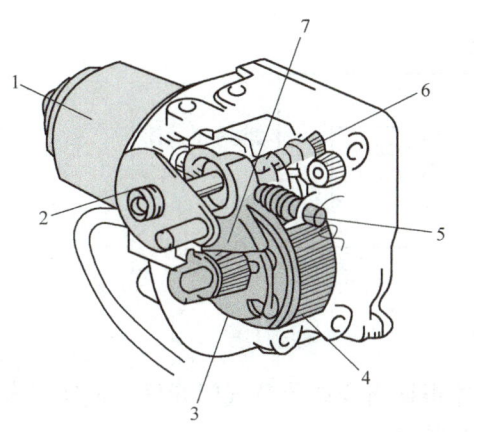
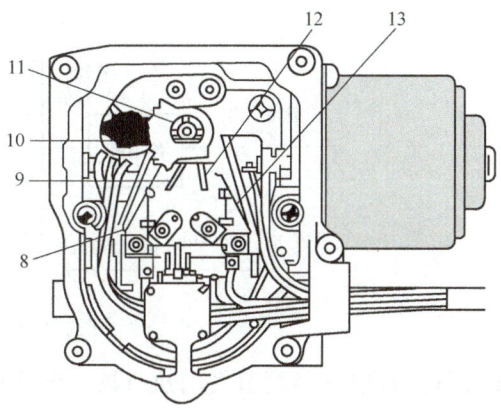

图 5-52　电动机

1—电动机　2—控制臂　3—离合器片　4—电磁离合器　5—蜗杆　6、11—电位计主动齿轮
7—主减速器　8、13—限位开关　9—杆 A　10—电位计　12—杆 B

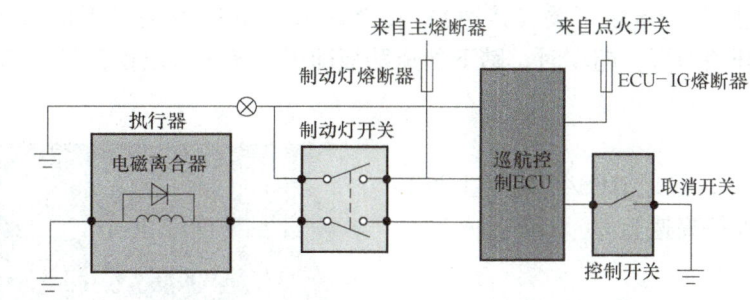

图 5-53　电磁离合器及其控制电路

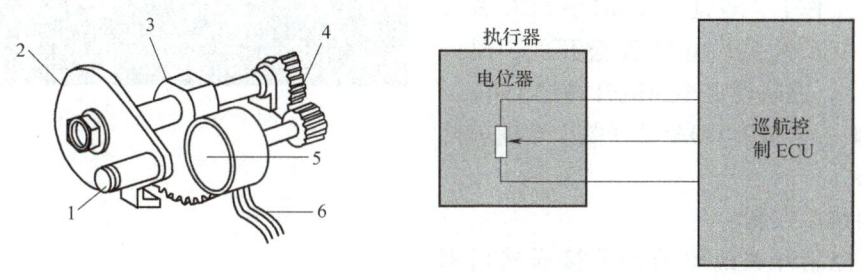

图 5-54　电位器及其电路

1—至节气门拉索　2—控制臂　3—主减速器　4—电位器主动齿轮　5—电位器　6—至 ECU

四、巡航控制系统的基本控制原理

电子控制的巡航控制系统的基本控制原理如图 5-55 所示。

当巡航控制系统开始工作时，控制器可接收两个信号：一个是驾驶人所选定的设定车速信号，另一个是汽车的实际车速传感器车速信号。控制器计算分析两个信号的误差后，发出

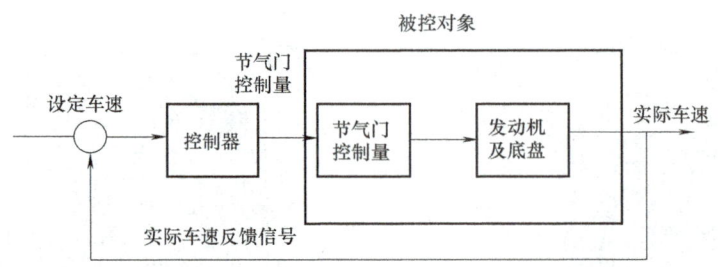

图 5-55　电子控制的巡航控制系统的基本控制原理

一个节气门控制信号到节气门执行器，节气门执行器根据指令调节节气门开度，使实际车速和设定车速的误差减小，保证汽车按设定车速稳定行驶。

五、巡航控制系统的使用

1. 设定巡航车速

40km/h 以上按下 CCS 主开关（接通）；接通 SET/COAST 开关（下推），调整车速至需要车速时，松开开关即可；超车时，踏下加速踏板即可，超车后放松，又回到原 CCS，如图 5-56 所示。

2. 加速

在 CCS 工作下，接通 RES/ACC（上推），加速，松开时，保持高速。

3. 减速

在 CCS 工作下，接通 RES/COAST（下推），减速，松开时，保持低速。

4. 点动升速和点动降速

在 CCS 工作下，点动一次 RES/ACC 开关（接通 RES/ACC 开关后立即放松开关，时间不超过 0.6s），巡航设定车速就升高约 1.6km/h；只要点动一次 SET/COAST 开关，车速就降低约 1.6km/h。

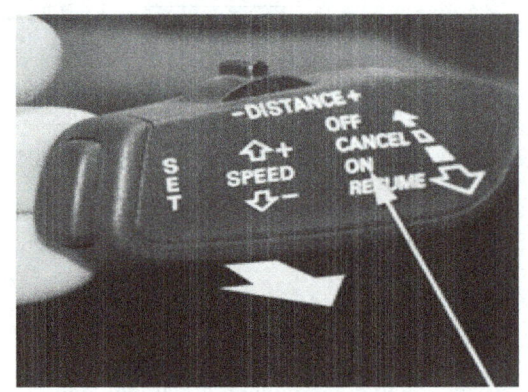

图 5-56　设定巡航车速

5. 取消巡航控制

将巡航控制开关的取消开关接通然后释放，踏下制动踏板，踏下离合器踏板（手动变速器），变速杆置于空档位置（自动变速器）。

6. 恢复巡航行驶

将 RES/ACC 开关接通然后放松开关即可恢复巡航行驶。但如果车速已降低至 40km/h 以下，或实际车速低于设定车速 16km/h 以上，不能恢复。

六、巡航控制系统的使用注意事项

在雨、冰、雪路面或大风等天气恶劣条件下不要使用；在解除巡航控制模式后，应关闭巡航控制系统的控制开关；在坡道较大或较多的道路上行驶时不要使用。

当系统工作时,如果 ECU 在预定的时间内收不到车速信号,或由于操纵开关或执行元件故障而自动解除巡航控制模式,系统指示灯闪烁五次,说明巡航控制系统有故障,请勿使用。

任务实施

一、实训准备(设备、教具、工量具、耗材)

举升机、卡罗拉型轿车、工具车和零件车、常用与专用拆装维修工具和量具、胶带、发动机冷却液等材料。

二、实施步骤

巡航控制系统的认知见表 5-9。

表 5-9 巡航控制系统的认知

步骤	图示
1)认知巡航控制开关	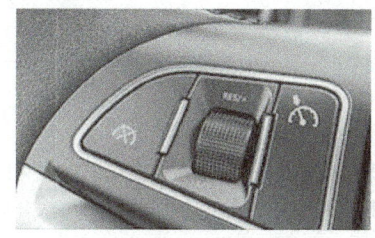
2)起动巡航控制。当车速大于 40km/h 时,按住 上部,组合仪表控制指示灯 点亮,加速到所需车速,向 SET/-方向旋转滚轮,当前速度会被保持并保持此速度行驶	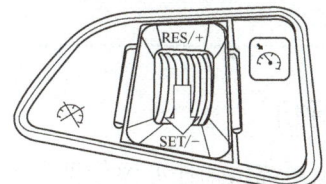
3)提速 方法: ①向上旋转滚轮(RES/+方向)并保持,车辆会加速,达到所需要速度时松开滚轮 ②短促反复向上旋转滚轮(RES/+方向),每次以 1.0km/h 为单位增加车速	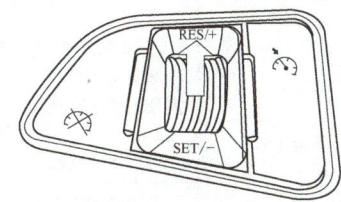
4)减速 方法: ①向下旋转滚轮(SET/-方向)并保持,车辆会减速,达到所需要速度时松开滚轮 ②短促反复向下旋转滚轮(SET/-方向),每次以 1.0km/h 为单位降低车速	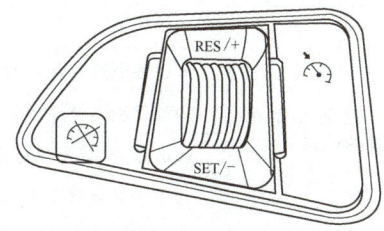

(续)

5)解除 方法： ①踩下制动踏板 ②按下 按钮 以上操作都可以解除巡航控制，但系统不会关闭	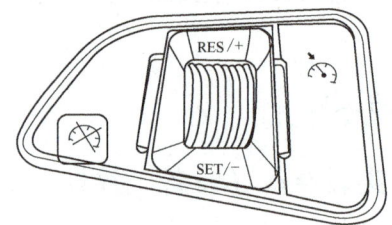
6)恢复存储车速。短按 RES +，无须踩加速踏板 踩加速踏板加速到大于设定车速巡航速度，松开加速踏板，会恢复到之前设定的车速	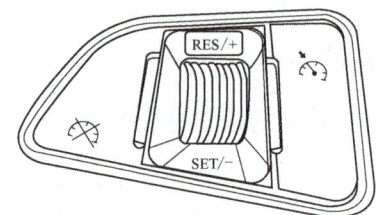
7)清除设定车速巡航记忆。按下 下部或关闭点火开关时，巡航设定车速记忆将被清除，下次开启需要重新设定	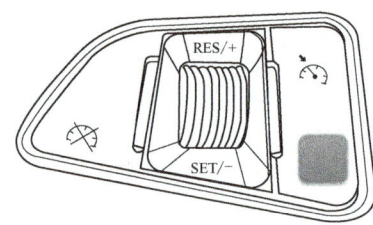

检测评价

巡航控制系统认知任务评价见表5-10。

表5-10 巡航控制系统认知任务评价

序 号	实操活动	步 骤	评分细则	分 值	得 分
1	准备工作	准备车轮挡块、翼子板护垫、车内四件套。全面检查车体、轮胎、玻璃有无损伤，做好检查记录	动作不规范，操作失误一次扣1分	4	
		放车轮挡块，安装尾排管		2	
		打开左前车门，安装好车内四件套		2	
		打开发动机舱盖安装翼子板护垫		2	
2	巡航控制系统的认知	初步检查	元件认识错误扣2分，未正确操作扣2分	10	
		知道巡航控制开关的名称、位置		10	
		知道起动巡航控制的方法		20	
		知道提速、减速和解除的方法		20	
		知道恢复存储车速的方法		10	
		知道清除设定车速巡航记忆的方法		10	

项目五 汽油机辅助控制系统的检修

(续)

序号	实操活动	步骤	评分细则	分值	得分
3	安全文明生产	收好翼子板护垫、车内四件套、车轮挡块、尾排管	清洁不及时不得分 操作中设备损伤每次扣2分；操作中受伤每次扣1分；工具、零件落地每次扣1分	3	
		关好发动机舱盖、车门		2	
		清洁工具、量具		2	
		清洁场地		1	
		操作过程中注意安全		2	
4	操作时间	时间	操作时间为30min，每超过1min扣1分	10	
		合　　计		100	

说明：每项分值扣完为止

教师评价

指导教师＿＿＿＿＿＿＿＿
＿＿＿年＿＿＿月＿＿日

课后测评

一、填空题

1. 怠速控制系统按怠速控制阀的结构原理分为＿＿＿＿＿式、＿＿＿＿＿式、＿＿＿＿＿式和＿＿＿＿＿式。
2. 怠速控制系统按进气量的调节方式分为控制节气门最小开度的＿＿＿＿＿式和控制节气门旁通通路中空气流量的＿＿＿＿＿式。
3. 怠速控制是通过调节＿＿＿＿＿以控制＿＿＿＿＿的方法来实现的。
4. 根据增压装置使用的动力源不同，增压装置分＿＿＿＿＿和＿＿＿＿＿两种。
5. 废气涡轮增压控制系统主要由＿＿＿＿＿、＿＿＿＿＿、＿＿＿＿＿及＿＿＿＿＿组成。
6. 动力阀控制系统主要由＿＿＿＿＿、＿＿＿＿＿、＿＿＿＿＿等元件组成。
7. 谐波增压进气系统（ACIS）主要由＿＿＿＿＿、＿＿＿＿＿、＿＿＿＿＿和＿＿＿＿＿组成。
8. 汽车的排放污染主要来源于发动机＿＿＿＿＿、＿＿＿＿＿和燃料供给系统中蒸发的＿＿＿＿＿。汽油机的主要排放污染物是＿＿＿＿＿、＿＿＿＿＿和＿＿＿＿＿，柴油机的主要排放污染物是＿＿＿＿＿、＿＿＿＿＿和＿＿＿＿＿。
9. 排放控制系统主要包括＿＿＿＿＿、＿＿＿＿＿、＿＿＿＿＿和＿＿＿＿＿。
10. PCV阀是一个＿＿＿＿＿，由＿＿＿＿＿来控制，调节曲轴箱通风系统产生的油烟进入进气系统的流量。

11. EVAP控制系统是收集燃油箱内蒸发的_____，并将其导入气缸参加燃烧，防止排入大气产生污染。

12. 废气中的主要成分是_____、_____和_____。

13. 三元催化转化器也称为_____，安装在_____中部、_____前后，其功能是利用转换器中的_____，将发动机排出废气中的有害气体CO、HC和NO_x转变为_____、_____和_____排出车外。

14. 二次空气供给系统只是部分时间内起作用，具体在_____和_____工况下工作。

15. 巡航控制系统经历了_____系统、_____系统、_____系统和_____系统四个发展阶段。

16. 巡航控制系统可以减轻_____，使发动机的运行工况_____，改善了汽车的_____和发动机的_____。改善汽车的行驶_____，提高汽车的_____。

17. 巡航控制开关主要包括_____、_____、_____、_____和_____。

18. 电动机驱动型执行器主要由_____、_____、_____和_____等组成。

二、选择题

1. 高怠速一般要求达到（　　）r/min。
   A. 1000～1200　　B. 800～1000　　C. 600～800　　D. 1200～1500

2. 检测发动机处于怠速状态的传感器是（　　）。
   A. 节气门位置传感器　B. 冷却液温度传感器　C. 起动开关信号　D. 空调开关（A/C）

3. 旋转滑阀根据控制脉冲信号的占空比偏转，占空比的范围约为（　　）之间。
   A. 10%～20%　　B. 18%～82%　　C. 30%～60%　　D. 25%～75%

4. 在相同的空燃比条件下，增压空气的温度每下降10℃，发动机功率就能提高（　　）。
   A. 3%～5%　　B. 1%～3%　　C. 5%～7%　　D. 7%～10%

5. 谐波增压进气系统（ACIS）当发动机转速较低时，ECU根据转速信号控制电磁真空阀（　　），真空通道阀（　　）。
   A. 通电　关闭　　B. 断电　关闭　　C. 断电　打开　　D. 通电　打开

6. 当发动机在高速和大负荷工况下，进气量较多，ECU接通真空电磁阀（　　）回路，真空罐中的真空度经真空电磁阀进入膜片真空气室，动力阀（　　）。
   A. 搭铁　开启　　B. 电源　关闭　　C. 搭铁　关闭　　D. 电源　开启

7. PCV阀一般安装在气门摇臂盖和（　　）之间。
   A. 排气歧管　　B. 进气歧管　　C. 进气总管　　D. 进油管

8. 在装有EVAP控制系统的汽车上，汽油箱盖上只有（　　），而不设蒸气（　　）。
   A. 空气阀　放出阀　B. 放出阀　空气阀　C. 空气阀　空气阀　D. 放出阀　放出阀

9. 废气再循环简称为EGR系统，是目前广泛用于降低（　　）排放的一种有效措施。
   A. CO　　B. HC　　C. NO_x　　D. 碳烟

10. 电控燃油喷射系统进行开环控制还是进行闭环控制，由（　　）根据（　　）确定。
   A. 相关输入信号　ECU　　　　　　　B. ECU　相关输出信号
   C. 相关输出信号　ECU　　　　　　　D. ECU　相关输入信号
11. （　　）的作用是在很短时间内将空气压进排气阀后面的废气中。
   A. 二次空气泵　　　B. PCV 阀　　　　C. 三元催化转化器　　D. 活性炭罐
12. 当向后拉控制开关，（　　）接通。
   A. CANCEL　　　　B. SET/COAST 开关　C. RES/ACC 开关　　D. 以上均错
13. 取消巡航控制的操作是（　　）。
   A. 抬起制动踏板　　　　　　　　　　B. 踏下离合器踏板
   C. 变速杆置于前进档位置　　　　　　D. 踏下加速踏板
14. 在坡道较大或较多的道路上行驶时（　　）使用巡航控制系统。
   A. 可以　　　　　B. 允许　　　　　C. 不要　　　　　D. 不确定
15. （　　）是在进气歧管真空度较低时为巡航控制系统执行器提供真空源。
   A. 释放阀　　　　B. 电动机　　　　C. 控制阀　　　　D. 真空泵

三、判断题

1. 当发动机负荷减小，目标转速低于实际转速时，ECU 将控制怠速控制阀减少旁通进气量来调节怠速转速。（　　）
2. 步进电动机与怠速控制阀做成一体，装在进气总管内。（　　）
3. 当发动机的内部阻力矩发生变化时，怠速运转转速将不会发生变化。（　　）
4. 中冷器安装在增压后的进气管路上，位于汽车保险杠下面，中冷器一般由铝合金材料制成。（　　）
5. 进气道中控制空气流通截面大小的动力阀安装在进气管上，动力阀的开闭由 ECU 控制。（　　）
6. 当发动机工作时从进气门关闭到下一次开启的间隔时间取决于发动机的转速。（　　）
7. PCV 阀的工作是有条件的，当发动机熄火停机后，PCV 阀全关。（　　）
8. 当发动机处于停机、起动、暖机以及怠速等工况时，仍将燃油蒸气送至进气管。（　　）
9. 电控式废气再循环控制（EGR）系统结构简单，可进行较大的 EGR 率控制，一般为 15%～20%。（　　）
10. 影响 TWC 转换效率的因素最大的是混合气的含量和排气温度。（　　）
11. 当二次空气供给系统正常工作时，氧传感器将检测到极浓的混合气。（　　）
12. 在 CCS 工作下，接通 RES/ACC（上推），加速，松开时，保持高速。（　　）
13. 释放阀的主要作用是当设定巡航控制时，使空气迅速进入执行器将巡航控制立即取消。（　　）
14. 在雨、冰、雪路面或大风等天气恶劣条件下可以使用巡航控制。（　　）
15. 真空源有两种取得方式，一种是仅从发动机进气歧管取得，另一种是从发动机进气歧管和真空泵取得。（　　）

项目六

柴油机电控系统的检修

项目描述

柴油机电控系统一般存在两大故障类型：第一类为柴油机电控燃油喷射系统容易发生故障，第二类共轨式电控燃油喷射系统发生故障。为了解决这些故障案例，从知识点方面进行分类与提炼，得出本项目的两个任务：任务一，柴油机电控燃油喷射系统的认知；任务二，共轨式电控燃油喷射系统的检修。通过这两个任务的学习，使学生掌握柴油机电控系统检修项目的知识及相关技能。

建议学时

8 学时。

任务一　柴油机电控燃油喷射系统的认知

任务目标

知识目标	1）掌握柴油机电控燃油喷射系统的作用和类型，准确描述柴油机燃油供给系统的组成及工作原理 2）了解柴油机的基本结构和工作原理
技能目标	1）使学生具备信息查找能力 2）培养学生良好的安全意识和操作规范

任务描述

一辆长城哈弗汽车采用 GW2.8TC 型柴油机，发动机不能起动。原因一般出在起动系统、电控燃油系统、进排气系统或柴油机配合间隙上，具体故障如共轨压力传感器失效、相位传感器失效、同步信号故障、转速传感器失效、共轨压力控制和喷油量控制相关的执行器失效都会造成发动机无法起动。

知识储备

与汽油机点燃混合气方式不同，柴油机是通过将进气进行压缩与加温，再与柴油喷雾混合，最后压燃燃烧的。随着现代电控技术的发展，人们不断在研究电控柴油喷射技术，以实现理想的柴油喷射系统。

由于电控系统控制速度快、精度高，柴油机采用电子控制提高了发动机的动力性、经济性、工作可靠性和运转稳定性，改善了低温起动性，降低了氮氧化物和烟度的排放。

一、柴油机电控燃油喷射系统的发展

柴油喷射技术经历了传统的纯机械操纵式喷油和现代的电控操纵式喷油这两个发展阶段。柴油机电控系统的开发研究从20世纪70年代开始，电控燃油喷射系统的发展随着排放法规的日益严格以及机械制造技术、传感器技术、高速电磁阀技术的进步，经历了位置控制式、时间控制式和压力-时间控制式三个阶段。

现代电控喷油技术实现的手段主要有电控泵喷嘴、电控单体泵以及电控共轨系统。

1. 位置控制式（凸轮压油+位置控制）

该控制方式保留了传统柴油机供给系统的基本组成和结构，依然维持了传统的脉冲高压供油原理，仅仅通过增加传感器、ECU、执行器等电控系统，对高压油泵的齿杆或定时滑套位置进行电子控制，通过控制高压油泵每循环的供油量和供油时刻，从而控制柴油机燃油系统的燃油喷射量和喷油时间，取消了机械控制部件（调速器、供油自动提前器等），换成电子控制的机构。

第一代电控燃油系统的代表产品有电控分配泵系统（图6-1）、电控直列泵系统（预行程可控）。

位置控制系统使控制精度和响应速度得以提高，柴油机的结构几乎不需改动，便于对现有柴油机进行升级换代。但执行频率响应慢，控制频率低，控制精度不稳定，供油压力不能控制。

2. 时间控制式（凸轮压油+电磁阀时间控制）

时间控制式基本保留了传统燃油供给系统的组成和结构，采用了高速电磁阀取代传统的齿杆、齿圈、油量控制套筒，直接对高压燃油进行数字式高频调节，由电磁阀的开启、闭合时刻决定升压开始的时间（与供油时间对应）和升压终了的时间（每循环的供油量），从而控制柴油机燃油系统的燃油喷射量和喷油时间。

图6-1 博世电控分配泵

这种方式的控制自由度更大，供油加压与供油调节在结构上相互独立，使喷油泵结构得以简化，强度得到提高，高压喷油能力大大加强。

由于采用了高速电磁阀,其控制自由度较第一代有了阶跃式提高,但是在原理和结构上仍然采用脉冲高压供油原理,喷油压力受到发动机转速的影响,难以满足更严格的排放法规的要求。

典型代表产品有电控泵喷嘴系统和电控单体泵系统。

电控泵喷嘴系统中喷油泵和喷油器组成一个单元,如图6-2所示。每个发动机气缸都在其缸盖上装有这样一个单元,它或者直接通过摇臂或者间接的由发动机凸轮轴通过推杆来驱动。

电控单体泵系统是一种模块式结构的高压喷射系统,如图6-3所示。其喷油器和油泵用一根较短的喷射油管连接,电控单体泵系统中每个气缸都设置一个单柱塞喷油泵,由凸轮轴驱动。

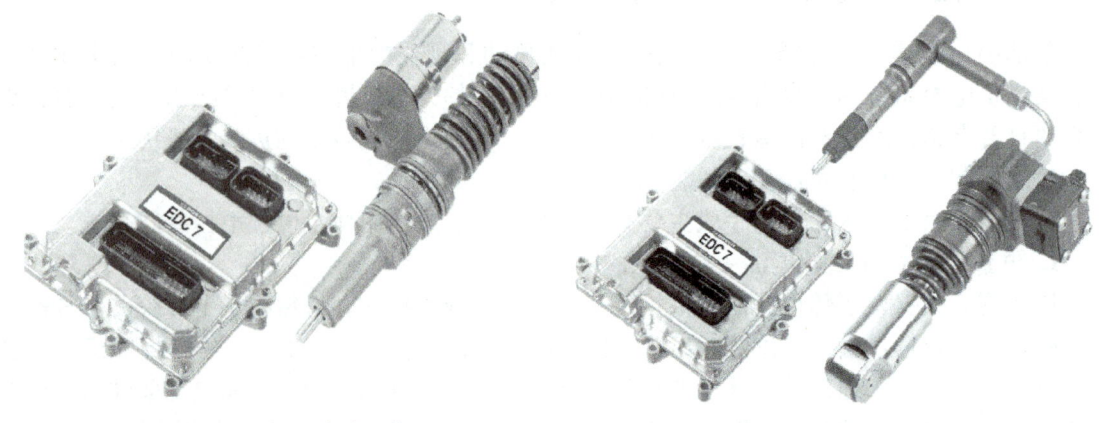

图6-2 电控泵喷嘴系统　　　　　图6-3 电控单体泵系统

3. 压力-时间控制式(燃油蓄压+电磁阀时间控制)

20世纪90年代初期,诞生了压力-时间控制式燃油喷射系统,这就是共轨式电控喷油系统。

共轨式燃油喷射系统又划分为蓄压式电控燃油喷射系统、液力增压式电控燃油喷射系统和高压共轨式电控燃油喷射系统。

高压共轨式燃油喷射系统是建立在机、液、电技术基础之上的一种全新概念的喷油系统,如图6-4所示。高压共轨式燃油喷射系统抛弃了传统的喷油系统的柱塞泵分缸脉动供油原理,而是用一个设置在供油泵和喷油器之间的具有一定容积的共轨管,把高压油泵输出的燃油蓄积起来并平抑压力波动,再通过高压油管输送到每个喷油器上,由喷油器电磁阀的动作控制喷射的开始和终止;电磁阀起作用的时刻决定喷油定时,起作用的持续时间和共轨压力共同决定喷油量,电磁阀的流量特性和共轨压力控制喷油率。

由于这种系统采用压力-时间式燃油计量原理,即通过共轨油压的连续控制和各缸喷射过程的电磁阀控制相结合的方式实现喷油控制,因此称为压力-时间控制式电控喷射系统。

柴油机共轨式电控燃油喷射技术是一种全新的技术,因为它集成了计算机控制技术、现代传感检测技术以及先进的喷油结构于一身。它不仅能达到较高的喷射压力,实现喷射压力和喷油量的精确控制,而且能实现预喷射和后喷,从而优化喷油特性形状,降低柴油机噪声和大大减少废气的排放量。共轨式喷射系统是柴油机燃油系统的一个发展方向，目前在卡车和轿车柴油机上得到广泛应用。

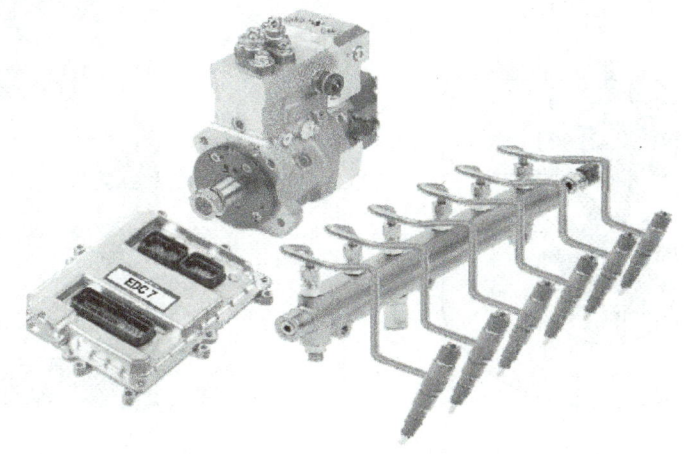

图 6-4　高压共轨式燃油系统

二、柴油机电控燃油喷射系统的组成

柴油机电控燃油喷射系统主要由燃油喷射系统和电控系统两部分组成。

1. 燃油喷射系统

燃油喷射系统由低压油路和高压油路两部分组成。

（1）低压油路部分　低压油路部分主要为高压油路部分供给足够的油量，主要零部件有燃油箱，低压进、出油管，燃油滤清器，输油泵，高压泵的低压区。

1）输油泵。输油泵的工作是向高压泵供给足够的燃油量，在各种工作状态都必须满足上述要求。

目前，输油泵有两种形式，即电子滚子式输油泵和机械齿轮驱动的输油泵。陆风 VM 柴油机采用的就是齿轮式输油泵，同高压油泵做成一体。齿轮式输油泵的主要零件是两个在旋转时相互啮合的反转齿轮，如图 6-5 所示。

燃油被吸入泵体和齿轮之间的空腔内，并被输送到压力侧的出油口，旋转齿轮间的啮合线能保证良好的密封，能防止燃油回流。齿轮式输油泵的供油量与发动机转速成比例，齿轮泵的供油量在进油口端的节流阀或者出油口端的溢流阀受到限制。

齿轮式输油泵是免维护的。在第一次起动前或油箱内燃油被用尽时，起动前应排出燃油箱系统内的空气。当排出空气时，用手动泵压送柴油直到油路中没有空气为止，手动泵是和柴油滤清器做成一体的。

2）燃油滤清器。燃油中若含有杂质，将导致油泵零部件、出油阀、喷油器的损坏，因此必须装用燃油滤清器（图 6-6），以滤除燃油中的杂质，保证供给系统正常运转和相关元件的使用寿命。

柴油中含有可溶性乳状液或者自由液（如用于温度变化的冷却液），若这种液体进入喷射系统，将会引起燃油系统元件的穴蚀。有些柴油机燃油滤清器带有油水分离器，可以把水从水分收集器中排出。随着柴油机使用时间的增加，燃油滤清器的水分收集器水位达到一定高度时，通过自动报警装置警告灯来提示的，驾驶人需进行水分收集器排水作业。

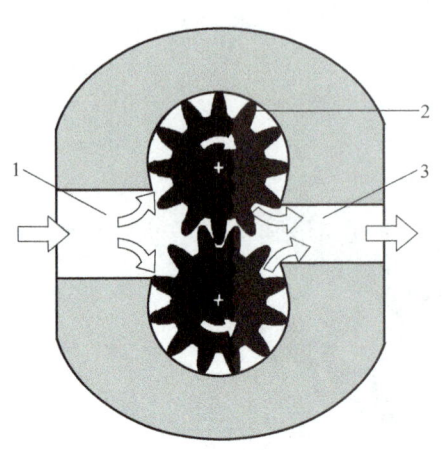

图 6-5 齿轮式输油泵
1—吸油端 2—驱动齿轮 3—压力端

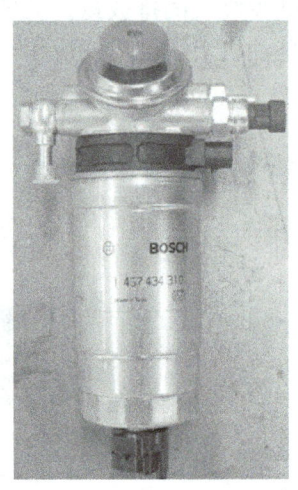

图 6-6 燃油滤清器

（2）高压油路部分　高压油路部分主要零部件有配有电磁阀的高压油泵（CP1H 型）、油轨管、油轨压力传感器和喷油器，如图 6-7 所示。

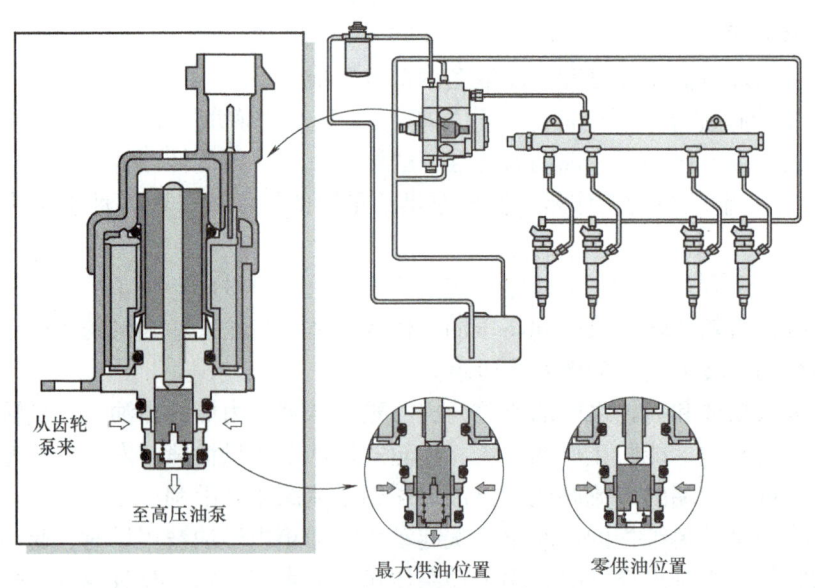

图 6-7 高压油路部分

高压油泵是高压回路和低压回路的分界面，在所有的工况下，它主要负责在车辆的整个使用寿命中供给足够的高压燃油，同时还必须保证为使发动机迅速起动所需要的额外的供油量和压力要求。

高压油泵不断地产生共轨所需的系统压力，这就意味着燃油并不是在每个单一的喷射过程都必须被压缩（相对于传统的系统燃油）。

高压油泵安装在与传统柴油机分配泵相同的位置上。它是通过带轮发蓝、带轮、齿带由发动机驱动的，其最高转速不超过 3000r/min。高压油泵借以低压油路过来的燃油进行润滑，高压油泵上安装有用来进行压力控制的电磁阀。燃油被三个呈辐射状安装互隔120°的泵油柱塞压缩，高压油泵每转一圈，有三次供油，峰值驱动转矩较低，油泵驱动系统保持较稳定的负荷。16N·m的转矩大概是驱动一个同等分配泵所需转矩的1/9，这就意味着共轨系统比传统的喷射系统在泵的驱动方面具有较小的负荷。

输油泵将燃油从油箱泵吸出来，经过带有油水分离装置的燃油滤清器到达高压油泵的进油口。输油泵使燃油经安全阀的节流孔，进入高压油泵的润滑和冷却回路。凸轮轴使三个泵的柱塞按照凸轮的外形上下运动。

当供油油压超过安全阀的开启压力（0.5~1.5bar，1bar = 10^5Pa），高压油泵的柱塞正向下运动时（吸油行程），输油泵能使燃油经高压油泵进油阀进入柱塞腔。在高压泵柱塞越过下止点后，进油阀关闭。这样，柱塞腔内的燃油被密封，它将以高于供油压力的油压被压缩，油压的升高一旦达到共轨的油压，出油阀被打开，被压缩的燃油就进入了高压循环。柱塞继续供给燃油，直至到达上止点（供油行程），压力减小，导致出油阀关闭，仍然在柱塞腔内的燃油压力也下降，柱塞又向下运动。只要柱塞腔内的压力降至低于输油泵的供油压力时，进油阀又开启，吸油过程又开始。

2. 柴油机电控系统

（1）柴油机电控系统的组成　柴油机电控系统由传感器、执行器和电控单元（ECU）组成，如图6-8所示。

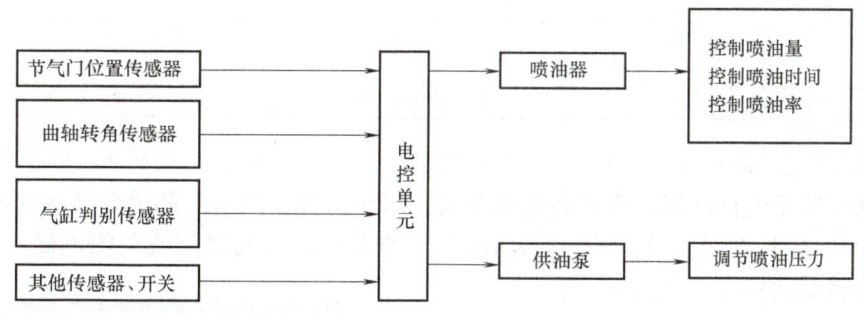

图6-8　柴油机电控系统的组成

工作时由不同的传感器把汽车行驶中和柴油机运行时的曲轴转速、轨道压力、增压压力、（进气、冷却液、燃油）温度和行驶加速度等有关实际值，实时采集并传输给电控单元。电控单元对上述输入信号进行计算，使与对应的期望做比较，确定合适的喷油点、预喷油量和其他参数的额定值，进行修正后发出指令到各个执行机构，控制发动机的最佳喷油量、最佳喷油时间，执行器根据电控单元的指令，准确地控制喷油量和喷油时间。

1）传感器见表6-1。

表6-1　传感器

序　号	传感器名称	传感器类型	功能描述	特　性
1	曲轴转速传感器	磁电式	精确计算曲轴位置用于喷油时刻和喷油量计算、转速计算	数字量
2	凸轮轴相位传感器	磁电式	气缸判别	数字量
3	冷却液温度传感器	热敏电阻	测量冷却液温度,用于冷起动、目标怠速计算、修正喷油提前角、最大功率保护	模拟量

(续)

序　号	传感器名称	传感器类型	功能描述	特　性
4	燃油温度传感器	热敏电阻	测量燃油温度喷油修正	模拟量
5	机油温度传感器	热敏电阻	测量润滑油温度保护发动机	模拟量
6	进气温度传感器	热敏电阻	测量进气温度修正喷油量和喷油正时，过热保护	模拟量
7	加速踏板位置传感器	滑线变速器	将驾驶人的意图送给控制器 ECU	模拟量
8	油轨压力传感器	应变片变阻器	测量油轨中燃油压力，保护油压稳定	模拟量
9	机油压力传感器	应变片变阻器	测量润滑油压力喷油修正和发动机保护	模拟量
10	进气歧管绝对压力传感器	应变片变阻器	测量进气压力调节喷油控制	模拟量

2）执行器见表 6-2。

表 6-2　执行器

序　号	执行器名称	功能描述
1	燃油计量阀	控制高压油泵进油量，保持油轨压力满足指令需求
2	喷油器电磁阀	精确控制喷油提前角、喷油量
3	继电器	用于空调压缩机、排气制动和冷起动装置的控制
4	指示灯	故障指示灯、冷起动指示灯
5	转速输出	用于整车转速表
6	CAN 总线	用于与整车动力总线、ABS、ASR（驱动防滑系统）、仪表、车身等系统的联合控制
7	K 线（ISO K-Line）	用于故障诊断和整车标定

3）电控单元。电控单元（图 6-9）是电控共轨燃油系统的核心部分。根据各个传感器的信息，电控单元进行计算、完成各种处理后，求出最佳喷油时间和最合适的喷油量，并且计算出在什么时刻、在多长的时间范围内向喷油器发出开启电磁阀或关闭电磁阀的指令等，从而精确控制发动机的工作过程。

（2）电控系统的功能

1）发动机管理。发动机管理的核心功能由电控单元来实现。传感器为电控单元提供发动机的当前工况信息，电控单元对传感器的信号进行分析以后，根据预定的控制策略对执行器发出控制信号，控制喷油量、喷油始点、增压压力、废气再循环和电热塞系统。

图 6-9　电控单元

2）喷油量控制。电控单元分析发动机转速、加速踏板位置和冷却液温度等传感器的信号，确定所需喷油量，并发相应控制信号给喷油泵中的油量调节器。通过安装在油量调节器上的活塞位移传感器的反馈，实现油量的闭环控制。在空气量不够的情况下，为了避免黑烟，要根据烟度限制 MAP 图限制油量。

3）喷油定时控制。喷油始点影响发动机起动性能、燃油经济性和排放性能。电控单元通过喷油量、发动机转速和冷却液温度等信号确定最优喷油始点，给喷油泵中的喷油始点控制阀发出相应的控制信号。

预喷射在主喷射之前，将小部分燃油喷入气缸，在缸内发生预混合或者部分燃烧，缩短主喷射的着火延迟期。这样缸内压力升高率和峰值压力都会下降，发动机工作比较缓和，同时缸内温度降低使得 NO_x 排放减少。预喷射还可以降低失火的可能性，改善高压共轨系统的冷起动性能。

主喷射初期降低喷射速率，也可以减少着火延迟期内喷入气缸内的油量。提高主喷射中期的喷射速率，可以缩短喷射时间从而缩短缓燃期，使燃烧在发动机更有效的曲轴转角范围内完成，提高输出功率，减少燃油消耗，降低碳烟排放。主喷射末期快速断油可以减少不完全燃烧的燃油，降低烟度和碳氢的排放。

任务实施

一、实训准备（设备、教具、工量具、耗材）

长城哈弗 GW2.8TC 型柴油机试验台、万用表、诊断仪、工具车和零件车、常用拆装维修工具和量具、万用表、润滑脂、棉纱等常用耗材、柴油。

二、实施步骤

柴油机燃油供给系统的认知见表 6-3。

表 6-3　柴油机燃油供给系统的认知

步　　骤	图　　示
1）燃油供给系统总体的认知	
2）电控系统传感器、执行器的认知	

(续)

步　　骤	图　　示
3）高压油泵的认知	
4）高压油轨的认知	
5）喷油器的认知	

检测评价

柴油机电控燃油喷射系统认知检测评价见表6-4。

项目六　柴油机电控系统的检修

表 6-4　柴油机电控燃油喷射系统认知检测评价

序号	实操活动	步骤	评分细则	分值	得分
1	准备工作	准备车轮挡块、翼子板护垫、车内四件套。全面检查车体、轮胎、玻璃有无损伤,做好检查记录	动作不规范,操作失误一次扣1分	4	
		放车轮挡块,安装尾排管		2	
		打开左前车门,安装好车内四件套		2	
		打开发动机舱盖安装翼子板护垫		2	
2	柴油机电控燃油喷射系统认识	初步检查	元件认识错误扣2分,未正确操作扣2分	10	
		认识燃油供给系统		10	
		认识电控系统传感器、执行器		20	
		认识高压油泵		10	
		认识高压油轨		10	
		认识喷油器		10	
3	安全文明生产	收好翼子板护垫、车内四件套、车轮挡块、尾排管	清洁不及时不得分 操作中设备损伤每次扣2分;操作中受伤每次扣1分;工具、零件落地每次扣1分	3	
		关好发动机舱盖、车门		2	
		清洁工具、量具		2	
		清洁场地		1	
		操作过程中注意安全		2	
4	操作时间	时间	操作时间为30min,每超过1min扣1分	10	
	合　计			100	

说明:每项分值扣完为止

教师评价

指导教师_____
____年____月____日

任务二　共轨式电控燃油喷射系统的检修

任务目标

知识目标	1)掌握柴油机共轨技术的特点和类型 2)了解柴油机的基本结构和工作原理 3)了解柴油机燃料供给系统的组成及功用
技能目标	1)培养学生具备信息查找能力 2)能够掌握电控柴油机起动不着火故障的诊断与排除方法 3)培养学生良好的安全意识和操作规范

任务描述

一辆长城哈弗 SUV 采用 GW2.8TC 型柴油机，只能以 40km/h 的速度行驶，而且排气管冒大量的蓝烟、加速无力，经检查需要对电控共轨燃油喷射系统进行检修。

知识储备

高压燃油共轨是指高压油泵、压力传感器和电控单元组成的闭环系统中，将喷射压力的产生和喷射过程彼此完全分开的一种供油方式，由高压油泵把高压燃油输送到公共供油管，通过对公共供油管内的油压实现精确控制，使高压油管压力大小与发动机的转速无关，可以大幅度减小柴油机供油压力的波动（由发动机转速的变化引起的），因此也就减少了传统柴油机的缺陷。

一、电控高压燃油共轨式喷射系统的特点

共轨式电控燃油喷射系统的喷射油压达到 200MPa 以上，且油压独立于发动机转速，喷油定时和喷油量可控，可实现预喷射和后喷射，调节喷油率的形状，实现理想的喷油规律，喷油特性好，排放、噪声、经济性好，可靠性好，适应性强，可以在新、老发动机上使用。

二、电控高压燃油共轨式喷射系统的组成

电控高压燃油共轨式喷射系统由燃油供给系统和电控系统两部分组成，如图 6-10 所示。

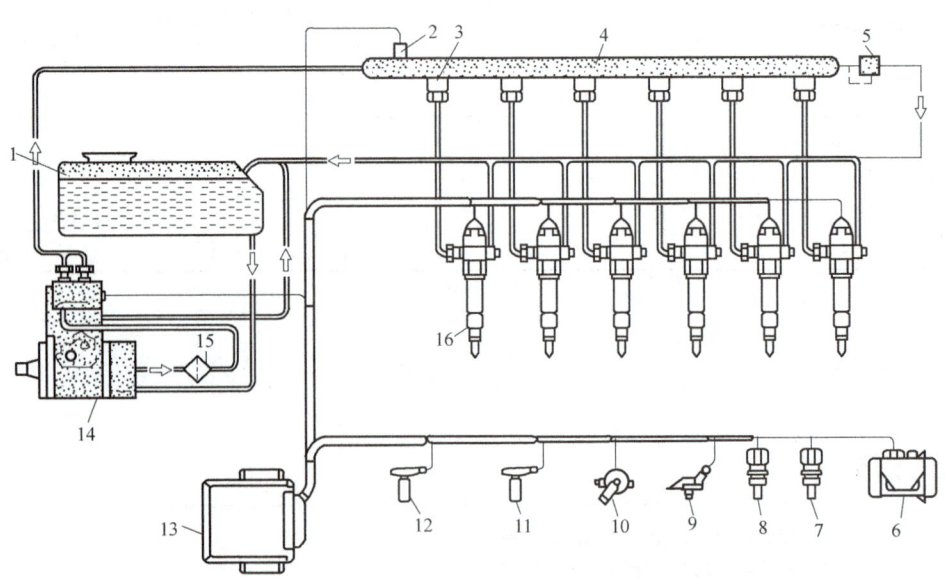

图 6-10　博世公司共轨式电控柴油喷射系统

1—燃油箱　2—油轨压力传感器　3—油量限制器　4—油轨　5—限压阀　6—空气流量传感器　7—冷却液温度传感器　8—空气温度传感器　9—增压压力传感器　10—加速踏板位置传感器　11—曲轴位置传感器　12—转速传感器　13—电控单元　14—带前置输油泵的可控高压油泵　15—燃油滤清器　16—喷油器

燃油从燃油箱被输油泵吸出后，经油水分离器滤清后，被送入高压油泵。进入高压油泵的燃油一部分通过高压油泵上的安全阀进入油泵的润滑和冷却油路，流回油箱；一部分进入高压油泵中的燃油被加压后，输送到蓄能器（共轨管）。燃油进入蓄能器后，油轨压力传感器对轨道燃油压力进行检测、监控并实时反馈，由电控单元通过燃油计量阀把轨道燃油压力始终控制在所需范围内，并由轨道内出口回油处设置的压力限制阀，把轨道内燃油压力进行调节，以限制在正常范围内，然后经流量限制阀，把合适流量的燃油通过高压油管压入喷油器内。在电控单元的控制下通过电磁阀执行器，把共轨轨道压力的高压柴油定时、定压、定量喷入气缸燃烧室。

1. 燃油供给系统

燃油供给系统主要包括低压系统和高压系统，如图6-11所示。

（1）低压系统　低压系统的主要作用是向高压油泵输送足够的清洁燃油，由油箱、粗滤器、输油泵、低压油管、回油管、燃油滤清器（精滤器）和高压油泵的低压级等部件组成。

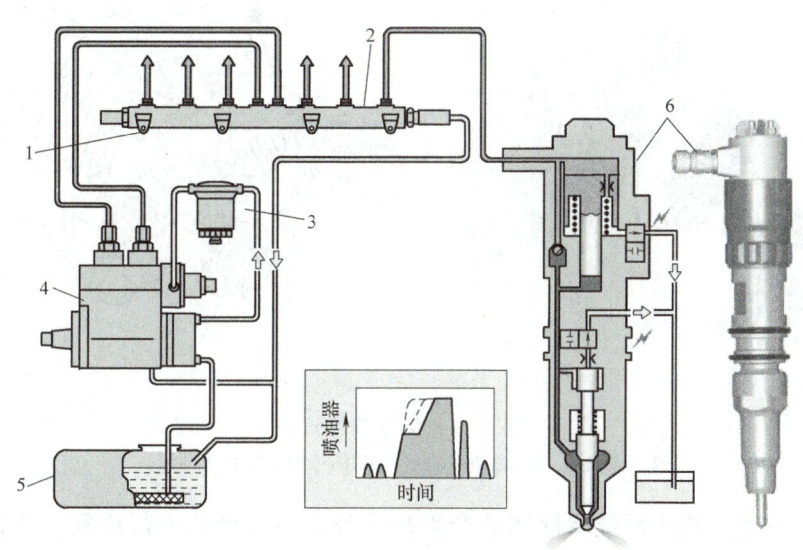

图6-11　燃油供给系统
1—油轨压力传感器　2—油轨　3—滤清器　4—高压燃油泵　5—油箱　6—喷油器

油箱用来存储一定量的燃油；燃油滤清器（图6-12）过滤燃油中的污染物和水分，燃油滤清器每15000km更换一次，恶劣条件下适当缩短，每7500km放水一次。当更换燃油滤清器时，控制阀不必更换。

有些燃油滤清器带油水分离器，分离燃油中的水分，并带有油温传感器和水位感应开关以及燃油加热器，如图6-13所示。

输油泵的主要作用是使燃油产生一定的压力，以克服燃油滤清器及低压管路的油流阻力，把油箱内的燃油不断地输入高压油泵，在柴油机的任何工况下，都能提供充足的燃油。

低压油泵可以是带有前置滤清器的电动燃油泵，也可以是齿轮式燃油泵（图6-14）。泵从油箱泵取燃油，然后不断地向高压油泵输送定量的燃油。

图 6-12 燃油滤清器

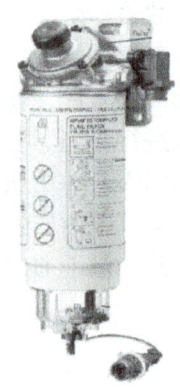

图 6-13 带有油温传感器和水位感应开关燃油滤清器

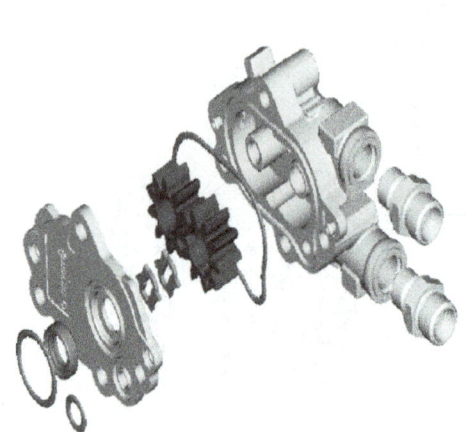

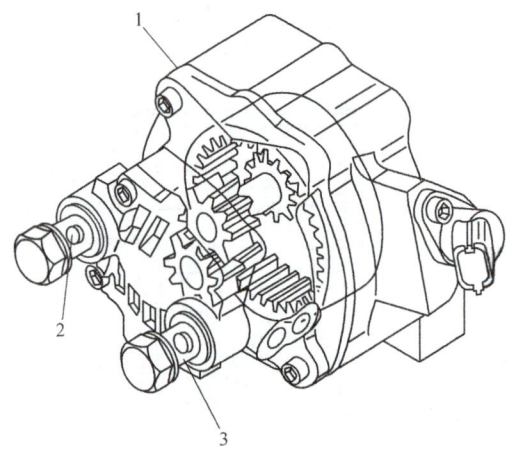

图 6-14 齿轮式燃油泵
1—输油泵 2—燃油出油 3—燃油进油（来自于油箱）

(2) 高压系统 高压系统除使燃油产生高压外，还对燃油进行检测、控制和分配，其中最重要的部件是高压油泵、高压蓄能器（共轨管）、油轨压力传感器、压力控制阀、喷油器等，如图 6-15 所示。

1）高压油泵。高压油泵（图 6-16）将燃油增至最高 135MPa 的系统压力。加压燃油然后经过高压管路并进入管状的共轨内。

低压油泵从油箱抽取燃油，通过带有油水分离器的燃油滤清器，进入高压油泵。燃油是由高压油泵内三个相互成 120°径向布置的柱塞压缩的，带偏心凸轮的驱动轴，根据凸轮形状相位的变化而将泵柱塞推上或压下。当柱塞达到下止点后而上行时，则进油阀被关闭，柱塞腔内的燃油被压缩，只要达到共轨压力就立即打开出油阀，被压缩的燃油进入高压回路，到上止点前，柱塞一直泵送燃油（供油行程），达到上止点后，压力下降，出油阀关闭；当柱塞向下运动时，由于容积的增大，剩下的燃油降压，直到柱塞腔中的压力低于低压油泵的供油压力时，进油阀再次被打开，重复进入下一工作循环。

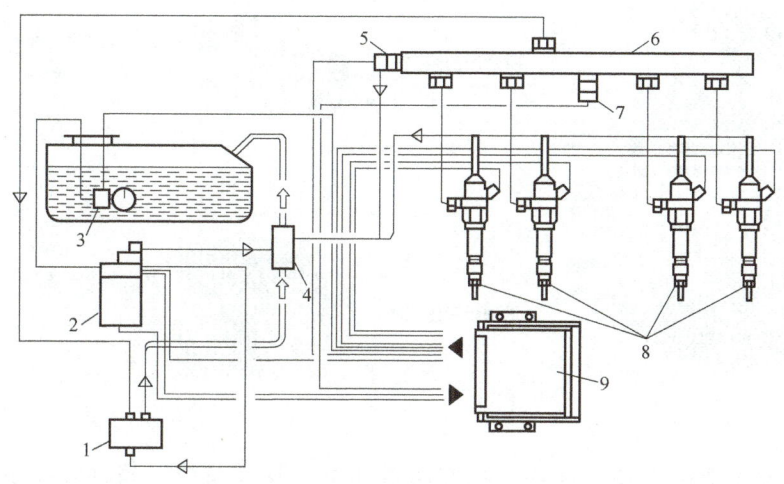

图 6-15 柴油机电控高压共轨系统管路布置

1—高压油泵 2—燃油滤清器 3—电动燃油泵 4—回油三通接头 5—燃油压力调节阀
6—共轨 7—共轨压力调节器 8—喷油器 9—电控单元

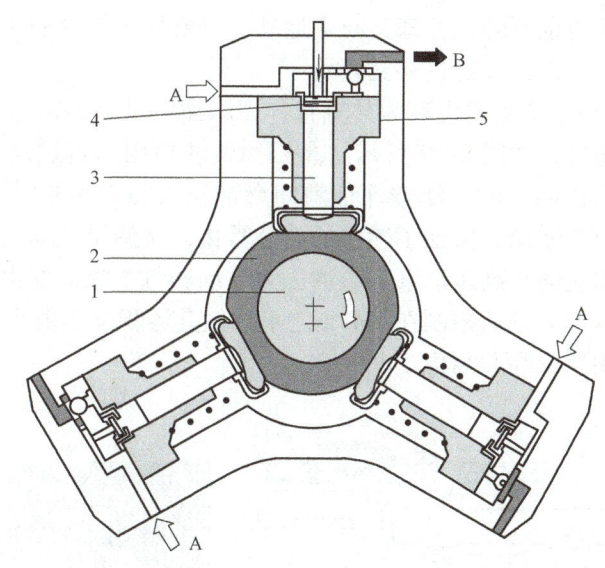

图 6-16 高压油泵横剖面图

A—进油孔（接燃油滤清器） B—出油孔（接共轨）
1—驱动轴 2—偏心凸轮 3—带泵油柱塞的分泵 4—进油阀 5—出油阀

高压油泵是高压共轨系统中的重要部件之一，它的形状如图 6-17 所示。

输油泵（齿轮泵）将燃油从油箱吸出后，经过带有油水分离装置的燃油滤清器到达高压油泵的进油口，为燃油供给系统提供初级燃油压力；输油泵使燃油经阶跃回油阀的节流孔，进入高压油泵的润滑和冷却回路，阶跃回油阀与进油计量比例阀并联安装，通过阶跃回油阀的弹簧压力使油泵高压端的进油压力保持在 0.5MPa，如图 6-18 所示。

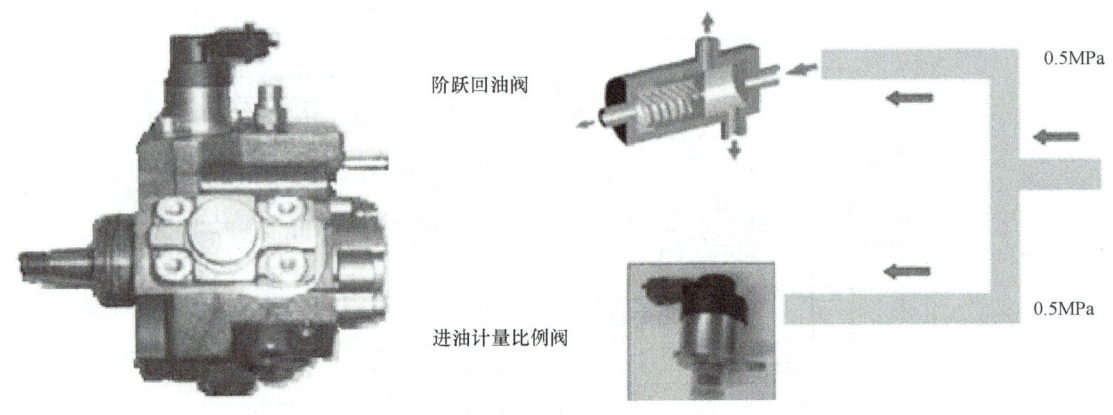

图6-17 高压油泵　　　　图6-18 高压端油路

油泵高压端主要由泵盖、柱塞、相应油道和单向阀等组成，当柱塞向下运动时（吸油行程），输油泵使燃油经高压油泵进油计量比例阀和阶跃回油阀进入柱塞腔，在高压油泵柱塞越过下止点后，进油阀关闭。这样，柱塞腔内的燃油被密封，并将以高于供油压力的油压被压缩，油压的升高一旦达到共轨所需的油压，出油阀被打开，被压缩的燃油就进入了高压循环。柱塞继续供给燃油，直至到达上止点（供油行程），压力减小，导致出油阀关闭，留在柱塞腔内的燃油的压力也下降，柱塞又向下运动。只要柱塞腔内的压力降至低于输油泵的供油压力时，进油阀又开启，吸油过程又开始。

2）高压蓄能器。高压蓄能器也称为共轨管，高压油轨是一根锻造钢管，各缸喷油器通过各自的油管与油轨连接，如图6-19所示。高压油轨的功用是将被高压油泵压缩的燃油存储在油轨中，在每个工作循环时，能够保证瞬间燃油压力相对恒定，在提升燃油压力的同时，又降低了燃油压力的波动，保证了燃油的充分雾化，又使得发动机工作更加平稳。

高压蓄能器的容积应削减高压油泵的供油压力波动和每个喷油器由喷油过程引起的压力振荡，使高压油轨中的压力波动控制在5MPa之下。但其容积又不能太大，以保证共轨有足够的压力响应速度以快速跟踪柴油机工况的变化。

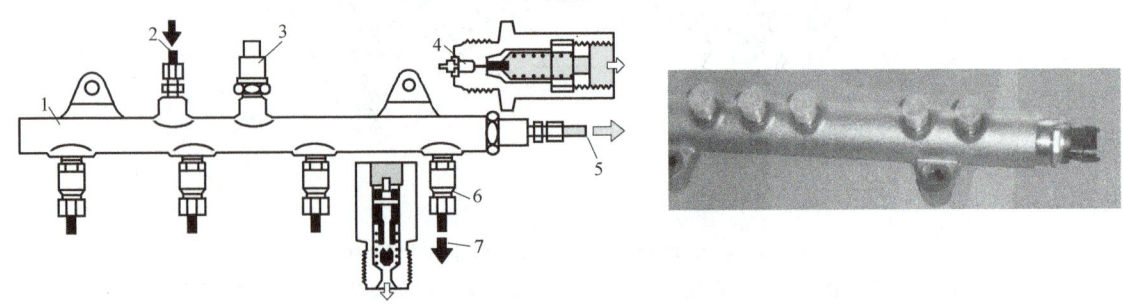

图6-19 高压蓄能器

1—共轨　2—来自高压油泵　3—共轨压力传感器　4—限压阀　5—回油管路　6—流量限制器　7—到喷油器高压管路

高压蓄能器上还安装了共轨压力传感器、流量限制器（限流器）和限压阀。共轨压力传感器向电控单元提供高压油轨的压力信号。流量限制器（限流器）保证在喷油器出现燃油漏泄故障时切断向喷油器的供油，并可减小共轨和高压油管中的压力波动。限压阀（压力控制阀）在正常压力下，弹簧使柱塞紧紧压在密封座上，使共轨管保持关闭；当压力超过系统最大压力时，弹簧被压缩，柱塞被顶起，燃油从油轨溢出，油轨压力下降，保证高压油轨在出现压力异常时，迅速将高压油轨中的压力进行释放。

3）喷油器。喷油器的作用是将喷油泵供给的高压燃油，以一定的压力，呈雾状喷入燃烧室。如图 6-20 所示，燃油经过加压之后，通过油轨，最终通过喷油器喷射到燃烧室内。由于柴油机没有火花塞，因此喷油器布置在燃烧室中心附近，结合七孔喷油器，有利于更为均匀地喷射油雾，有利于燃料充分燃烧，从而提升发动机的动力性能和燃油经济性。喷油器位于燃烧室顶中部位置，并由电磁阀实现对喷油的控制。

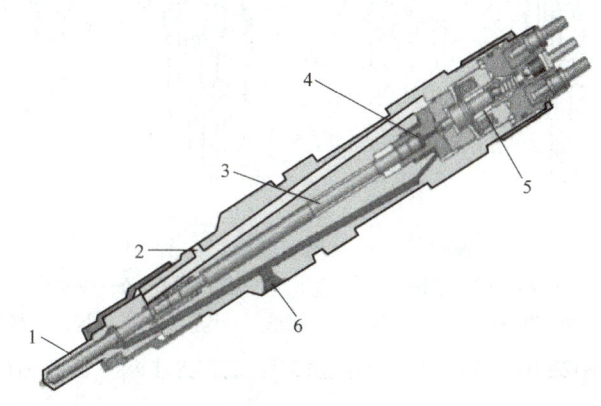

图 6-20　喷油器
1—喷油阀　2—回油　3—控制阀　4—控制腔　5—电磁阀　6—进油

博世公司电控喷油器的结构及工作原理如图 6-21 所示。喷油器主要由控制柱塞、喷油器针阀和电磁阀等组成。燃油从高压插头经进油通道送往喷油器，经进油节流孔送入控制室。控制室通过电磁阀打开的回油节流孔与回油孔连接。当回油节流孔在关闭时，作用在控制活塞上的液压力大于作用在喷油器针阀承压面上的力，因此喷油器针阀被压在座面上，燃油没有进入燃烧室。

当电磁阀动作时，打开回油节流孔，控制室内的压力下降，当作用在控制活塞上的液压力低于作用在针阀承压面上的作用力时，针阀立即开启，开始喷油。由于电磁阀不能直接产生迅速关闭针阀所需的力，因此，经过一个液压力放大系统实现针阀的这种间接控制。

在发动机和油泵工作时，喷油器的工作可分为四个工作状态：喷油器关闭保存高压，喷油器打开喷油，喷油器完全打开，喷油器关闭。

① 喷油器关闭。如图 6-21a 所示，电磁阀在静止状态不受控制，因此是关闭的。当回油节流孔关闭时，电枢的钢球通过弹簧压在回油节流孔的座面上。控制室内建立公共的高压，同样的压力也存在于喷油器的内腔容积中。共轨压力在控制柱塞端面上施加的力及喷油器调压弹簧的力大于作用在针阀承压面上的液压力，针阀处于关闭状态，不喷射燃油。

② 喷油器开启（喷油开始）。如图 6-21b 所示，当电磁阀通电后，电磁阀在吸动电流的作用下迅速开启，当电磁铁的作用力大于弹簧作用力时，回油节流孔开启，在极短的时间内，升高的吸动电流成为较小的电磁阀保持电流。随着回油节流孔的打开，燃油从控制室流入上面的空腔，并经回油通道回到油箱控制室的压力下降，于是控制室的压力小于喷油器内

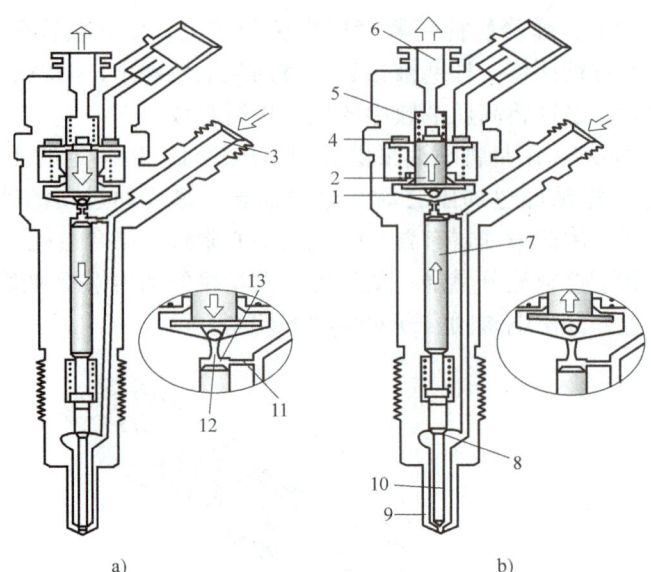

图 6-21 博世公司电控喷油器的结构及工作原理

1—球阀 2—电枢轴 3—高压燃油连接管 4—线圈 5—复位弹簧 6—回油管 7—针阀控制活塞
8—承压腔 9—喷油器 10—针阀 11—进油口 12—泄油孔 13—针阀控制腔

腔容积的压力。控制室中减小了的作用力引起作用在控制柱塞上的作用力减小,从而针阀开启,开始喷油。

针阀开启速度取决于进、回油节流孔之间的流量差。控制柱塞达到上限位置,并定位在进、回油节流孔之间。此时,喷油器完全打开,燃油以共轨压力喷入燃烧室。

③ 喷油器关闭（喷油结束）。如果不控制电磁阀,电枢在弹簧的作用力下向下压,关闭回油节流孔。

电枢设计成两部分组合式,电枢板经一拨杆向下引动。但它可用复位弹簧向下回弹,从而没有向下的力作用在电枢和钢球上。回油节流孔关闭,进油节流孔进的油使控制室中建立起与共轨中相同的压力。这种升高了的压力使作用在控制柱塞上端的压力增加。这个来自控制室的作用力和弹簧力超过了针阀下方的液压力,于是针阀关闭。

2. 电控系统

（1）电控系统工作原理　高压共轨电控系统是由 ECU、各种传感器及相关执行器组成多条闭环控制回路。

（2）主要传感器

1）曲轴位置传感器。GW2.8TC 型柴油机的曲轴位置传感器安装在飞轮壳上,曲轴位置传感器为电磁感应式,由 57 个短齿槽和 1 个长齿槽的信号轮和传感器组成。如图 6-22 所示,信号轮安装在飞轮起动用齿圈的后方,它有 57 个短齿槽（齿间角度为 6°）和 1 个长齿槽（齿间角度为 18°）,测量信号轮和传感器顶端的间距应符合（1±0.5）mm。

当发动机工作时,曲轴每转过一圈,曲轴位置传感器的电磁感应线圈会输出 57 个规则的交流脉冲电压信号和一个畸变的交变电压,ECU 根据曲轴位置传感器输入的信号,计算曲轴的转速以及确定 1 缸上止点的位置。

2）凸轮轴位置传感器。GW2.8TC 型柴油机的凸轮轴位于缸体上（下置式）,凸轮轴位置传感器安装在正时齿轮室盖的前端。

凸轮轴位置传感器利用霍尔效应原理，该传感器由永久磁铁和霍尔元件组成。当发动机运转时，感应磁铁与传感器的位置发生相对运动，这种变化会引起磁场变化，由于磁场变化，传感器的输出电压也会发生变化，输出方波电压信号，ECU 根据此信号的变化来判定凸轮轴的实际运行位置，以此判定 1 缸压缩上止点，如图 6-23 所示。

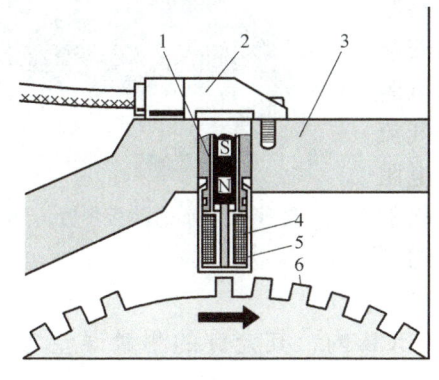

图 6-22　曲轴位置传感器
1—永久磁铁　2—传感器壳体　3—发动机外盖
4—软铁心　5—线圈　6—感应线圈

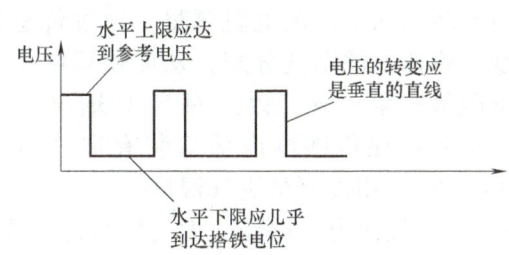

图 6-23　凸轮轴位置传感器输出的波形

3）共轨压力传感器。共轨压力传感器安装在共轨上。如图 6-24 所示，共轨压力传感器由焊接在压力装置上的集成的传感器部件、装有电子检测回路的印制电路板、装有电子插入式连线的传感器外壳等组成。

燃油通过共轨上的一个小孔流向共轨压力传感器，有压力的燃油通过一个不通孔到达传感器膜片。一个将压力信号转换为电信号的传感器部件（半导体装置）被安装在此膜片上，传感器产生的信号被输入一个用于放大拾取信号并将它送入 ECU 的检测回路。

共轨压力传感器的工作过程如下：当膜片形状变化时，连接于膜片的电阻值也将改变。系统压力的建立，导致膜片形状变化，改变的电阻值将引起通过 5V 电桥的电压变化。电压变化的范围为 0~70mV（依赖于应用压力），并且被放大电路增幅至 0.5~4.5V。

通过设置共轨压力传感器，可以实现对燃油压力的闭环控制。ECU 根据发动机当前工况下相关传感器输入的信号，计算出的理论所需要的共轨压力，通过调节进油计量比例阀的开度来实现共轨压力控制，并依靠共轨压力传感器检测当前实际共轨压力，将其与理论共轨压力进行对比修正，实现闭环控制。

4）加速踏板位置传感器。加速踏板位置传感器的安装位于加速踏板轴上，如图 6-25 所示。电位计型加速踏板位置传感器以分压电路原理工作，ECU 供给传感器电路 5V 电压。电子加速踏板通过转轴与传感器内部的滑动变阻器的电刷连接，当加速踏板位置传感器的位置改变时，电刷与搭铁端的电压发生改变，ECU 将该电压转变成加速踏板的位置信号。加速踏板位置传感器同时输出两组信号给 ECU，保证输出信号的可靠性。

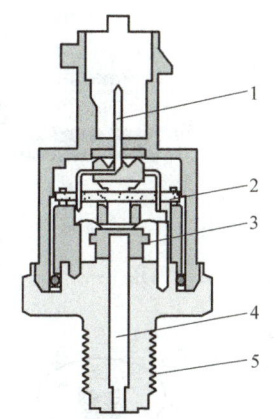

图 6-24　共轨压力传感器
1—电子插头　2—评估电路
3—带传感装置的皮膜
4—高压插头　5—固定螺纹

5）空气流量传感器。GW2.8TC型柴油机的进气流量计为HFM6型热膜式，可同时输出空气流量及温度信号，其工作原理与电控汽油机的完全相同。

为了获得空气流量，传感器元件上的传感器膜片（由发热金属铂丝固定在薄树脂上）被中间安装的加热电阻加热，膜片上的温度分配被与加热电阻平行安装的两个温度电阻测量；通过传感器的气流改变了膜片上的温度分配，从而使得两个温度电阻的电阻值产生差异，由此对ECU输出一个变化的电压信号；在传感器内部安装有进气温度传感器（图6-26），用以测量进气温度。

图6-25 加速踏板位置传感器

6）大气压力传感器。大气压力传感器位于ECU内，其允许的测量误差为±3kPa，在海平面上大气压力的设定值为100kPa，相应的大气压力传感器的信号电压为4V左右。

7）燃油含水率传感器。如图6-27所示，燃油含水率传感器安装在油水分离器下方，当燃油中的水分在油水分离器内到达传感器两电极的高度时，利用水的可导电性将两电极短路，此时水位警告灯点亮，提示驾驶人放水。其工作原理如图6-28所示。

图6-26 进气温度传感器

图6-27 燃油含水率传感器的安装位置

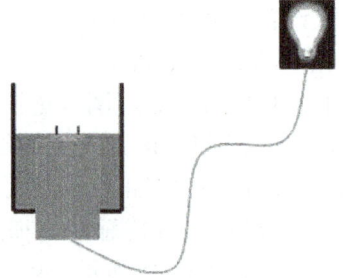

图6-28 燃油含水率传感器的工作原理

8）冷却液温度传感器。冷却液温度传感器安装于节温器下壳体处，如图6-29所示。冷却液温度传感器由负温度系数热敏电阻（NTC）构成，冷却液温度的变化引起电阻值的变化，高灵敏度负温度系数热敏电阻的阻值随温度下降而增大，当冷却液温度越低电阻值越大，冷却液温度越高电阻值越小，ECU 依据接收到的电压值来计算出当前的冷却液温度。

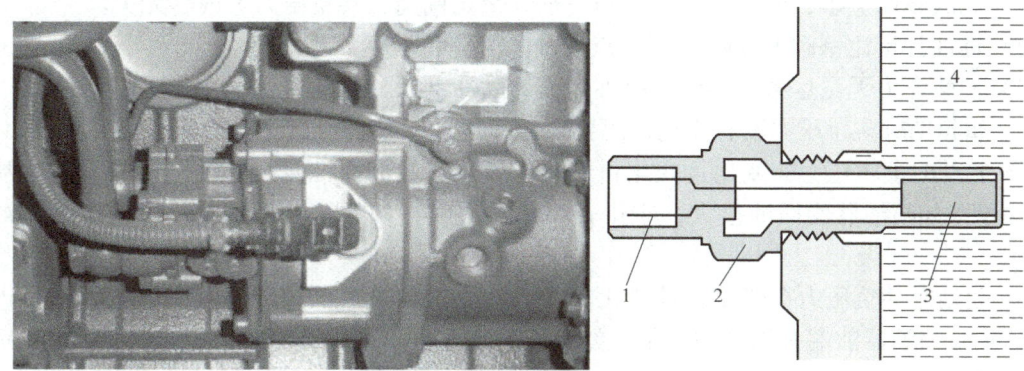

图 6-29　冷却液温度传感器
1—电子插头　2—壳体　3—NTC 电阻　4—冷却液

9）润滑油压力及温度传感器。润滑油压力及温度传感器可同时检测润滑油压力及温度，安装在油底壳附近，如图 6-30 所示。

（3）执行器

1）燃油计量单元。燃油计量单元是控制共轨压力的执行器，如图 6-31 所示，主要控制进入柱塞的燃油量，控制共轨管的压力。安装在高压油泵上，当出现故障时，高压油泵会以最大能力向共轨管供油。

燃油计量单元采用脉宽调制（PWM，165～195Hz）控制，线圈电阻一般为 2.6～3.15Ω，最大电流为 1.8A，在默认状态为断电全开位置。

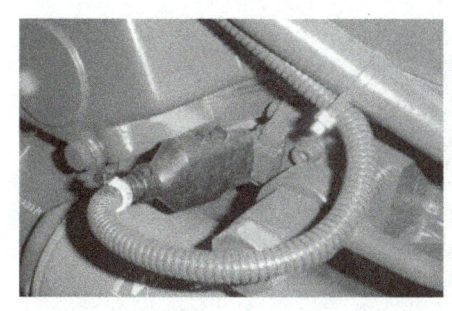

图 6-30　润滑油压力及温度传感器

图 6-31　燃油计量单元

2）喷油器电磁阀。喷油器电磁阀是电控系统中最重要的执行器，它把电信号转变为机械信号，实现机电一体化控制。

ECU 控制喷油器的喷油量，喷油量的大小取决于共轨管（公共供油管）的压力和喷油器电磁阀开启时间的长短。

电控共轨燃油喷射系统抛弃了以往的脉冲高压供油原理，采用压力-时间式燃油计量原理，并通过公共油道（即共轨管）油压的连续控制和各缸喷射过程的电磁阀控制相结合来实现喷油的优化控制。

三、柴油机电控系统的故障判断

1）无故障码显示，或故障码内容与进油计量比例阀、共轨压力等内容无关。

2）进油计量比例阀无故障（打开点火开关后有嗡鸣声，有振动）。

3）油轨压力无法达到25MPa，喷油器处无脉冲电压。

① 如起动时共轨压力没有变化，可判定为喷油泵堵塞。

② 起动时共轨压力有变化且变化量小，应拔下喷油器回油管接回油三通处，观察喷油器回油量，如喷油器的回油量大，应排查喷油器故障，如喷油器无回油，可判定为喷油泵堵塞。

③ 起动时共轨压力有变化，且变化量大，首先排除喷油器回油量大的因素，然后拆下喷油器观察喷油器前端有无喷油迹象，如有，请排查喷油器故障，如无喷油迹象，可判定为喷油泵堵塞。

任务实施

一、实训准备（设备、教具、工量具、耗材）

长城哈弗GW2.8TC型柴油机试验台、万用表、诊断仪、工具车和零件车、常用拆装维修工具和量具、万用表、润滑脂、棉纱等常用耗材、柴油。

二、实施步骤

共轨式电控燃油喷射系统的检修见表6-5。

表6-5 共轨式电控燃油喷射系统的检修

步骤	图示
1）检查蓄电池电压。用数字表检查端电压，电压正常值(12.6V)	
2）正确选择连接线、插头和仪器 ① 准确找到诊断插头位置，连接仪器时点火开关应处于OFF位置 ② 确认故障症状并记录症状现象（根据不同故障范围，进行功能检测，并填写检测结果） 初步检查：	

（续）

步　骤	图　示
3）起动发动机，确认运行情况。操作与故障现象相应的功能，确认车辆是否正常，确认仪器连接及通信是否正常	
4）读取故障码	
5）检测相关元件 ①机油压力传感器电压电阻检测	
②曲轴位置传感器电压电阻检测	
③油轨压力传感器检测	
④线束检测	

检测评价

高压共轨式燃油系统检测任务评价见表6-6。

表6-6 高压共轨式燃油系统检测任务评价

序号	实操活动	步骤	评分细则	分值	得分
1	准备工作	准备车轮挡块、翼子板护垫、车内四件套。全面检查车体、轮胎、玻璃有无损伤,做好检查记录	动作不规范,操作失误一次扣1分	4	
		放车轮挡块,安装尾排管		2	
		打开左前车门,安装好车内四件套		2	
		打开发动机舱盖安装翼子板护垫		2	
2	高压共轨式燃油系统检测	初步检查	连接错误扣2分,不能正确读取故障码扣2分,未清码扣2分,万用表使用不当扣2分,未正确操作扣2分	5	
		检查蓄电池电压		5	
		连接诊断仪器		10	
		起动发动机,确认运行情况		10	
		读取故障码		10	
		检测相关元件:机油压力传感器电压电阻检测,曲轴位置传感器电压电阻检测,油轨压力传感器检测,线束检测		20	
		清除故障码		5	
		断开接线端子,收好诊断仪		5	
3	安全文明生产	收好翼子板护垫、车内四件套、车轮挡块、尾排管	清洁不及时不得分 操作中设备损伤每次扣2分;操作中受伤每次扣1分;工具、零件落地每次扣1分	3	
		关好发动机舱盖、车门		2	
		清洁工具、量具		2	
		清洁场地		1	
		操作过程中注意安全		2	
4	操作时间	时间	操作时间为30min,每超过1min扣1分	10	
		合 计		100	

说明:每项分值扣完为止

教师评价

指导教师_____
___年___月___日

 课后测评

一、填空题

1. 电控燃油喷射系统经历了_____、_____和_____三个阶段。

2. 柴油机电控燃油喷射系统主要由_____和_____两部分组成。
3. 低压油路部分主要为高压油路部分供给足够的油量，主要零部件有_____，_____、_____，_____、_____、_____、_____的低压区。
4. 高压油路部分主要零部件有配有电磁阀的_____、_____、_____和_____。
5. 柴油机电控系统由_____、_____和_____组成。
6. 电控高压燃油共轨式喷射系统由_____和_____两部分组成。
7. 高压系统除使燃油产生高压外，还对燃油进行检测、控制和分配，其中最重要的部件是_____、_____、_____、_____、_____等。
8. ECU 控制喷油器的喷油量大小取决于_____和_____开启时间的长短。
9. 燃油计量单元采用脉宽调制控制，线圈电阻一般为_____Ω。
10. 喷油器主要由_____、_____和_____组成。

二、选择题

1. 喷油泵高压油管内的残余压力的大小与出油阀弹簧力的大小有关，（ ）。
   A. 弹力大，残压高 B. 弹力大，残压低 C. 弹力小，残压高
2. 改变喷油泵柱塞斜槽与柱塞油孔的相对位置，其目的是（ ）。
   A. 改变柱塞有效行程，以调节供油量 B. 改变柱塞总行程，以调节供油量
   C. 改变柱塞总行程以调整供油时刻   D. 改变柱塞有效行程以调整供油时刻
3. 喷油泵每个循环的供油量取决于（ ）。
   A. 柱塞行程   B. 柱塞有效行程   C. 针阀升程   D. 供油提前角
4. 属于柴油机燃油供给系统低压油路的是（ ）。
   A. 喷油器   B. 燃油滤清器   C. 喷油泵   D. 油轨
5. 属于柴油机燃油供给系统高压油路的是（ ）。
   A. 燃烧室   B. 输油泵   C. 燃油箱   D. 喷油泵
6. 当柴油机工作时，柴油通过（ ）喷入气缸。
   A. 进气管   B. 输油泵   C. 喷油泵   D. 喷油器
7. 当柴油机工作时，将柴油变为高压油的是（ ）。
   A. 柴油滤清器   B. 输油泵   C. 喷油泵   D. 喷油器

三、判断题

1. 冷却液温度传感器只起修正喷油正时的作用，不起修正喷油量的作用。（ ）
2. 进气温度传感器只起修正喷油量的作用，不起修正喷油正时的作用。（ ）
3. 进气歧管绝对压力传感器既起修正喷油量的作用，又起修正喷油正时的作用。（ ）
4. 空档起动开关向 ECU 输入空档位置的信号，是怠速控制信号之一。（ ）
5. 柴油机电控模式的功用与组成与汽油机电控模式有很大区别。（ ）

6. 喷油器的功用主要是将柴油以高压喷入气缸，使柴油雾化，以便于混合气的形成。
（　　）
7. 喷油器中调压弹簧的功用主要是使针阀与针阀体压紧，防止喷油器滴油。（　　）
8. 轴针式电磁喷油器与孔式喷油器仅针阀和针阀体结构略有不同。（　　）
9. 高压共轨电控系统由 ECU、各种传感器及相关执行器组成多条闭环控制回路。
（　　）
10. 输油泵的功用是向柴油机燃料供给系统提供高压柴油。（　　）

参 考 文 献

[1] 汽车百科全书编纂委员会. 汽车百科全书 [M]. 北京：中国大百科全书出版社，2010.
[2] 畅瑛，周缥. 汽车电控发动机检修 [M]. 北京：中国铁道出版社，2014.
[3] 张嫣，苏畅. 汽车发动机构造与维修 [M]. 北京：人民交通出版社，2011.
[4] 张立新. 汽车发动机及电器维修实训教程 [M]. 北京：人民交通出版社，2009.
[5] 解福泉. 电控发动机维修 [M]. 2版. 北京：高等教育出版社，2007.